KB000912

공자 교육사상

그런데로 편안한 세상 만들기

공자 교육사상

그런대로 편안한 세상 만들기

조무남 저

학지사

프롤로그

공자 초상

공자가 입은 옷은 유자儒者들의 전형적인 복식服飾이다.

소매가 넓고 끝에 단을 둘렀다.

관은 머리 뒤쪽에 얹었다. 은나라 때의 복식이다.

당나라 오도자의 작품으로 알려져 있다.

선사공자행교상先師孔子行教像이다.

유학, 그런대로 편안한 세상 만들기

어느 날 공자가 깊이 탄식을 하고 있었다. 옆에서 보고 있던 제자 자유子游가 스승에게 물었다.

선생님께서는 왜 그렇게 탄식을 하고 계십니까?

스승이 제자에게 자세히 말했다.

옛날에는 큰 도, 곧 대도大道가 행하여졌다. ……큰 도를 따를 때에는 천하가 모두 백성의 것이었다. 군주의 자리도 세습을 하지 아니하고 현명하고 능력 있는 사람을 뽑아 그에게 맡겼고, 백성은 서로 신뢰하고 친목을 다졌다. 사람들은 자신의 부모만을 부모로 섬기지 않았고, 제 자식만을 자식으로 사랑하지 않았다. 노인들은 편안하게 살았고, 젊은이들은 일할 곳이 있었다. ……백성들은 자신의 능력을 최대한으로 발휘하였으되, 그것은 자신만을 위한 것이 아니었다. 그렇기 때문에 모략이 없었고, 절도와 폭력도 없었으며, 어느 집도 대문을 잠그는 일이 없었다. 이런 사회를 가리켜 '대동大同의 세상'이라 한다.

『예기』에 나오는 말이다. 공자는 대동大同의 세상을 그리워했다. 그러나 그가 그리워했던 대동의 세상은 그가 살고 있던 춘추시대, 곧 임금에게 반역하고 부모를 거역하는 난신적자亂臣賊子들이 횡행하던 시대, 사리와 논리와 문리文理를 파괴하는 사문난적斯文亂賊들이 난무하던 시대, 예禮와 악樂이 무너지고 시詩와 서書가 피폐될 대로 피폐된 시대에서는 꿈조차 꿀 수 없었다.

공자는 대도가 충만하여 더 이상 다스릴 것조차 필요 없는 그 대동大同을 향한 향수를 잠시 접어 두었다. 그 대신 그는 비교적 낮은 단계의 세상, 하지만 실현 가능성이 있는 '그런대로 편안한 세상'을 만들고자 했다. 그런데 그 '그런대로 편안한 세상'이란 어떤 세상인가. 공자가 다시 제자 자유에게 말했다.

지금은 이미 큰 도가 사라진 시대다. ……그래서 백성은 이제 자신의 부모만을 부모로 생각하고, 제 자식만을 자식으로 생각하며, 재화를 사적인 소유물로 하고, 오로지 개인의 이익을 위하여 노력한다. 천자와 제후들은 예禮를 따라 왕위를 자식들에게 세습하고, 적으로부터 영토를 보존하는 데 힘쓴다. 천자와 제후들은 예의를 기강으로 삼아 임금과 신하의 분수를 바로잡고, 어버이와 자식 사이를 돈독하게 하며, 형제를 화목하게 하고, 부부 사이의 화합을 도모한다. 제도를 세우고 마을을 다스리며, 지혜를 높이고 용기를 북돋우며, 각자의 이익을 위하여 공을 세운다. 이런 까닭에 간사한 꾀가 일어나고 전쟁도 피할 수 없다.

과거에 우왕, 탕왕, 문왕, 무왕, 성왕, 주공은 이와 같이 예를 통하여 나라를 다스렸다. 이 여섯 군자 가운데에는 예를 따르지 않은 사람들이 없었다. 이들은 모두 예를 지킨 사람들이었고, 예로써 각자의 도를 헤아렸으며, 백성의 신망을 얻었고, 죄과가 있으면 밝혔으며, 인애의 도를 법칙으로 삼고, 겸양의 도를 설파하여 백성이 항상 따르도록 했다. 만약 이러한 도를 따르지 않는 자가 있으면, 아무리 높은 지위에 있는 사람이라 할지라도 백성으로부터 배척을 당하여 결국 자리에서 물러나게 되었다. 이런 세상을 가리켜 '소강小康의 세상'이라 한다.

공자가 대동의 세상 대신에 택한 '소강小康의 세상'이었다. '그런대로 편안한 세상'을 일컫는다. 그런대로 편안한 세상은 하夏, 은殷, 주周 3대의 선왕들이 그랬듯이 예로 다스리는 세상이었다. 그것은 대동의 세상만큼은 못되지만 실현 가능한 세상이어서, 예만 잘 따르면 그런대로 편안한 세상은 될 수 있었다. 자유가 또 스승에게 물었다.

그런데 예가 그렇게도 중요한 것입니까?

스승이 다시 말했다.

선왕들은 예를 통해서 하늘의 도[天之道]를 깨달았고, 사람의 정을 다스렸다. 예를 잃으면 살아갈 수 없고, 예를 얻으면 살아갈 수 있다.

『예기』에 있는 공자의 말이다. 선왕들은 예를 통하여 사람의 정을 다스렸다고 스승은 제자에게 일러 주었다.

공자가 꿈꾼 세상은 결국 '대동의 세상'에서 '소강의 세상'으로 내려왔다. '대동의 세상'은 저 높은 하늘의 세상이었고, '소강의 세상'은 이 아래 우리가 사는 세상이었다. 저 높은 하늘의 세상은 전설에서나 가능한 세상이었고, 이 아래 소강의 세상은 지금이라도 잘만 하면 그런대로 편안하게 살 수 있는 세상이었다. 드높아서 실현하기 어려웠던 공자의 꿈이 가능의 세계로 현실화되었다.

유학의 진수, 그것은 '예로써 그런대로 편안한 세상을 만드는 것'이었다. 공자의 '그런대로 편안한 세상을 만들기'는 하, 은, 주 3대의 문화에서 예악禮樂의 도道를 찾아 그것을 군주와 백성에게 전하는 것이었다. 그러나 그것은 참으로 어려운 일이었다. 피폐된 예악의 도를 다시 찾아 바로 세우기도 힘들었지만, 무엇보다도 당시는 제자백가諸子百家가 쟁명爭鳴을 일삼던 시대였고, 이렇게 혼란을 겪는 동안 군주들은 어느 것이 올바른 도道인지조차 확인하기 어려웠다. '현자賢者'로 자처하던 그 속유俗儒들은 고대 아테네인들이 그랬듯이 현학적 경향에 빠져 있었다. 그들은 실천적인 것으로부터 거리가 먼 사장詞章의 세상을 부유하면서 현실을 되외시하였다. 사설邪說이 난무하였고, 말재주꾼들이 곡학아세曲學阿世를 일삼는 곤혹스런 시대였다. 이와 같은 시대에서 공자의 예악의 도를 받아들이는 군주와 백성은 찾아보기 힘들었다.

그뿐만 아니었다. 예악의 도는 다분히 인위적인 것이었다. 인위적인 것은 무위無爲의 질서를 따르는 자연주의자들, 특히 초楚나라의 노자나 장자, 그리고 수많은 은둔자의 조롱거리가 되었다. 그도 그럴 것이, 그들이 살고 있던 곳은 노자의 '무위無爲'가 다스리는 불립문자不立文字의 세계였으니 말이다. 공자가 추구했던 예악의 도는 문자와 언어로 전하기에는 본질적으로 불가능한 세상이었다. 이는 예악의 도를 전하는 일에 본질적으로 따라붙는 문제였다. 공자사상에 깔려 있는 공자의 근본적 고뇌였다.

*　*　*

송宋나라 목암선경睦庵善卿이 12세기 초에 편찬한『조정사원祖庭事苑』에 이런 이야기가 실려 있다. 이 이야기는 비록 전설에 불과하지만, 공자의 근본적 고뇌가 어떤 것이었는지를 유추하기에는 제격이다.

제국의 편력을 접은 뒤, 공자는 그동안 쌓이고 쌓인 절망과 좌절을 가득 안은 채 고향 길에 올랐다. 그때 그에게는 그동안 몸에 지니고 다닌 커다랗고 영롱한 구슬이 하나 있었다. 위衛나라의 어느 유자儒者에서 받은 것으로 추정되는 이 구슬에는 아홉 굽이의 가는 구멍이 뚫려 있었다. 공자는 온갖 방법을 써서 이 구슬 구멍에 실을 꿰려고 했지만, 실로 그 아홉 굽이를 꿰는 일은 늘 허사였다. 그러던 어느 날 그가 진陳나라를 지나갈 때, 밭에서 뽕잎을 따는 아낙네를 만났다. 공자는 그녀에게 구슬 구멍을 가는 명주실로 꿰는 방법을 가르쳐 줄 수 있는지 물었다. 그녀는 잠시 생각하더니 "면밀히 생각하십시오[密爾思之]. 생각을 면밀히 하십시오[思之密爾]."라고 말했다.

이는 한 가닥의 짧은 고사에 불과하다. 하지만 이 이야기는 공자 구슬 꿰기, 곧 '공자천주孔子穿珠'라는 이름을 가진 유명한 전설이 되었다. 그런데 이 전설이 전하고자 하는 메시지는 과연 무엇인가.

'공자천주'에는, 공자처럼 아는 것이 많은 사람도 평범한 누에치기 아낙네에게 체면을 무릅쓰고 물었듯이, 진정으로 알려고 하는 사람은 묻는 일에 수치심을 느끼지 않고 지적으로 겸손해야 한다는 교훈이 들어 있다. '불치하문不恥下問'의 가르침이다. 그런데 이 책에서는 '공자천주'에 좀 더 심층적인 의미를 하나 더 보태고 싶다. 그리고 그 의미를 따라 이 책의 내용도 엮어 나가고 싶다.

'공자천주'에 새로이 더할 의미는 예악의 도를 전하는 일에 붙박여 있는 공자의 그 근본적 고뇌다. 아닌 게 아니라, 언어로 예악의 도를 전하는 일은 아홉 굽이의 구슬 구멍에 잠사를 꿰는 일이 그렇듯이 어려운 일이었다. 사실, 그것을 전하는 일은 인간의 힘으로는 해결할 수 없는 난제 가운데 난제였으니, 이에 맞닥뜨린 공자의 인간적 고뇌 또한 막다른 것이 아닐 수 없을 것이다.

그런데 공자가 전하고자 한, 그 예악의 도란 공자가 항상 선망한 하, 은, 주의 선왕들이 만들어 따른 것이었다. 하지만 공자가 살던 춘추시대에는 이미 그 예악의 도가 사라졌거나 피폐될 대로 피폐되어 있었다. 공자의 근본적 고뇌는 언어로 예악의 도를 군주와 백성에게 전하는 어려움에 한정된 것만은 아니었다. 그의 고뇌는 그렇게 무너진 예악은 물론, 흩어진 시서詩書를 찾아 그 속에 스며 있는 사상을 한 줄로 꿰는 일이었다. '공자천주'에 새로이 보태고자 하는 또 다른 의미다.

그런데 공자가 흩어진 예악과 시서를 모아 그것들의 아홉 굽이를 누비어 꿰는 그 잠사蠶絲란 또 어떤 것이었을까. 그것은 추측건대 공자가 추구한 실천적이고 현실적인 생각의 논리, 곧 실천이성이었을 것이다. 뽕나무 밭의 아낙네가 공자에게 전했다는 '밀이사지密爾思之 사지밀이思之密爾'의 비법 속에 숨어 있던 그 논리 말이다. 어디 그뿐이었겠는가. 이 비법에는 예악과 시서의 도를 어디로 이끌고 가야 할지에 대한 답도 숨어 있었을 것이다. 하지만 이 비밀의 일단을 미리 공개하자면, 그것은 결국 중용中庸이 찾는 선善의 논리를 말하는 것일 테고, 이 논리는 결국 '하늘의 길[天之道]'이 아닌 '사람의 길[人之道]'일 것이다. 모두 '공자천주'에 넣고 싶은 새로운 의미들이다.

무너진 예악의 도와 흩어진 시서를 찾아 그것을 한 줄로 꿰는 일은 유학의 본질이었으니, '공자천주'는 결국 글자의 뜻 그대로 무너진 예악의 도와 흩어진 시서를 모아 그것을 한 줄로 꿰는 일을 가리키는 말로도 사용할 수 있을 것이다. '공자천주'에 덧붙인 이 심층적 의미는 이 책의 글쓰기와도 무관하지 않다. 이 책이 주제로 삼은 것은 공자가 꿈에 그린 '그런대로 편안한 세상 만들기'가 무엇인지를 말하는 것이지만, 그 방법은 공자의 그 꿈을 한 줄로 꿰는 일, 공자의 언어로 말하면 그의 생각을 일이관지—以貫之하려는 것이다.

＊　＊　＊

공자의 폭넓고 심오한 사상을 한 줄로 꿰는 일은 이만저만한 어려움을 극복하지 않으면 안 된다. 2천5백 년 전의 중국 고대 사상에서 피어난 공자의 사상을 오늘날 우리의 언어로 바꾸는 일도 그렇거니와 그 넓고 깊은 사상에서 서로 섞일 수 있는 것과 없는 것을 가리어, 이들을 한 줄로 꿸 수 있도록 다듬는 일 또한 곤혹스러운 일이다. 독자들 또한 여간한 인내심이 없다면 이 자질구레한 철학적 사변을 거쳐, 보이지 않는 그 끝에 이르기가 참으로 어려울 것이다. 그러나 공자사상을 그런대로 편안한 세상 만들기에 맞추어 한 가닥으로 늘여 놓은 그 가느다란 줄을 놓지만 않는다면, 아슬아슬한 곡예 끝에, 결국 이르고자 하는 곳에 이르는 즐거움을 누릴 수도 있을 것이다.

* * *

공자는 춘추시대의 그 난세를 구하기 위해서 어떤 생각을 했는가. 예를 전하려고 정치에 뛰어든 공자를 그렇게도 신랄하게 나무란 노자는, 공자의 예에 배어 있는 인위와 언어의 혹세惑世를 탓하며, 푸른 소를 타고 함곡관函穀關으로 들어가 무위無爲와 더불어 살면서 세상에는 다시 나오지 않았다. 그러나 공자는 그런 노자를 뒤로하고 정치적 난세와 그 인위의 질곡 속에 머물기를 택했다. 그리고 난세에서 자신의 근본적 고뇌에 몰입했다. 그런대로 편안한 세상을 만들기 위해서였다. 이 책을 쓰게 된 동기도 여기에 있다. 공자가 겪은 그 고뇌를 잠시나마 나누어 가지고 싶었던 것이다. 선의식善意識이 서지 않아 국가적, 사회적 패륜을 서슴지 않는 난신적자와 사고의 논리가 왜곡된 채 광란의 이념놀이에서 춤추는 현세의 사문난적이 마치 2천5백 년 전 공자시대의 그들과 조금도 다름이 없어서다.

2016년 3월 저자

차 례

01
공자의 근본적 고뇌,
예악의 도를 어떻게 전할 것인가

대성지성문선왕전좌도
(모사본, 1513년, 작가 미상, 보물 제485호)

대성지성문선왕전좌도大成至聖文宣王殿坐圖는 유가의 계보다. 공자가 중앙에 홀忽을 잡고 앉아 있고, 양옆으로 안자와 자사, 증자와 맹자가 호위하고 있다. 이들 좌우로 제자들이 5명씩 자리하고 있고, 이들 앞으로 83명의 제자들이 앉아 있다.

당나라 현종玄宗은 공자에게 '문선왕文宣王'이라는 시호를 내렸다. 그 뒤 송나라 진종眞宗은 '지성至聖'을 덧붙여 '지성문선왕至聖文宣王'이란 시호를 내렸고, 원나라 성종成宗 때는 '대성大成'을 더하여 '대성지성문선왕大成至聖文宣王'이 되었다.

「공자세가孔子世家」는 사마천의 『사기』 속에 들어 있다. 거기에는 공자의 생각과 삶이 생생하게 기록되어 있다. '세가世家'는 제후들의 역사 기록을 일컫는 말이다. 그런데 공자는 제후가 아니었으니, 그것은 사실 '세가'가 아니었다. 그런데도 포의布衣의 신분인 공자에게 감히 '세가'라는 말을 사용한 것은 어찌된 일인가.

사람들은 그 이유를 사마천의 아버지 사마담司馬談이 공자를 존경한 나머지 그렇게 붙인 것이라고 전한다. 사마담은 역사를 기록하는 태사太史였다. 그는 공자에 대한 역사적 인식이 남다른 사람이었다. 그의 아들 사마천이 『사기』를 쓰게 된 동기도 사마담의 권유에 의한 것이었다. 130권으로 구성된 이 방대한 역사책은 사마천이 17년이 넘는 긴 세월 동안 혼신의 힘을 다하여 써 낸 역작이다. 역사가로서 사마담과 사마천 부자의 혼이 서려 있는 책이다. 그뿐만 아니다. 사마담은 공자를 존경한 나머지 그의 사상과 삶을 역사적 안목으로 평한 사평史評까지 썼고, 사마천은 그것을 자신의 「공자세가」 마지막 부분에 넣었다.

『시경』에 '높은 산을 우러러보고[高山仰止], 넓은 길을 걸어가네[景行止].'라는 구절이 있다. 비록 그곳에 갈 수는 없지만 마음만은 그곳을 향하고 있다는 것이다. 나는 공자의 글을 읽고서 그의 사람됨을 알았다. 노나라로 가서 공자 사당에 있는 수레와 의복, 그리고 예기禮器를 보았으며, 사람들이 그 집에서 항상 예를 익히는 모습을 보았다. 나는 경건히 그곳을 돌아다니면서 떠날 수가 없었다. 천하에는 군왕에서부터 현인에 이르기까지 수많은 인물이 있지만, 살았을 당시에 영화를 누리다가 죽고 나면 그뿐이다. 그러나 공자는 포의의 평범한 신분이었음에도 그 학문이 10여 대에 걸쳐 전승되고 있으며, 배우는 이들 모두 그를 스승으로 삼고 있다. 천자나 왕후에서부터 중국에서 육예六藝를 말하는 사람이라면, 모두 공자를 모범으로 삼고 있으니, 그는 참으로 지극한 성인聖人이라 하겠다.[1]

사마담이 쓴 공자에 대한 사평이다. 「공자세가」는 사마천의 작품이지만, 그것은 이렇게 공자에 대한 사마담의 흠모로 시작되어 다시 공자에 대한 역사적 호평으로 마무리되었다.

그러나 「공자세가」는 사마천이 공자 사후 400년이 지난 뒤 집필한 것이니 그것을 공자의 생생한 전기라고 하기는 어렵다. 더욱이 「공자세가」의 많은 내용은 『논어』에서 가져온 듯하다. 그런데도 우리가 「공자세가」에 관심을 기울이는 까닭은 무엇인가. 그것은 사마천이라는 가장 신뢰할 만한 역사가를 통해서 우리가 주목하는 공자의 사상과 생애를 믿음을 가지고 살펴볼 수 있기 때문이다.

---

1) 「공자세가」, 사평.

공자의 고향, 궐리

공자는 노나라 추읍陬邑에서 태어났다. 그의 선조는 송나라 사람으로 공방숙孔防叔이다. 공방숙은 백하伯夏를 낳았고 백하는 숙량흘叔梁紇을 낳았고 숙량흘은 공자를 낳았다. 공자의 어머니 안징재顔徵在가 태산泰山의 기운이 흘러 영험하기로 이름난 이구산尼丘山에서 기도를 한 뒤, 공자를 얻게 되었다고 한다.

이구산

공자의 생일은 노나라 양공襄公 22년 10월 27일, 서력으로 환산하면 기원전 551년 9월 28일이다. 동주東周 춘추시대다. 그가 태어났을 때, 머리 형상이 이구산을 닮아 그의 이름을 '구丘'라고 지었다 한다. 자字를 '중니仲尼'라 했다. 별칭으로 '이구尼丘'라고도 한다.

노성의 궐리탑

성은 공孔이다. 공자의 아버지 숙량흘은 공자의 나이 3세 때 세상을 떠났다. 공자의 고향은 궐리闕里다. '궁궐 마을'이란 뜻의 '궐리闕里'는 공자의 학문이 뛰어나 그의 신분을 높이기 위해서 지은 지명이다. 우리나라에도 공자의 높은 학덕을 기리기 위해 공자와 관련된 지명을 여러 곳에서 사용했다. 충남 노성魯城에는 '이구산'이라고 부르는 산이 있고, 조선조의 성리학자들이 이 산 밑에 있는 마을을 '궐리'라고 부르고 싶어 그곳에 '궐리탑'을 세워 놓기도 했다. 아닌 게 아니라, 현재의 마을 이름 '노성'도 공자의 고향 곡부의 옛 이름이다. 공자의 후손이 살고 있던 경기도 오산에는 공자의 고향 마을 이름을 따서 지금도 '궐리'라고 부르는 마을이 있다.

공자사상의 모태, 악기

공자의 고향 노나라의 정세는 어지러웠다. 노나라의 소공昭公은 귀족 계평자季平子와 패권을 다투다가 패하여 나라를 잃고 제帝나라로 피신했다. 이때 공자도 제나라로 가서 한때 상류 계급에 속하는 대부大夫 고소자高昭子의 가신家臣 노릇을 했다. 기원전 517년 공자의 나이 35세 때였다. 공자의 첫 번째 출국이었다.

제나라로 간 공자는 음악을 관리하는 태사太師와 음악을 논했다. 그는 태사로부터 고대 순 임금이 제작하여 즐겨 연주했다는 소악韶樂을 듣고 기뻐했다. 일종의 무곡舞曲이었다. 순 임금은 성군聖君이어서 그의 음악도 지극히 선하고 아름다웠다고 공자는 평했다. 임금의 자리를 곱게 물려받았으니 순 임금의 소악이 그렇게 예술성과 도덕성을 모두 갖추었다는 것이다. 여기에 비하여 주나라 무왕武王이 제작한 '무武'는 비록 장대하고 아름답기는 하지만 평화롭지도 선하지도 않다고 했다. 음악을 평하는 공자의 안목이 예리했다.

공자의 음악적 경지는 대단했다. 그는 29세 때 이미 노나라에서 음악을 관리하는 악관인 사양자師襄子를 스승으로 삼아 거문고 타는 법을 배웠다. 그런데 공자의 거문고 연습은 열흘 동안 같은 곡의 반복이었다. 사양자가 말했다. "이제는 다른 곡을 배워도 되겠습니다." 이에 공자가 말했다. "나는 이미 이 곡조를 익혔으나, 아직 그 연주법을 제대로 터득하지 못했습니다." 며칠 뒤 사양자가 다시 말했다. "이제는 그 연주법을 다 익혔으니, 다른 곡을 배워도 되겠습니다." 공자가 말했다. "나는 아직 그 곡조를 마음으로 터득하지 못했습니다." 얼마 후에 사양자가 다시 말했다. "이제는 그 곡조와 마음이 서로 통하게 되었을 테니, 다른 곡조를 배워도 되겠습니다." 공자가 말했다. "나는 아직 이 곡을 지은 이가 어떤 사람인지를 터득하지 못했습니다." 그런 일이 있은 뒤, 공자는 조용하고 경건하게 깊은 생각에 잠겼고, 황홀한 환상 속에 들어 기뻐했다. 그리고 높고 먼 곳을 바라보면서 이렇게 말했다. "이제야 나는 그 곡을 쓴 사람의 사람됨을 알았습니다. 피부는 검고, 키는 크며, 눈은 빛나고, 멀리서 바라보면 끝이 없는 듯하고, 사방의 사람들이 그를 향해 모여드는 것만 같으니, 이는 문왕文王이 아니면 그 누구겠습니까!" 이 말을 들은 사양자가 벌떡 자리에서 일어나 절하며 말했다. "나의 은사님께서도 이 곡이 문왕의 '문왕조文王操'라고 하셨습니다." 공자는 거문고를 연주했다. 사양자는 조용히 음미하고 듣다가 깜짝 놀랐다. 거기에는 문왕이 조용히 앉아 거문고를 타고 있는 것이 아닌가. 연주가 다 끝나자 사양자가 다시 일어나 공자에게 큰 절을 했다. 크게 놀란 공자가 스승에게 왜 이러시느냐고 물었다. 사양자가 말했다. "지금 그 옛날 문왕의 마음으로 거문고를 타고 있는 사람을 보고 있습니다."

학금사양(1742년, 작가 미상, 성균관대박물관 소장)

공자가 순 임금의 소악에 심취했다는 사실은 『논어』의 「팔일편」

에도 진술되어 있고, 술이편에도 언급되어 있다. 「팔일편」에는 '공자가 소악은 매우 아름답고 지극히 선한 뜻을 담고 있다.'고 말했다는 기록이 있고, 「술이편」에는 '공자가 제나라에 있을 때 소악을 듣고서 석 달 동안이나 고기 맛을 알지 못했고, 음악이 이렇게까지 훌륭한 경지에 이르리라고는 생각지도 못했다.'는 구절이 있다.[2]

공자는 음악을 인간 심정의 섬세한 표현이라고 생각했고, 고상한 정신은 선하고 아름다운 음악을 낳는다고 했다. 음악은 인간 정신의 리듬이고, 그 리듬은 아름다우니, 결국 그 고상한 정신은 선하고 아름답지 않겠느냐는 생각이었다.

공자는 더 나아가 음악은 인간 윤리의 표현이고 정치의 극치라고 이해했다. 예禮와 악樂과 시詩의 바탕 위에서 정치적 아름다움을 추구한 공자로서는 순 임금의 덕치德治까지도 음악적 정서로 평가하지 않을 수 없었을 것이다. 공자는 어렸을 때 제기를 펼쳐 놓고 예를 올리는 소꿉놀이를 좋아했다. 그는 이 놀이를 통해서 예법을 몸으로 익혔고, 그 익숙함은 남의 눈에 띌 정도로 탁월했다. 그가 어렸을 때부터 익힌 예법과 그 뒤에 심취했던 음악은 그가 평생을 두고 닦은 예악禮樂의 바탕이 되었다.

어느 날 제나라 경공景公이 공자에게 정치에 대해 물었다. 공자가 주저치 않고 대답했다.

정치란 군주가 군주답고 신하가 신하다우며, 어버이가 어버이

---

2) 「논어」, 팔일 및 술이. 子謂韶 盡美矣 又盡善矣.

답고 자식이 자식다워질 수 있도록 하는 것입니다.[3]

이를 공자의 '정명론正名論'이라 한다. 모든 사람이 자신의 직분에 맞는 역할을 충실히 수행하는 것을 뜻한다. 이 말을 듣고 있던 경공이 감탄하면서 다시 말했다.

참으로 옳은 말씀입니다. 아닌 게 아니라, 군주가 군주답지 못하고, 신하가 신하답지 않으며, 어버이가 어버이답지 못하고, 자식이 자식답지 못하면, 비록 먹을 곡식이 많다 한들 내 어찌 그것을 먹을 수 있겠습니까.[4]

어느 날 경공이 다시 공자에게 정치에 대하여 물었다. 공자가 대답하기를, '나라를 다스리는 요체는 재물을 절약하는 데 있습니다.'라고 했다. 이 말에 경공이 기뻐하여 공자가 다스릴 땅을 봉封하고 제후로 삼으려 했다. 그러자 재상 안영晏嬰이 나서서 경공의 뜻을 막았다. 그는 경공에게 공자와 같은 유자儒者들은 말재간을 부려 매끄러운 말투로 사람들을 현혹하는 변설가들에 불과하다고 했다. 또한 유자들은 오만하여 자신들의 주장만을 고집하기 때문에 그들의 뜻을 백성에게 펼 수 없다고도 했다. 그 예로 그들은 상례를 중시하고 슬픔을 다한다고 하면서 재산을 탕진할 만큼 장례를 지나치게 크게 치르니, 그들의 예법을 받아들이기가 어렵다고 했다. 그뿐만 아니라, 그들은 이곳저

3) 앞의 책, 안연.
4) 위의 책, 같은 곳.

곳으로 유세를 다니며 관직이나 후한 녹을 바라니, 나라의 정치를 맡길 수 없다고도 했다. 또한 옛날의 위대한 성현들이 자취를 감춘 뒤, 주의 왕실은 이미 쇠락했고, 그 사이에 예악도 붕괴된 지 오래되었는데, 지금 공자는 엉뚱하게 용모를 성대히 꾸미고 의례를 번거롭게 만들며 지나치게 세세한 행동 규범을 만들어 따르도록 하고 있으니, 평생을 다해도 그 예를 모두 터득할 수 없다고 했다. 그렇기 때문에 군주께서 만약 그를 채용해 제나라의 풍속을 바꾸려 한다면, 이것은 백성을 다스리는 좋은 방법이 아닐 것이라고 했다. 유자들에게는 큰 수모였다. 안영으로부터 이 말을 들은 경공은 그 뒤 공자에게 더 이상 예와 정치에 대하여 묻지 않았다. 어디를 가나 유학에 대한 회의는 이만저만이 아니었다. 예법의 그 까다로운 형식, 티 내는 옷차림, 그리고 행동이 따르지 않는 말재간을 백성들이 좋아할 리 없었다.

노자와 공자의 사상적 조우

사마천의 『사기』에는 '노나라 대부 맹희자孟釐子가 그의 두 아들 맹의자孟懿子와 남궁경숙南宮敬叔에게 자신이 세상을 떠나면 반드시 공자를 찾아가 그에게서 예를 배우라고 했다.'는 말이 있다.[5] 맹희자가 두 아들에게 한 말은 이러했다.

공자의 8대조 정고보正考父는 송나라의 대공戴公, 무공武公, 선공

---

5) 『사기』, 공자세가, 4.

宣公 때 세 번이나 벼슬길에 올랐는데, 그때마다 매우 공손히 예를 올리며 명을 받았다는 것이다. 정고보의 행적은 정고보의 사당에 있는 솥에도 새겨져 있는데, 그 내용은 '정고보가 처음 벼슬에 오르는 명을 받았을 때는 허리를 굽혔고, 두 번째 벼슬에 오르는 명을 받았을 때는 몸을 더 숙였으며, 세 번째로 더 높은 벼슬을 받아 재상이 되었을 때는 고개를 숙이고 엎드려 큰 절을 올렸다.'는 것이다. 그뿐만 아니라, 그 솥에는 정고보가 '길을 걸을 때도 어기적거리지 않고 조심스레 담을 끼고 잰걸음으로 걸으니, 그를 욕하거나 업신여기는 사람이 아무도 없었고, 또 이 솥에다 밥을 짓고 죽을 끓여 입에 풀칠을 하는 정도였다.'는 것이다. 맹희자는 두 아들에게 정고보의 공손함이 이와 같으니, 분명 그와 같은 성인의 후예 가운데에는 비록 높은 자리에 있지는 않더라도, 반드시 사리에 밝고 예에 통달한 사람이 나올 것인데, 저 공구 孔丘라는 사람이 그 사람 아니겠느냐고 했다 한다.

그리하여 어느 날 맹희자의 둘째 아들 남궁경숙이 공자를 찾아와 스승이 되어 주기를 간청했다. 공자는 그에게 이렇게 말했다.

내가 듣기로 노자는 옛 일도 넓게 알고, 현세의 일도 모르는 것이 없을 정도이며, 예악의 근원에 능통하고 도덕의 귀추에도 밝다 하니, 그가 오히려 우리의 스승이 아니겠습니까. 6)

---

6) 『공자가어』. 孔子謂南宮敬叔曰.

뭇사람들로부터 존숭의 대상이었던 공자는 '노자가 오히려 우리의 스승이 아니겠느냐.'고 한 것이다. 공자의 이 말은 헛된 것이 아니었다. 맹희자는 공자를 존경하여 자신의 아들들을 그에게 보냈지만, 공자는 정작 자신을 찾아온 사람들에게 노자가 '우리의 스승'이라고 한 것이다. 『사기』의 노자한비열전老子韓非列傳이나 『장자』의 천운편天運篇을 보면, 공자가 주나라에 가서 선왕들이 남긴 제도를 살피고, 예악에 관한 공부를 하기 위해 노자를 방문했다는 기록이 있다. 공자가 노자를 방문한 것은 그에 대한 존경심에서 우러나온 것이었을 것이다.

하지만 이들의 만남은 인류 사상사에서 가장 불편한, 그러나 가장 볼 만한 장면 가운데 하나였다. 이 장면을 사마천은 『사기』의 노자한비열전에서 매우 어색한 관계로 묘사해 냈다.

가르침을 받기 위해 먼 여정을 무릅쓰고 주나라의 낙읍으로 간 공자는 마침내 노자를 만나게 되었다. 공자는 마차에서 내려 노나라에서 가지고 온 비둘기 두 마리를 노자에게 선물로 바쳤다. 그리고 말했다. "예에 대하여 가르침을 주십시오." 공자의 간청을 받은 노자가 대답했다. "예에 대해서라면 나는 할 말이 없습니다." 공자가 다시 말했다. "선생님 같은 분이 할 말이 없으시다니요." 노자가 말했다. "잠깐만 기다려 보십시오. 딱 한 가지 얘기해 줄 것이 있기는 합니다만, 지금 묻는 것이 선인先人들이 따랐던 예 말씀인가요?" 공자가 대답했다. "네, 그렇습니다." 이에 노자가 말했다.

그대가 말하는 그 예라는 것은 말입니다. 그것은 그것을 말했던 사람들의 뼈와 더불어 모두 썩어 없어지고, 오직 그 말만 귓가에 남아 있을 뿐입니다. 그리고 군자는 때를 얻으면 마차를 타고 다니지만, 때를 얻지 못하면 머리에 물건을 이고 양손에 짐을 들고 떠돌아다닌다 합니다. 내가 듣건대, 훌륭한 장사꾼은 물건을 깊이 감추어 두고 마치 아무것도 없는 듯이 하고, 군자는 많은 덕을 지니고 있으나 겉모습은 마치 어리석은 것같이 한다고 합니다. 그대는 먼저 교만한 기운과 많은 욕심, 잘난 체하는 태도, 음탕한 마음을 버리는 것이 좋겠습니다. 이와 같은 것들은 모두 그대 자신에게 무익한 것입니다. 내가 그대에게 알려줄 것은 이것뿐입니다. [7]

노자가 공자에게 '예는 그것을 말했던 사람들의 뼈와 더불어 모두 썩어 없어지고, 오직 그 말만 귓가에 남아 있을 뿐'이라고 했으니, 예를 전하는 데 몰입되어 있던 공자가 이 말을 듣고 무슨 생각을 했을지 궁금하다. 그래도 추측건대 공자는 다시 이렇게 물었을 것이다. "그렇지만 그들의 말씀은 아직도 남아 있지 않습니까?" 또 추측건대 노자는 머리를 설레설레 흔들었을 것이다. 그리고 이렇게 말했을 것이다. "글쎄, 그것이 다 헛소리, 공언空言이란 말씀이오."

노자가 이렇게 공자를 꾸짖은 것은 무엇 때문이었을까. 그것은 물론, 선왕들이 만들어 놓은 예악禮樂의 도에 자신을 결박하는 공자의 어리석음, 그 예악의 도를 세운 사람들은 이미 역사 속으로

---

7) 『사기』, 노자한비열전. 子所言者 其人與骨皆已朽矣獨其言在耳 且君子得其時則駕 不得其時則蓬累而行 吾聞之 良賈深藏若虛 君子盛德容貌若愚 去子之驕氣與多欲 態色與淫志 是皆無益於子之身 吾所以告子 若是而已.

사라져 없어졌는데, 그들이 남긴 말을 외우고 그것을 '도'라 칭하면서 전파하려고 이곳저곳을 떠도는 사치스러운 그 말재주꾼의 모습 때문이었다. 그뿐만 아니라 예의 형식을 뒤집어 쓴 공자의 그 볼품없는 모양새도 한몫을 했을 것이다. 유가들이 입고 있던 그 축 늘어진 옷부터 노자에게는 자연스럽지 않았을 것이다. 예를 행한다고 요란하게 차려 입은 공자의 모습을 보고 '예를 빙자한 태도'라고 꾸짖은 것을 보면, 노자는 유자들의 행실을 보고 분명히 한심하다고 여겼을 것이다. 노자나 장자의 어투란 항상 그랬다. 그들에게는 경전에 쓰여 있는 성현들의 말들조차 모두 헛소리에 불과했다. 노자 앞에 서서 그로부터 꾸지람을 듣다가 돌아온 공자의 그 초라한 모습이 조금도 걸러지지 않고 사마천의 『사기』를 통해서 노출되었다. 공자가 노자를 만나고 난 뒤에 한 말이다.

> 나는 오늘 용을 보았노라. 새는 날아다니기를 잘하고, 물고기는 헤엄을 잘 치며, 들짐승은 달리기를 잘한다. 그러므로 달리는 들짐승은 그물로 잡을 수 있고, 헤엄을 치는 물고기는 낚시로 낚을 수 있고, 나는 새는 화살로 잡을 수가 있을 것이다. 그러나 용은 어떻게 그렇게 구름과 바람을 타고 하늘로 올라가는 건지 나는 도무지 알 수가 없다. 내가 노자를 만나 보니 그는 마치 용과 같은 사람이었다. [8]

---

8) 앞의 책, 같은 곳.

공자로서는 노자를 따라잡을 수 없었다. 노자는 공자의 손에 잡히지 않는 신선과 같은 인물이었으니 말이다. 그는 공자가 도저히 대적할 수 없는 존재였다.

같은 장면이 장자의 『장자』에도 묘사되어 있다. 공자가 어느 날 노자를 찾아가 그에게 자신이 가지고 있는 그 근본적 고뇌를 꾸밈 없이 털어놓았다.

> 저는 시, 서, 예, 악, 역, 춘추 등 육경을 오랫동안 공부해서 거기에 들어 있는 도를 충분히 깨달았습니다. 그 도는 선왕들도 따른 것입니다. 그래서 선왕들의 도는 물론, 주공周公과 소공召公의 사적史蹟을 군주들에게 전하여 그들이 그것으로 나라를 다스릴 수 있도록 했지만, 어떤 군주도 내 말을 들어주지 않았습니다. 사람들에게 도를 전한다는 것이 이처럼 어려운 일입니까?[9]

공자는 예악의 도는 물론, 그것의 근간이 되는 육경에 통달했다고 생각했지만, 그것을 백성에게 전하는 데 실패했다고 고백했다. 공자의 이야기를 듣고 있던 노자가 지체하지 않고 공자에게 말했다. 장자는 이 장면을 사마천보다 더 예리한 필봉으로 휘둘러 댔다.

> 그 육경이란 게 말입니다. 선왕들의 케케묵은 발자국입니다. 그

---

9) 『장자』, 천운.

런데 어떻게 그 발자국이 자국을 낸 것과 같겠습니까. 당신이 말한 그 육경이란 것은 한낱 발자국에 불과한 것입니다. 발자국은 신발이 내는 것인데, 그 발자국이 어떻게 신발이 될 수 있다는 말입니까.[10]

노자에게 육경은 '선왕들의 케케묵은 발자국'에 불과했다. 하, 은, 주의 성현들이 아무리 그럴싸한 예법을 만들어 백성을 다스렸다 할지라도, 노자에게 그것들은 인위로 인간의 마음을 결박하는 것이었을 테고, 또한 그것들을 만든 사람도 세상을 떠난 지 이미 수 세기가 흘렀으니, 그 발자국 또한 케케묵은 것일 수밖에 없었을 것이다. 노자와 장자가 항상 그렇게 지적했듯이, 이 문제는 본질적으로 공자사상에 내재되어 있는 그 근본적 문제의 시원始原이었다. 서책에 문자로 써 놓은 이론의 세계와 실천의 세계 사이의 본질적 간극 말이다.

노자에게 육경은 물론이거니와 그 구체적 표현 방법으로써 예는 선인들이 세상을 다스리기 위해서 만든 방편에 불과했다. 그 방편이란 것은 당연히 인위적인 것이었다. 그런데도 무위의 자연에 귀의한 노자에게 공자가 인위의 예를 묻는 것은, 또한 노자 앞에서 육경을 통달했다고 자부한 것은, 그의 사상적 역린逆鱗을 자극한 것이나 다름없었다. 노자에게 공자의 인위는 모두 억지로 만들어진 세계에 관한 것들이고, 그 테두리 안에 인간을 결박하는

---

10) 앞의 책, 같은 곳.

것은 자연의 이치를 거스르는 것이었다.

노자 앞에서 경전의 문장을 달달 외우고 육경에 들어 있는 예악을 통달했다고 자랑하며 예악을 전하려고 제국을 편력했는데, 백성들이 이를 받아들이지 않는다고 불평하는 공자를 보고, 노자가 무슨 생각을 했을 것인가. 노자는 그와 같은 공자를 보고 머리를 썰레썰레 흔들었을 것이다. 그러면서 말했을 것이다. "그 경전에 있다는 성현들의 말들이 모두 케케묵은 헛소리에 불과하단 말이요."라고 말이다.

노자는 인위와 언어로 조작해 내는 세상을 보면서 그것을 염려하고 경계한 사람이었다. 과장이 될지 모르겠지만, 노자의 『도덕경』을 구성하고 있는 문장 하나만 선택해서 살펴봐도, 모두 언어 문제에 관한 염려로 가득 차 있다. 노자의 『도덕경』에 나오는 문장이다.

> 신의가 있는 말은 아름답지 않고 아름다운 말에는 신의가 없으며 선한 사람은 말에 능하지 않고 말에 능한 사람은 선하지 않으며 아는 사람은 박식하지 않고 박식한 사람은 알지 못한다.[11]

명언이고 사려 깊은 해학이다. 언어의 허구성을 이렇게도 신랄하게 꼬집을 수가 있는가. 예컨대, '신의'라는 말은 신의와 같지 아니하고, '선한 것처럼 들리는 말을 잘하는 사람'은 선한 사람과 같

---

11) 『도덕경』. 81. 信言不美 美言不信 善者不辯 辯者不善 知者不博 博者不知.

지 아니하고, '안다고 말하는 사람'은 박식한 사람과 같지 않다는 뜻이다. 언어와 그 실체의 불일치를 말한 것이다. 그러니 언어의 세계는 허구의 세상이라는 것이다. 말로써 '신의'는 그 실체로써 신의가 아니라는 것이니, 언어의 의미론을 제대로 파악하지 못한다면, 노자가 염려한 언어의 근본적 문제에 우리 모두가 빠져 허우적거리게 될지도 모른다.

우리는 보통 '신의'라는 말을 '아름답다'고 말한다. 그러나 노자는 그렇게 생각하지 않았다. 그에게 '신의'라는 단어는 '인의仁義'가 그렇듯이 인위적인 것이고, 인위적인 것은 모두 헛소리에 불과하며, 헛소리는 결국 공언空言이니 아름다울 수가 없다는 것이다. 그렇기 때문에 노자는 언어를 가지고 행세하는 공자를 책망할 수밖에 없었다. 노자의 '도'와 공자의 '도'는 같은 것이 아니었다. 노자의 도는 공자의 세계에서처럼 언어의 세계에 갇혀 있지 않았다. 그의 '도'는 이른바 '불립문자不立文字'의 세계에 속한 것이었다.

노자는 문자를 넘어선 세계와 문자의 세계 사이의 문제를 공자에게 깨우쳐 주려고 했다. 공자에게 건네는 노자의 이 주문을 우리는 『공자가어』에서도 읽을 수 있다.

어느 날 공자가 노자를 만나 이렇게 말했다. "어렵습니다. 오늘날 도를 전하기가 이렇게나 어렵습니다. 제가 도를 고집하여 이를 여러 나라 제후들에게 전하려 했으나 받아 주지를 않습니다. 오늘날 도가 행하여지기가 이렇게나 어렵습니다." 이에 노자가 말했다. "무릇 말하는 자가 말 잘하기에 빠지게 되면, 듣는 자는 그 말에 혼란을 일으키게 되는 것입니다."[12]

끝 부분에 있는 '말 잘하기에 빠지면 듣는 자를 혼란에 빠뜨린다.'는 노자의 말이 명언이다. 노자에게 언어의 세계는 허구의 세상이었으니, 말 잘하는 사람의 말을 듣는 사람은 분명 혼란에 빠질 수밖에 없을 것이다. 그런데 말 잘하기로는 공자보다 오히려 노자 쪽이 아닌가? 폭소를 자아낼 명장면이다. 노자를 만나면 공자는 항상 이렇게 상처를 받아 측은해진다.

언어가 가지고 있는 근본적 문제를 이렇게 노자만큼 꿰뚫어 보고 있는 철학자도 드물 것이다. 언어로 도를 표현하는 것은 물론, 그것을 다시 언어로 전하는 것이 얼마나 어려우며 위험한가를 노자는 일찍이 깨달았던 것이다. 그 결과 노자는 그 인위의 세계를 버렸던 것이다. 하지만 공자는 오히려 언어로 예악의 도를 전하려 했으니, 노자의 말처럼 공자는 사람들을 더욱 혼란스럽게 만들었을 것이다.

그런데 노자가 말하는 '도'와 그 실체로써 도 사이의 차이를 공자인들 어찌 깨닫지 못했겠는가. 자세히 들여다보면, 공자의 예악의 도는 노자가 『도덕경』에서 말하는 '도'와 동일한 것이 아니었다. 노자의 세상 보기는 무위의 토대 위에서 이루어졌으니, 그의 도 또한 무위의 도가 아니겠는가. 『도덕경』의 한 토막을 되새겨 봄이 좋을 것 같다.

바르게 하는 것으로써 나라를 다스리면 장차 남을 속이는 기이한 꾀[奇計]가 되어 전쟁까지 일삼게 될 것이다. 그러나 하는 일 없는 정치를 하면 천하를 차지하게 될 것이다. [13]

---

12) 『공자가어』. 孔子見老聃而問焉曰.
13) 『도덕경』. 57.

'바르게 하는 것으로써 나라를 다스린다.'는 말은 '예로써 나라를 다스린다.'는 말과 다르지 않다. 공자의 세상이다. '하는 일 없이 정치를 한다.'는 말은 무위로써 다스린다는 말과 다르지 않다. 노자의 세상이다. 이 두 다스림에 도가 있을 텐데, 이들이 과연 동일한 '도'라고 믿을 여지가 있겠는가. 예로써 나라를 다스리는 '도'와 하는 일 없이 정치를 하는 '도'가 동일한 '도'일 수가 있겠는가. 하는 일 없이 정치를 하는 '도'를 따르는 노자가 예로써 나라를 다스리는 공자의 '도'를 어찌 경계하지 않을 수 있겠는가.

공자는 노자에게 어쩔 수 없는 존재였다. 노자는 자신의 도를 억지로 세상에 퍼뜨리려고 하지 않았다. 공자와 다른 점이다. 공자와 노자는 서로 다른 두 갈래 길을 확인하게 되었다. 공자의 길은 세상으로 나가는 큰 길이었고, 노자의 그것은 세상으로부터 벗어나는 좁은 길이었다. 사마천은 "도가 같지 않으면 서로 대화를 도모할 수 없다."라고 말했다. 그리하여 세상에서 노자를 배우는 자는 유학을 배척하고, 유학 또한 노자를 배척한다는 말도 생겨났다. [14]

장자의 공자 보기

노자도 그렇지만, 장자는 노자보다도 더한 공자의 적수였다. 장자만큼 공자의 인위人爲의 도를 무색하게 만드는 재기才氣를 가진 사람

---

14) 『사기』, 노자한비열전.

은 이 세상에 아무도 없을 것이다. 이 점에서 장자는 사마천보다 한 수 더 위였을 것이다. 사마천은 편견을 멀리하는 역사가였지만, 장자는 노자의 사상을 이어받아 그 무위의 도를 사수하는 전위대 역할을 했으니, 당연히 그와 같은 재기를 감추어 둘 까닭이 없었을 것이다.

장자는 몽蒙의 출신으로 이름은 주周다. 일찍이 몽 지방의 칠원漆園이라는 고을에서 관리를 지냈다. 그의 학문은 넓었다. 그의 생각은 대체로 자유분방했고, 능란한 글 솜씨는 감칠맛 나는 우화와 풍자로 더욱 아름답게 빛났다. 그는 이 풍자와 우화로 틈만 나면 공자를 『장자』 속으로 불러들여 그 사상을 초토화시키려 한 반면, 노자의 학설은 그것이 자신의 것인지 노자의 것인지를 분간하지 못할 정도로 정교하고 그럴듯하게 북돋아 냈다.

장자의 글 솜씨와 말재주로부터 당대의 뛰어난 임금과 학자도 비켜갈 수 없었다. 하고 싶은 말을 자유자재로 거침없이 휘두르는 그 재치와 기지에 잡힐까 봐 제후들도 두려워했다. 언젠가 초나라 위왕威王이 장자가 현인이라는 말을 듣고, 그에게 천금의 예물을 주고 재상으로 삼으려 했다. 그러나 장자는 그 밀지를 가지고 온 사신에게 이렇게 답하여 돌려보냈다. "그대는 왕이 제사 지낼 때 제물로 잡혀 온 소를 보지 못했습니까? 그 소는 여러 해 동안 잘 먹고 잘 지내다가, 어느 날 화려한 비단옷을 입고 종묘로 끌려가게 됩니다. 이때 그 소가 하찮은 돼지로 살겠다고 한들 그렇게 될 수 있겠습니까?"[15]

---

15) 앞의 책, 같은 곳.

노자가 공자에 대하여 염려했던 것들을 장자는 고스란히 물려받았다. 장자의 『장자』는 노자의 『도덕경』보다 더 분명하게 도가사상을 밝혔을 정도였고, 그 사상을 가지고 틈이 날 때마다 공자를 우롱했다. 『장자』 천운편에는 공자의 사상을 꾸짖어 대는 장자의 명문장들로 가득 차 있다. 거기에 보면, 공자가 나이 51세가 되던 해에 노자를 만나 대화를 하는 장면이 있다.

노자가 말했다. "어서 오십시오. 나는 당신이 북방의 현인이라는 소문을 들었습니다. 그런데 진정한 도는 체득하셨습니까?" 공자가 대답했다. "아닙니다. 아직 체득하지 못했습니다." 노자가 물었다. "당신은 어떤 것에서 도를 구하려고 하셨습니까?" 공자가 말했다. "나는 처음에 예의법도에서 도를 구하려 했는데 얻지 못했습니다." 노자가 말했다. "그다음에는 또 어떤 것에서 구하려고 했습니까?" 공자가 말했다. "그다음에는 음양의 원리에서 구하기를 십 년이나 했지만, 역시 얻지 못하였습니다." 노자가 말했다. "그럴 테지요. 도를 무슨 물건처럼 가져다 바칠 수 있다면, 사람치고 그것을 자기 임금에게 가져다 드리지 않을 사람이 어디 있겠습니까? 그렇게 도를 가져다 드릴 수 있다면, 사람치고 누가 그 부모에게 도를 가져다 드리지 않겠습니까? 또 도를 남에게 말로써 이해시킬 수 있는 것이라면 사람치고 자기 형제에게 그렇게 하지 않을 사람이 어디 있으며, 도가 물건처럼 누구에게나 줄 수 있는 것이라면, 사람치고 제 자손에게 물려주지 않을 사람이 어디에 있겠습니까? 그런데도 그렇게 하지 못하는 것은 무엇 때문이겠습니까? 별다른 이유가 있어서 그런 것은 아닙니다. '도'라는 것은 그것을 받아들일 자세가 갖추어 있지 않으면 다가오지 않습니다. 마음속에서 도를 끌어내어 겉으로 보여 주고 싶어도 사람들이 그것을 받을 태세가 되어 있지 않으면 그 도를 보여 줄 수 없고, 또 가르쳐 주려고 해도 받을 사람의 마음에 그것을 배울 준비가 되어 있지 않으면 가르치려는 사람은 그런 사람을 상대하지도 않을 것입니다. 더욱이 언어는 천하의 공기公器이니, 너무 이것에만 얽매여서는 안 되며, 인의仁義는 옛날 성왕들이 묵던 주막이었을 뿐이니, 하룻밤쯤 묵어갈 정도면 됩니다. ……그래서 옛날에 도덕이 극치에 이른 사람들[至人]은 인仁을 일시적 방편으로 빌리고 하룻밤을 의義에서 묵어갔을 뿐입니다."16)

인의仁義는 일시적 방편이니 하룻밤 묵어가는 것으로 족하다는 것이다. 언어를 가지고 인위적으로 만든 '인의'에 매달리지 말라는 경고다. 정말로 노자의 말인지 장자가 만들어 넣은 말인지 헷갈린다. 하지만 문장이 오묘하고 발상이 자유분방하다. 『장자』는 중국에서 매우 귀중한 문학서에 속한다. 예로부터 중국의 문장가들은 대부분 『장자』를 통해서 글쓰기를 시작했다고 한다.

공자가 우리 인간 사회를 인의에 바탕을 둔 예로써 다스리려 했다면, 노자는 인간의 이성적 한계와 그 간계에 대한 각성을 촉구하는 데 재미를 붙였다. 그리하여 자연의 순조로움에 귀의한 도가

---

16) 『장자』, 천운.

사상은 인위에 바탕을 둔 유가사상을 철저히 배격했다.

　공자가 일생 동안 괴로워했던 근본적 고뇌 가운데 한 가지는 도의 본질을 가지고 노자와 부딪친 문제였다. 그가 노자를 만나기만 하면 꾸지람을 듣게 된 것도 이 때문이었다. 노자에 따르면, 도는 주고받을 수 있는 사물이 아닌데도, 사람들은 그것을 마치 사물처럼 얻거나 주거나 할 수 있는 것이라고 생각한다는 것이다. 물론, 언어로 표현하거나 전달하여 가르칠 수 있는 것도 아니라는 것이다.

　『장자』 속의 또 한 장면을 들여다보자. 어느 날 공자가 노자를 찾아가 예의 바탕이 되는 인의에 대하여 자신의 생각을 또다시 장황하게 늘어놓았다.

　노자가 공자에게 말했다. "너무 산만합니다. 요점만 말씀하십시오." 공자가 대답했다. "요점은 인의仁義가 중요하다는 것입니다." 노자가 물었다. "그러면 인의는 사람의 본성입니까?" 공자가 대답했다. "그렇습니다. 군자는 인仁이 아니면 무엇이든 하려고 하지 않고, 의義가 아니면 구태여 살려고 하지도 않습니다. 그러므로 인의는 군자의 본성입니다. 그것을 '본성'이라고 말해야 하지 또 무엇이라고 달리 말할 수 있겠습니까?" 노자가 물었다. "그러면 그 인의란 무엇입니까?" 공자가 대답했다. "진실한 마음으로 모든 일에 즐거워하고 두루 사랑하여 사사로움이 없는 것, 이것이 인의입니다." 노자가 말했다. "어허, 그 뒷부분의 말이 얼마나 위험합니까. 대개 두루 사랑한다는 것은 그만큼 도에서 멀어진 것이고, 사사로움이 없다는 것은 그것이 곧 사사롭다는 뜻이 아닙니까? 당신은 지나치게 욕심을 내어 천하로 하여금 스스로의 길을 가지 못하게 합니다. 천지는 원래 스스로 떳떳하고 해와 달은 스스로 밝으며, 별들은 스스로 넓게 널려 있고, 새나 짐승은 스스로 떼를 지어 있으며, 숲은 스스로 우거져 있는 것입니다. 그러니 당신은 그저 자연의 이치를 따라 행하면 되고, 그 도를 따라 나아가면 충분하겠거늘, 어찌 인의를 내세우기를 마치 북을 치면서 도망가는 사람을 잡으러 가는 것과 같이 하는 것입니까. 아, 슬프도다. 당신은 사람의 본성을 심히 어지럽히고 있습니다."[17]

주고받는 말이 마치 스승이 안타까운 제자를 앞에 놓고 걱정스럽게 말씨름을 하고 있는 것처럼 보인다. 하지만 자연주의자의 기막힌 혜안이고 훈계다. 그렇다. 노자가 사람의 본성이 무엇이냐고 물으니 공자는 사람의 본성은 인의라고 말한 것이다. 그런데 이에 대하여 노자는 공자에게 분명 이와 같은 말을 했을 것이다. "그 '인의'라는 말은 '본성', 곧 본래 있는 것이 아니라, 선생이 만든 것이 아니요?"

인위적으로 만든 '인의'에 매달리는 공자를 보고 노자가 꾸짖는 모습은 『장자』의 이곳저곳에 산재해 있다. 아마도 그 가운데 가장 혹독하게 꾸짖은 것을 고른다면 그것은 다음일 것이다.

공자가 노자를 찾아보고 인의에 대한 이야기를 했다. 노자가 말

---

17) 앞의 책, 천도.

했다. "등겨 가루를 눈에 뿌리면 천지 사방을 분간하기 어려운 법입니다. 모기가 살을 찌르면 밤새 잠을 자지 못합니다. 그렇거늘 당신은 인의로써 우리의 마음을 흥분시켜 더없이 천하를 어지럽히고 있습니다. 부디 당신은 천하의 사람들로 하여금 그 순박한 본성을 잃지 않도록 하기 바랍니다. 당신 또한 무위의 바람을 따라 움직이고 본성의 덕을 지켜 나가기를 바랍니다. 그렇거늘 어찌 스스로 잘난 체하며 북을 치면서 도망가는 자식을 찾는 사람처럼 하려는 것입니까? 원래 백조는 날마다 목욕을 하지 않아도 스스로 희고, 까마귀는 날마다 칠을 하지 않아도 스스로 검은 것이니, 검고 흰 본질은 좋고 나쁨으로써 분별할 수 없는 법입니다."[18]

'그 순박한 본성을 잃지 않도록 하라.'는 것은 인위를 버리고 무위로 돌아가라는 뜻이다. '백조가 희고 까마귀가 검은 것은 좋고 나쁨으로 분별할 수 없다.'는 것은 인위의 척도로 사물을 그릇되게 판단하지 말라는 뜻이다. 왜 북을 치면서 백성을 몰아 인위의 세계에 가두려 하느냐는 것이다. 왜 인위로 인의를 만들어 백성의 마음을 혼란스럽게 하느냐는 것이다. 노자의 어세가 귓가에 쟁쟁하다.

물론, 노자도 공자처럼 '도'라는 것을 가지고 있다. 하지만 그것은 '좋음'이나 '나쁨'과 같은 언어나 인위의 세계에 있는 것이 아니었다. 노자의 도는 언어, 좀 더 자세히 정의된 개념으로 구성된 세

---

18) 앞의 책, 천운.

계가 아니니 말이다. 정의된 개념은 무위에 있지 아니하고, 자연에도 있지 아니하니 말이다. 그의 도는 무위의 자연이었으니, 인위에 인간을 가두는 것은 역자연逆自然이라는 금기현상에 지나지 않았다. '무위의 자연' '무위의 도'는 '있는 그대로의 것'을 따르는 것이었다. 장자는 노자의 생각을 다시 『장자』에 담아 공자의 도를 이렇게 나무랐다.

> 세상 사람들은 도가 책에 있다 하여 책을 귀하게 여깁니다. 그러나 책은 말에 지나지 않는 것이니, 결국 그들에겐 말이 귀한 것이 된 셈입니다. 말이 귀한 까닭은 말에 뜻이 들어 있기 때문입니다. 또 그 뜻은 나타내려는 무엇이 있을 것입니다. 그런데 나타내려는 그 무엇은 말로써는 전할 수 없는 것이 아닙니까? 그럼에도 세상 사람들은 말을 귀하게 여기고 그것을 책으로 엮어 전합니다. 그런데 그 책을 아무리 귀하게 여긴다 하여도, 사실 그것은 귀하게 여길 것이 못됩니다. ……왜 그렇겠습니까? 책에서 볼 수 있는 것은 사물의 형색形色, 곧 문자 또는 도의 형식일 뿐이고, 또 말에서 들을 수 있는 것은 명성名聲, 곧 도를 표현하는 소리에 불과하기 때문입니다. 그런데 슬픕니다. 형색과 명성으로써는 도의 진실을 얻을 수 없다는 것을 아는 사람은 말을 하지 않는 사람이고, 이를 알지 못하는 사람은 말을 하는 사람인데, 세상은 어찌 이를 분별하려 하지 않는 것입니까?[19]

---

19) 앞의 책, 천도.

'아는 자는 말하지 않고, 말하는 자는 알지 못한다.'[20] 『도덕경』의 끝 부분에 나오는 문장이다. 그러나 참으로 답답한 노릇이다. 인류에게 이 무슨 비극인가. 이 비극을 관찰한 노자의 혜안은 그 자신을 얼마나 답답하게 만들었겠는가. 더욱이 이 비극을 아는 자는 말을 하지 않아야 했으니 말이다. 또 이렇게 혜안을 가진 사람은 말을 하지 않았으니 사람들이 그를 알아줄 리도 없었을 것이 아닌가.

사람들은 노자가 관찰한 그 언어의 비밀을 쉽게 풀지 못했다. 인류 지성사의 이른 시기에 노자는 언어의 비밀을 들여다본, 참으로 뛰어난 언어학자였던 셈이다. 그는 책에 쓰여 있는 것, 사람들이 '도'라는 이름으로 부르는 것은 이미 옛사람의 '케케묵은 찌꺼기'라고 한 것이다. 그러나 공자는 그와 같은 찌꺼기를 가지고 피폐한 세상을 바르게 하겠다고 나섰으니, 노자는 그것을 얼마나 가소롭게 여겼겠는가.

노자와 장자는 공자가 언어로 만들어 낸 '인의'와 이것이 가리키려고 하는 그 인의 사이의 간극이 얼마나 넓은지를 훤히 재어 보고 있었다. 『장자』에는 다음과 같은 옛 이야기가 실려 있다.

제나라 환공桓公이 마루에서 책을 읽고 있을 때, 차사편車師扁이 뜰에서 수레바퀴를 만들고 있었다. 편은 망치와 끌을 놓고 환공에게 물었다. "황공하옵니다만, 공께서 읽으시는 그 책에는 무

---

20) 『도덕경』. 56. 知者不言 言者不知. 참으로 재미있는 일이다. 지난 세기의 대표적 철학자 비트겐슈타인Wittgenstein의 『논리철학논고Tractatus Logico-Philosophicus』 마지막 문장이 "Wovon man nicht sprechen kann, darüber muss man schweigen.", 곧 "말할 수 없는 것에 대하여는 말하지 말라."다.

엇이 쓰여 있습니까?" 공이 대답했다. "성인들의 말씀이네." 편이 다시 물었다. "그 성인들은 지금 살아 계십니까?" 공이 대답했다. "그 성인들은 이미 이 세상을 떠나셨네." 편이 또 말했다. "그렇다면 공께서 읽고 있는 것은 성인들이 뱉어 놓은 찌꺼기에 불과합니다." 공이 대답했다. "내가 책을 읽고 있는데 네가 무슨 간섭이냐? 어디 무슨 뜻인지 말해 보아라. 만일 네 말이 맞지 않으면 살아남지 못할 것이니라." 편이 말했다. "저는 제가 하는 일에서 느낀 바가 많으니 그것을 말씀드리겠습니다. 수레바퀴를 깎을 때, 그것을 어떻게 깎느냐에 따라 단단하지 못한 경우가 있고, 수레에 알맞게 끼울 수 없는 경우도 있습니다. 그런데 그것을 깎을 때, 그 작용은 손에서 저절로 되어 마음과 상응하는 것이지만 이를 입으로는 말할 수 없으니, 거기에는 어떤 무엇, 곧 말과 글로는 표현할 수 없는 마음의 작용[心術]이 있는 게 분명합니다. 그러므로 그것을 저는 말과 글로 제 자식에게 가르쳐 줄 수도 없었고, 제 자식 또한 그것을 말과 글을 통해서 이어받을 수도 없었습니다. 그래서 저는 나이가 칠십이 되도록 수레바퀴 깎는 일을 자식에게 물려주지 못하고 계속하고 있는 것입니다. 옛날의 성인들도 그들이 깨달은 그 무엇을 끝내 후대에 전하지 못하고 죽었을 것입니다. 그렇다면 공께서 읽으시는 그 책은 옛사람들이 뱉어 놓은 찌꺼기가 아니고 무엇이겠습니까?"[21]

---

21) 『장자』 천도.

만약 환공과 차사편 사이의 이 옛 이야기를 공자가 들었다면, 그의 고뇌는 얼마나 더 깊어졌을까. 물론, 장자는 공자가 세상을 떠난 뒤 1세기가 지나서 태어난 사람이니, 다행인지 불행인지, 공자는 장자의 『장자』를 읽지 못했다. 그러나 공자가 장자가 쓴 이 고사를 읽었다고 가정한다면, 공자 또한 환공이 겪은 그 수모를 조금도 거르지 않고 고스란히 넘겨받았을 테고, 이에 더하여 차사편이 가지고 있던 그 고뇌가 자신의 것에 가중되어 견디기 힘들었을 것이다. 차사편이 자신의 심술心術을 자식에게 전하지 못하는 그 심정이나, 공자 자신이 예악의 도를 백성에게 전하지 못하는 그 심정이 전혀 다른 것이 아님을 그 또한 깨달았을 테니 말이다.

'책에 쓰여 있는 케케묵은 옛 찌꺼기는 버리라.'는 차사편의 각박한 주문은, 환공보다는 공자에게 더 급박한 것이었다. 노자와 장자가 공자에게 말하고자 한 것은, 인위적으로 만든 그 '인의'의 의미에 매달리지 말고 그것을 백성에게 전하려는 의식조차 갖지 않는다면, 그때 비로소 참으로 '도'와 한 몸이 될 수 있다는 것이었다. 노자는 물론 장자도 이와 같이 무위의 도와 더불어 한 몸이 되는 사람을 '진인眞人'이라 했다. 장자는 '진인'의 뜻을 이렇게 풀었다.

진인이 된 다음에라야 참된 앎에 이르게 된다. 그런데 어떤 사람을 가리켜 '진인'이라고 할 수 있는가? 옛날의 진인은 역경을 거스르지도 않았으며, 성공을 뽐내지도 않았으며, 잘되어도 얻은 체를 하지도 않았다. ……이것은 그 앎이 도의 가장 높은 경지에 이른 증거다. ……옛날의 진인은 잠을 잘 때에도 꿈을 꾸지 않았고, 깨어 있어도 걱정이 없었다. 음식에는 유달리 즐기

는 것이 따로 없었고, 숨결은 깊고 고요했다. ……옛날의 진인
은 삶을 기뻐할 줄도 몰랐고, 죽음을 싫어할 줄도 몰랐다. 세상
에 태어나기를 원하지 않았듯이, 세상을 떠나기도 싫어하지 않
았다. 그저 선선히 가고 선선히 올 뿐이었다. ……날의 진인은
그 행동이 의로워 당파를 짓지도 않았고, 모자란 듯하면서도 남
에게 비굴한 모습을 보이지도 않았다. 너그러워 남과 짝하지도
않았지만 완고하지도 않았고, 크고 넓어서 빈 듯하지만 가볍지
도 않았다. 22)

장자가 말하는 '진인'이다. 진인의 경지에 이르면, 무위의 도와
한몸이 되고, 그렇게 되면 억지로 만든 언어의 방해를 받지 않는
진정한 앎에 이른다는 것이다. 그러니 이렇게 말하는 장자가 유가
들이 추구하는 이상적인 인간상, 즉 '군자君子'를 어떻게 생각했을
것인지는 안 들어 봐도 자명한 일이 아니겠는가.

장자에게 공자의 '군자'는 참된 인간의 모습이 아니었다. '군자'
는 언어로 만들어 낸 '인의'에 매달리는 사람들일 뿐이었다. 장자
는 공자의 인의의 도를 크게 염려하였다. 그도 그럴 것이, 장자에
게 도는 끝이 없고 섬세하여 말이 미치어 다가갈 여지가 없는 세
계였으니 말이다. 장자의 도는 언어의 세계도 아니고, 그렇다고
침묵의 세계도 아니었다. 그렇기 때문에 장자는 공자에게 어찌 인
의와 같은 도를 가지고 사람을 묶어 도덕의 울타리 안에 가두느냐

---

22) 앞의 책. 대종사.

고 반문하는 것이었다.

하지만 공자인들 어찌 전하려는 도가 세상과 한몸이 되기를 바라지 않았겠는가. 공자 역시 그의 전 생애를 통하여 도와 세상이 한몸이 되지 않는 것을 크게 고뇌한 사람이었지 않은가. 사실, 장자 또한 공자의 고뇌를 모른 척하지는 않았을 것이다. 그런데도 장자가 공자의 그 고뇌를 위로하기는커녕, 그에게 온갖 비판을 퍼붓고 마구 조롱한 것은 무슨 연유에서였을까.

지知가 어느 날, 북쪽 깊숙하고 아늑한 물가 현수玄水에서 놀다가, 깊고 멀어서 세상에 알려지지 않은 은분隱分이라는 언덕에 올랐다. 그는 마침 그곳에서 무위위無爲謂라는 자연을 만났다. 지는 무위위에게 말했다. "나는 당신에게 물을 것이 하나 있습니다. 무엇을 생각하고 무엇을 헤아리면 도를 얻을 수 있습니까? 어떤 곳에 살고, 어떤 일을 하면 도에 이르러 편안해질 수 있습니까? 무엇을 따르고 무엇을 말미암으면 도를 얻을 수 있습니까?" 이렇게 세 번이나 물었으나, 무위위는 아무런 대답도 하지 않았다. 답을 하지 않은 것이 아니라, 답을 할 줄도 몰랐다. 그래서 지는 다시 묻지 못하고 깨끗하고 맑은 백수白水로 돌아와, 아무것도 없어 호젓한 호결狐闋의 언덕에 올라가서 아무런 구속도 받지 않는 광굴狂屈을 만났다. 지는 앞에서 한 질문을 광굴에게도 했다. 광굴이 말했다. "그래요. 나는 그것을 알고 있습니다. 당신에게 그것을 말해 주겠습니다." 그러나 광굴은 말을 시작하다가 그만 하고자 한 말을 잊어버렸다. 지는 다시 묻지 못하고 마음속의 제궁帝宮으로 돌아와 마음의 주인 황제黃帝

에게 같은 질문을 했다. 황제가 대답했다. "생각하는 것이 없고 헤아리는 것이 없어야 비로소 도를 알고, 사는 곳이 없고 일삼는 것이 없어야 비로소 도에 편안하고, 따르는 것이 없고 말미암는 것이 없어야 비로소 도를 얻을 수 있는 것입니다." 이에 지가 다시 말했다. "그러면 나와 당신은 도를 알았고, 무위위와 광굴은 도를 몰랐다는 뜻입니까?" 황제가 다시 말했다. "아닙니다. 저 무위위는 참으로 옳고, 광굴은 옳음에 가까이 있으며, 나와 당신은 아직도 멀었다는 뜻입니다. 대개 참으로 아는 사람은 말하지 않고, 말하는 사람은 알지 못하는 것입니다[知者不言 言者不知]. 그러므로 성인은 말없는 가운데 가르침을 행하는 것입니다. 도는 말로써 얻을 수 있는 것이 아닙니다. 덕도 이와 마찬가지입니다. 세상 사람들이 말하는 인仁은 사랑하기를 애써 해야만 되는 것이고, 의義는 단지 분별을 일삼는 것이며, 예禮는 거짓으로 꾸미는 것에 불과합니다. 그러므로 옛말에 '도를 잃게 되면 하는 수 없이 덕이 생길 수밖에 없고, 덕을 잃게 되면 하는 수 없이 인이 생길 수밖에 없고, 인을 잃게 되면 하는 수 없이 의가 생길 수밖에 없고, 의를 잃게 되면 하는 수 없이 예가 생길 수밖에 없으니, 그렇게 생겨난 예는 도의 헛된 꽃으로서 어지러움의 시작일 뿐이다.'라고 한 것입니다."23)

장자는 비유의 명재였다. 그러나 장자가 이렇게 언어 구사를 잘

---

23) 앞의 책, 지북유.

한다면 그 또한 스스로 도에서 멀어지게 되는 것이 아니겠는가. 아이러니다.

장자는 참된 '지知', 우리가 보통 '지식'이라고 믿고 공부하는 그런 '지知'가 아닌, 참된 '지'는 '무위' 속에 있다고 믿었다. 그리고 그 참된 '지'와 그렇지 않는 '지'를, 그것이 무위 속에 있느냐 아니냐에 따라 명석하게 가려내었다. 공자와 달리 장자에게 '도'와 '덕'과 '예'는 언어로 이루어지는 세계를 넘어서 있었다. 이렇게 하여 공자가 세상을 떠나 1세기가 지난 뒤, 도가의 천재 장자는 인의를 추구하는 공자의 예가 얼마나 인위적인 것에 치우쳐 있는지, 그리고 그것이 얼마나 허위로 덧칠되어 있는지를, 그가 귀의하고 있는 자연주의를 통해 유감없이 고발했다.

02
제국의 편력,
자연주의의 파구를 거슬러

대성전의 공자 위패

공묘에는 공자의 위패를 모신 대성전大聖殿이 있다. 중앙에 공자의 위패가 있고, 그 뒤로는 공자의 목상木像이 안치되어 있다. 공자가 세상을 떠난 뒤 지금까지 이곳에서는 공자를 숭모하는 제사가 매년 거행된다. 우리나라 성균관의 대성전에서 봉행되는 석전제釋奠祭의 기원이다. 석전제는 『예기』에 기록된 대로 이루어진다. 『예기』 문왕세자편文王世子篇에는 "무릇 대학에서는 봄에 옛 선사先師, 즉 시서와 예악에 밝았던 스승에게 짐승의 고기가 아닌 석채釋菜로 간단하게 그치는 제사를 드린다."라는 기록이 있다. 이 석전제에는 반드시 음악이 연주되어야 했다. 석전제는 매년 2월과 8월 두 차례 열린다. 중국에서는 이미 주나라 때부터 순임금, 우임금, 탕왕, 문왕 등 여러 성인에게 석전을 올렸으며, 한나라 이후 유교를 숭상하면서 공자에게 제사하는 의식으로 굳어졌다.

공자의 고향 노나라의 정치 질서는 말이 아니었다. 대부大夫 이하 모든 관료는 명분을 따르지 않았다. 공자는 관직에 나가지 않고 예로부터 전해 내려오는 주요 문헌들, 곧『시』『서』『예』『악』을 정리하고 편수하는 데 몰두했다. 제자들의 수는 더욱 늘었고, 먼 곳에서 찾아오는 제자들도 많았다. 이때 공자의 나이는 50세였다. 그런 가운데 노나라의 정공定公이 공자에게 중도재中都宰라는 벼슬을 내렸다. 지금의 산동성 서쪽 지역인 중도中都 지방을 다스리는 벼슬이었다. 오늘날의 관직으로는 지방 장관에 해당된다.

공자는 이미 19세 때 위리委吏라는 벼슬을 한 적이 있었다. 위리는 창고의 물건을 관리하는 낮은 관직이었다. 21세 때에는 승전리乘田吏라는 벼슬을 했다. 가축을 기르는 하급 관직이었다.『맹자』에는 공자가 창고를 관리할 때 저울질을 공정하게 했으며, 가축 관리자가 되었을 때에도 소와 양을 잘 길렀다는 기록이 있다.

공자는 중도재를 맡은 지 1년 만에 건설과 토지를 관장하는 사공司空이 되었고, 사공에서 다시 법을 집행하고 치안을 담당하는 대사구大司寇가 되었다. 오늘날 법무장관에 해당되는 벼슬이다. 대사구가 된 뒤, 공자는 재상의 일도 맡게 되었다. 공자가 정치를 어지럽히는 소정묘少正卯를 처형한 것은 이때였다.

소정묘는 많은 제자를 거느린 대부였다. 그러나 잘못된 학술을 가지고 사람들을 현혹하는 사람으로 이름이 나 있었다. 공자가 소정묘를 처형한 것은 공자가 조정에 들어가 대사구가 된 지 불과 7일째 되던 날이었다. 이에 제자 중유仲由가 공자에게 물었다. "무릇 소정묘는 노나라에서 널리 알려진 사람인데, 지금 선생님께서 대사구가 되신 지 며칠도 안 되어 그를 처벌하였으니, 선생님께서 혹 실수를 하신 것은 아니신지요?" 이에 공자가 이렇게 길게 대답했다.

좀 앉아라. 내가 그 까닭을 알려 주겠다. 천하에 큰 죄가 다섯 가지가 있다. 절도 정도는 아예 여기에 들지도 않는다. 첫째는 불순한 마음을 가지고 험한 짓을 하는 것이다. 둘째는 행실이 편벽되고 고집만 부리는 것이다. 셋째는 거짓된 말을 하고 교활한 것이다. 넷째는 괴이한 것을 가지고 근거도 없이 떠들어 대는 것이다. 다섯째는 그릇된 일만 따르면서 이를 오히려 옳은 것이라고 우기는 것 등이다. 사람으로서 이 다섯 가지 가운데 하나만 범해도 죽음을 면치 못할 것인데, 하물며 소정묘는 이 다섯 가지 큰 죄를 모두 범하고 있었다. 그가 거처하는 곳에서 무리를 모아 파당을 만들고, 자신보다 높은 자리에 있는 사람에게는 아첨을 하며, 자신보다 못한 사람 앞에서는 교만하기 이를 데 없고, 옳은 일을 반대하고 혼자 고집을 부린다. 이런 사람은 간사한 인간이니 제거해 버릴 수밖에 없었을 것이다. ……『시』에 이런 말이 있다. '마음에 이는 걱정이 끝이 없도다. 그것은 바로 저 소인들 때문이다.' 소인들이 파당을 만들어 행패를 부리는

것이 참으로 걱정할 일이다.[1]

　공자는 제자 중유에게 '지식을 교묘하게 구부려 세상을 어지럽히는 행위야말로 도둑질을 하는 것보다 더 큰 죄'라고 했다. 우리는 공자가 살고 있던 그때 그곳의 상황이 어떠했는지를 공자가 제자에게 한 이 한마디를 통해서 어렵지 않게 파악할 수 있을 것이다. 공자는 소정묘 같은 소인들 때문에 '마음에 이는 걱정이 끝이 없다.'고 했다. 그런데 그런 소인들은 비단 그때 그곳에만 있었던 것이 아니니 걱정이다.

　공자가 정치에 참여한 지 3개월이 지나자 예전과 달리 가축을 파는 사람들이 값을 속이지 않았고, 남녀가 길을 갈 때 따로 걸었으며, 길에 떨어진 물건을 주우면 그것을 가져가지 않았다. 다른 곳에서 온 여행자들도 관리에게 허가를 받을 필요가 없게 되었고, 모두 잘 체류하다가 만족해하면서 돌아갔다.

　이웃에 있는 제나라 사람들은 공자가 정치를 잘한다는 소문을 듣고 두려워했다. 공자가 정치를 잘하면 노나라는 반드시 패권을 잡을 것이고, 노나라가 패권을 잡게 되면 자기네 나라가 노나라에 합병될 것이라는 염려 때문이었다. 이를 방지하고자 제나라는 궁여지책으로 미녀 80명을 뽑아 노나라에 보냈다. 이들은 노나라에 와서 아름다운 옷을 입고 무곡에 맞추어 강락무康樂舞를 추었다. 공자와 늘 다투고 지낸 노나라의 재상 계환자季桓子가 결국 이 무

---

1) 『공자가어』. 孔子爲魯司寇.

희들의 유혹에 빠져 정사를 제대로 돌보지 않게 되었다. 이를 본 자로子路가 어느 날 스승 공자에게 말했다. "선생님이 노나라를 떠날 때가 왔습니다." 공자는 드디어 노나라를 떠났다. 음악을 담당하던 기己가 공자를 전송하며 말했다. "선생님께서는 아무 잘못이 없는데 왜 떠나십니까?" 공자가 말했다. "악사님께는 내가 노래로 답해도 괜찮겠습니까?" 공자는 다음과 같이 노래했다.

> 여인들의 입을 피해 멀리 떠나가야 되겠네.
> 그녀들의 간계가 죽음과 패망으로 이어질까 두렵네.
> 근심 걱정 버리고 유유히 떠돌며[舟遊]
> 이 나라 저 나라[列國] 구경이나 하려 하네.2)

제국 편력의 철학자

짧은 정치 생활을 마치고 공자는 세월을 따라 유유히 이 나라 저 나라를 떠돌기 시작했다. 13년이나 되는 멀고 긴 제국의 편력은 이렇게 시작되었다. 기원전 497년, 그의 나이 55세 때였다.

공자가 위衛나라에 머문 지 한 달 남짓 되었을 때, 위나라의 제후 영공靈公은 요염한 부인 남자南子와 함께 수레를 타고 거드름을 피며 시내를 지나갔다. 공자가 말했다. "나는 덕을 좋아하기를 여

---

2) 「공자세가」, 21.

색을 좋아하는 것과 같이 하는 사람을 보지 못했다."[3]

공자가 아직 위나라에 있을 때, '경磬'이라 부르는 옥으로 만든 악기를 연주하고 있었다. 그는 악기에 대한 호기심이 남달랐다. 그때 망태를 메고 문 앞을 지나가던 자가 듣고 말했다. "깊은 시름에 빠져 있구나, 경을 연주하는 이여! 쩽강쩽강, 세상에 자기를 알아주는 사람이 없으면 그저 그런가 보다 하면 될 일이지!" 공자를 흉본 것이었다. 그런데 이런 책망을 할 정도의 사람이라면, 그는 분명 악기 소리만 들어도 그 악기를 연주하는 사람의 심정까지 꿰뚫어 볼 수 있는 은자였을 것이다. 자신의 심정을 음악으로 표현하는 공자의 음악적 경지도 이만저만이 아니었지만, 그것을 듣고 연주자의 심정까지 들여다본 그 은자가 누구인지는 알 수 없다. 하지만 그는 분명 공자보다 한 수 더 높은 음악의 경지에 이른 사람이었을 것이다.

공자는 위나라의 영공이 자신을 등용시켜 주지 않자 진陳나라로 떠났다. 공자의 나이 이미 60세였다. 고향을 떠나온 공자의 마음에는 늘 향수가 드리워져 있었다. 고향에 대한 그의 애절한 심정이 『논어』에 간결하게 묘사되어 있다.

돌아가자! 돌아가자! 우리 노나라의 젊은이들은 뜻이 크고 진취적이긴 하지만, 조잡하고 알차지가 못하다. 또한 우리 노나라는 빛나는 문물제도를 이룩했으나, 그것들을 올바르게 선택하

---

3) 『논어』, 자한 및 위령공.

여 활용할 줄을 모른다.[4]

고향에 대한 공자의 그리움이 배어 있는 글이다. 그뿐만 아니라, 그의 좌절감까지 가늠할 수 있는 맥락이다. 제국을 편력하는 동안 공자는 뜻을 이루지 못했다. 실의에 찬 공자의 제국 편력은 결국 그에게 고향을 그리워하는 향수를 불러일으켰다. 공자는 두고 온 고향의 문화가 그가 방문하는 나라들의 문화보다 훨씬 더 우월하다는 생각을 하면서 스스로를 위로했다.

기원전 490년 공자는 채蔡나라로 갔다. 채나라에 머물고 있는 동안 그는 잠시 초楚나라에 갔다가 돌아오고 있었다. 그런데 저 멀리에 가래질을 하며 밭갈이를 하는 은자 장저長沮와 걸익桀溺이 있었다. 공자는 자로子路를 시켜 그들에게 나루터로 가는 길을 묻도록 했다.

나루터를 묻는 자로에게 장저가 물었다. "수레 위에서 고삐를 잡고 있는 저 사람은 누구입니까?" 자로가 대답했다. "공자이십니다." 장저가 물었다. "공자라면, 노나라의 공구孔丘라는 말입니까?" 자로가 대답했다. "그렇습니다." 장저가 못마땅하여 말했다. "그렇다면 그분이 나루터를 아실 것입니다."
이번에는 걸익이 자로를 향해 물었다. "그럼 당신은 누구입니까?" 자로가 대답했다. "중유仲由라는 사람입니다." 걸익이 또 물

---

4) 앞의 책, 공야장.

었다. "그러면 당신은 공자의 제자가 아닙니까?" 자로가 대답했다. "그렇습니다." 걸익이 말했다. "지금은 천하가 온통 어지럽고, 그 어지러움이 도도한 흐름이 되어 홍수를 이루고 있는데, 누가 그것을 바로잡을 수 있겠습니까? 당신도 사람을 피해 제국을 주유하는 공구를 따라다니는 것보다, 우리와 같이 세상을 피해서 숨어 사는 선비를 따르는 것이 어떻겠습니까?" 장저와 걸익은 이렇게 말하면서 나루터는 가리켜 주지 않고 계속해서 밭갈이를 했다.

자로가 이들이 한 말을 공자에게 알렸다. 이 말을 들은 공자가 이렇게 말했다. "사람이란 인간 사회를 피해서 짐승들과 무리를 이루어 살 수는 없는 것이다. 내가 천하의 사람들과 더불어 살지 않고 누구와 더불어 살겠느냐? 만약 천하에 도가 행하여진다면 나 역시 천하를 바꾸려고 이렇게 여러 나라로 돌아다니는 않을 것이다."[5]

공자의 변명이 안타깝다. 우리는 여기에서 공자라는 한 인간의 진면목을 읽어 낼 수 있을 것도 같다. 공자는 도가사상가들처럼 어지러운 세상을 피하여 자연 속에 은닉하는 소극적인 인간이 아니었다. 전설적인 인격에 가까운 장저나 걸익과는 달랐다. 혹평을 하자면 이들 은자들은 공자와는 달리 난세를 버리고 무책임하게 자연 속으로 숨어든 사람들이었다. 그러나 공자는 그런 사람이 아

---

5) 앞의 책, 미자.

니었다. 그는 거꾸로 어지러운 세상 속으로 들어가 난세를 극복하려고 한 실천적 인간이었다.

공자에 대한 세상의 편견은 걸익이 보여 준 것 말고도 많다. 어느 날 자로가 길을 가다가 지팡이에 의지하여 삼태기를 메고 일을 하는 노인을 만났다. 자로가 그 노인에게 물었다. "우리 선생님을 보지 못했습니까?" 그 노인이 말했다. "팔다리로 부지런히 일도 하지 않고 오곡을 가꾸지도 못하는 그런 사람을 어찌 선생님이라고 하는가!" 그는 지팡이에 의지하여 계속 하던 일을 했다. 그는 공자를 말이나 함부로 지껄여 대며 아는 체나 하고 일은 하지 않는 백가百家들의 한 사람쯤으로 인식하고 있었다.

공자가 처음에 노나라에서 위나라로 들어갔을 때, 염유冉儒가 수레를 몰았다. 공자가 말했다. "사람들이 참으로 많구나!" 염유가 말했다. "이렇듯 백성이 많은데 무엇을 먼저 해야 합니까?" 공자가 말했다. "백성이 부유하게 살 수 있도록 해야 한다." 실천적인 주문이었다. 염유가 다시 물었다. "백성이 부유해지면, 그다음에 할 일은 무엇입니까?" 공자가 대답했다. "그다음에 할 일은 가르치는 일이다." 글이나 읽고 아는 체하는 것보다 농사를 짓고 조상을 섬기는 실천적 삶을 앞세웠던 공자의 생각이다.

이뿐이 아니었다. 공자는 또 이런 말을 했다. "혹 나를 써 주는 사람만 있다면, 나는 단 1년으로 나라를 바르게 하고, 3년이면 성과를 크게 올릴 것이다." 과장된 듯하지만, 이처럼 공자는 저 도가 사상가들과는 달랐다. 공자는 하릴없이 논변만 일삼는 사람이 아니었다. 그는 정치를 통하여 백성의 삶을 좀 더 선한 쪽으로 개선하려는 강한 실천적 의지를 가진 사람이었다.

공자가 아직 채나라에 있을 때, 초나라에서 공자를 초빙했다. 공자가 초나라로 떠나려 하자 진나라와 채나라의 대부들이 모여 의논했다. 그리고 이렇게 말했다. "공자는 현인입니다. 그런데 그는 걸핏하면 제후들의 흠을 들추어냅니다. 지금 그를 초나라에서 등용하면 우리 진나라와 채나라에서 일하는 대부들은 모두 위험해질 것입니다." 그래서 진나라와 채나라는 초나라의 공자 초빙을 방해했다. 그들은 공자의 길을 물리적 힘으로 막으려는 계획까지 세웠다. 그러나 공자는 아무렇지도 않은 듯 조금도 흐트러짐이 없이 강론도 하고 책도 낭송하고 거문고도 타면서 여유 있고 침착하게 지냈다. 그런데 화가 난 자로가 어느 날 공자에게 말했다. "군자가 이처럼 힘없이 곤궁할 때가 있습니까?" 공자가 말했다. "군자는 곤궁해도 절조를 지키지만, 소인은 곤궁해지면 자세를 잃는다."

제자들이 화가 나 있는 것을 알고, 공자가 다시 자로를 불러 말했다.

『시경』에 '외뿔소도 아니고 호랑이도 아닌데, 저 광야를 헤매고 다니네.'라는 구절이 있다. 나의 도道는 잘못된 것인가? 어찌하여 우리가 이런 지경에 처하게 되었을까.[6]

공자 자신은 외뿔소나 호랑이처럼 쓸데없이 광야를 헤매는 존재가 아닌데, 왜 사람들로부터 인정을 받지 못하고 황량한 광야를

---

6) 「공자세가」, 40.

떠도는 신세가 되었느냐는 탄식이었다. 자로가 대답했다.

> 제 생각에는 우리가 아직 어질지 못하여 사람들이 우리를 믿지
> 못하는 것 같습니다. 또 생각해 보니, 우리가 아직 지혜롭지 못
> 하여 사람들이 우리를 따르지 않는 것 같습니다.[7]

겸손에서 우러나온 자로의 자책이었다. 하지만 그 겸손은 지나
쳐 스승의 자존심을 상하게 했다.

> 과연 그럴까? 그런데 유由야 이런 일도 있지 않겠느냐? 인자仁者
> 라고 해서 모두 사람들의 믿음을 얻게 된다면, 어찌 백이伯夷나
> 숙제叔齊와 같은 경우가 있겠으며, 지자知者라고 해서 반드시 그
> 도道를 시행할 수 있게 된다면, 어찌 왕자 비간比干과 같은 일이
> 있었겠느냐.[8]

지자知者로 추앙받던 비간比干도 은나라의 주왕紂王이 음락淫樂에
빠져 폭정을 일삼았을 때 위험을 무릅쓰고 이를 간하다가 가슴을
찢기는 극형을 받아 자신의 뜻을 이루지 못했다는 것이다.
다음에는 자로가 물러나고 자공子貢이 들어와 스승을 위로했다.
공자는 자로에게 했던 질문을 다시 자공에게 했다.

---

7) 앞의 책, 같은 곳.
8) 위의 책, 같은 곳.

『시경』에 '외뿔소도 아니고 호랑이도 아닌데 저 광야를 헤매고 다니네.'라는 구절이 있다. 나의 도는 잘못된 것인가? 어찌하여 우리가 이런 지경에 처하게 되었을까.[9]

자공이 대답했다.

선생님의 도는 너무 크기 때문에 세상에는 선생님의 그 도를 받아들일 만한 사람들이 없습니다. 그 도를 조금만 낮추지 않으시렵니까?[10]

공자가 말했다.

사賜야, 훌륭한 농부가 정성스레 씨를 뿌리지만 반드시 많은 수확을 장담할 수 없고, 솜씨 좋은 장인匠人이 아무리 정교한 물건을 만들어도, 그것이 모든 사람의 마음에 드는 것도 아니다. 이와 마찬가지로 군자가 도를 닦는 데 스스로 기강과 기율을 바로하고 체계를 세워 조리 있게 할 수는 있어도, 그것을 반드시 세상이 받아들이는 것은 아니다. 지금 네가 도를 닦지 않고 다만 세상이 너의 도를 받아들이기를 바란다면, 사야, 너의 그 뜻은 원대하지 못하다.[11]

---

9) 「공자세가」. 41.
10) 위의 책. 같은 곳.
11) 위의 책. 같은 곳.

펼치고자 하는 도는 깊은데 그것은 세상과 거리가 얼마나 먼지, 더욱이 그것을 직접 세상에 가까이 가져가는 것은 또 얼마나 더 어려운 것인지를 공자 자신이 깨닫지 못했을 리 없었다. 그러나 그렇다고 하여 자신의 도를 낮추면 목적하는 것을 얻을 수 있는 것도 아니었다. 자공이 물러나고 마지막에 안회顔回가 들어와 스승 앞에 앉았다. 공자는 안회에게도 같은 질문을 했다.

『시경』에 '외뿔소도 아니고 호랑이도 아닌데 저 광야를 헤매고 다니네.'라는 구절이 있다. 나의 도道는 잘못된 것인가? 어찌하여 우리가 이런 지경에 처하게 되었을까.[12]

안회가 이렇게 대답했다.

선생님의 도는 지극히 크기 때문에 세상에서 받아들일 수 없습니다. 그렇지만 선생님께서는 지금 이대로 하셔야 합니다. 받아들이지 않는다고 하여 크게 걱정하실 필요는 없습니다. 오히려 받아들이지 않은 뒤에, 때가 되면 선생님께서 큰 군자임이 더욱 드러날 것입니다. 도를 닦지 않는 것은 우리의 수치입니다. 그런데 도를 이미 크게 닦은 선생님을 등용하지 않는 것은 나라의 수치입니다. 그러니 받아들이지 않는 것이 무슨 걱정이 되겠습니까. 차라리 받아들이지 않은 뒤에 선생님께서 군자라는 사실

---

12) 앞의 책, 42.

이 더욱 크게 드러나게 될지도 모릅니다.[13]

공자가 위로를 받은 듯 기뻐하며 말했다.

자네의 말이 참으로 옳네! 안씨의 아들이여! 만약 자네에게 많은 재물이 있다면, 나는 그 재산을 관리하는 신하가 되겠네.[14]

이런 일이 있은 뒤, 초나라 소왕昭王이 군대를 보내 공자를 초나라로 불러들였다. 소왕은 공자를 등용시키려 했다. 그러나 초나라의 재상 자서子西가 말했다. "공자가 초나라에서 다스릴 땅을 얻고, 현명한 제자들이 그를 돕는다면 그것은 우리 초나라에 결코 좋은 일이 못 될 것입니다." 소왕은 이 말을 듣고 그에게 봉토와 벼슬을 내리려 했던 계획을 거두어들였다. 공자는 초나라에서도 등용되지 못했다. 그는 가는 곳마다 대부들의 반대로 뜻을 이루지 못했다.

공자가 초나라에서 받은 충격은 이것만이 아니었다. 초나라에는 노자의 도가사상에 깊숙이 들어간 은자들이 많았다. 공자가 초나라에서 자신의 도를 전하지 못하고 이리저리 배회할 때, 그는 이들 은자들로부터 멸시와 조롱의 대상이 되기 일쑤였다. 어느 날 초나라 은자들 가운데 한 사람인 접여接輿가 공자의 곁을 지나면서 노래했다. 이 노래는 초나라의 전통적 운율을 탄 것이어서 아름답

---

13) 앞의 책, 같은 곳.
14) 위의 책, 같은 곳.

기 그지없는 것이었지만, 그 가사는 공자의 생각을 마음껏 놀려
댄 익살이고 풍자였다.

봉새야 봉새야,
그대의 덕이 심히 쇠하였구나.
지난 일은 탓해도 소용없으려니와
앞의 일은 좇을 수 있을 것이니!
그만두어라, 그만두어라.
지금 정치를 한다는 것은 위태로우니라. [15)]

춘추시대에 미치광이 행세를 하면서 살아가던 은자 접여가 공
자를 조롱하는 모습이다. 이와 같은 풍자를 전국시대 최고의 해학
과 익살, 풍자와 비유의 천재 장자가 어찌 『장자』에 싣지 않을 수
있었겠는가. 이 노래는 『장자』 말고도 『논어』와 「공자세가」에도 실
려 있는 그 유명한 봉혜가鳳兮歌다. [16)]

봉혜가는 미치광이 행세를 하던 은자가, 인의와 예악이 사라지
고 사설邪說이 난무하는 난세인데도, 숨어 살지 아니하고 그 어지
러운 세상을 바로잡고자 정치에 뛰어든 공자를 놀려 댄 노래다.
하지만 이 노래는 저 높은 초탈超脫의 경지에 오른 고고한 자태를
간직한 한 은자의 걸작이었다.

---

15) 『장자』. 인간세. 鳳兮鳳兮 何德之衰 往者不可諫兮 來者猶可追也 已而已而 今之從政者殆而.
16) 『논어』. 미자. 「공자세가」. 44.

공자의 주유열국도

공자를 조롱한 접여는 학덕이 높고 식견이 뛰어나 초나라 임금이 재상으로 삼으려 했으나, 그는 짐짓 미친 사람 흉내를 내면서 도가 사라진 세상을 한탄한 사람이었다. 그는 노자를 본받아 벼슬길에 나서지 않고 말없이 은자의 길을 걸었다.

접여의 봉혜가가 공자의 심금을 깊숙이 파고들자, 공자가 급히 수레에서 내려, 그 노래를 부른 접여를 만나려고 둘러보았다. 하지만 접여는 어느새 어디론가 사라지고 말았다.

접여의 봉혜가에 들어 있는 봉새[鳳]란 어떤 새인가. 그 새는 세상에 도가 있으면 나타나고 도가 없으면 사라진다는 전설의 새였다. 그렇다면 접여가 노래한 그 봉새는 공자를 가리키는 것이 아닌가. 도를 좇는 공자가 거기에 있었으니, 도가 거기에 있었을 테고, 도가 거기에 있었으니 봉새가 거기에 있을 것이 아닌가. 그런데 접여의 봉혜가에서 그 봉새는 덕이 심히 쇠했다고 했으니, 봉혜가는 도를 받아들이지 않는 피폐한 세상에서 배회하는 공자의 가냘픈 심정을 애처롭게 그려 낸 것이 아니겠는가.

공자가 초나라의 도가사상가들로부터 비웃음과 조롱과 모욕을 받는 모습을 봉혜가에 실어 극화함으로써 공자의 사상을 철저히 배격한 것은 전적으로 장자의 독창적 기지였을 것이다. 그러나 그 기지 하나로는 부족하다고 생각했던 장자는 『장자』의 처음부터 끝에 이르기까지 여유만 있으면 공자를 불러들여 남들이 따를 수 없는 비유와 해학으로 그의 사상을 난도질했다. 하지만 그 가운데에서 장자가 공자를 가장 철저하고 속이 시원하게 우롱한 것은, 공자를 중국 역사에서 가장 잔인했던 대도大盜 도척盜跖 앞에 데려다 놓고 그 혼이 백산할 만큼 위협도 하고 모욕적인 조롱도 한, 그 끔찍한 드라마에서였을 것이다.

도척에게서 방문을 가까스로 허락받은 뒤 공자는 도척이 머무르는 곳을 찾아갔다. 공자는 두 다리를 쭉 뻗고 칼자루를 쥐고 눈을 부릅뜬 도척에게 두 번 절하며 경의를 표했다. 그리고 예에 관하여 장황하게 자신의 생각을 늘어놓았다. 도척이 듣자마자 와락 성을 냈다. 그리고 공자에게 어지러운 인간 세상에 살지 말고, 속이지 않는 자연과 어울려 사는 법을 배우라고 소리쳤다. 태고에는 인간이 자연 속에서 짐승처럼 살았기 때문에 억지로 예란 것을 만들어 사람들을 괴롭히지도 않았고, 자연의 질서에 따라 행복하게 살았다고도 했다. 그 뒤, 신농씨가 나라를 다스릴 때까지만 해도 자연 속에서 마음 편히 살 수 있었다고도 했다. 타인을 해칠 생각이 일지도 않았다고도 했다. 이때를 그는 이상적인 덕을 가지고 살아가던 '황금기黃金期'라고도 했다. 그러면서 도척은 공자를 이렇게 나무랐다.

시대가 변하여 황제가 세상을 다스리게 되자, 자연의 덕을 유지하기가 어렵게 되었고…… 전쟁이란 것이 생겨났다. 요와 순이 천자가 되자, 여러 벼슬을 두어 인위적인 정치를 하게 되었다. 이때부터는 강한 자가 약한 자를 못살게 하고, 백성의 수가 많은 나라가 소수의 백성을 가진 나라를 짓밟게 되었다. 그래서 탕왕, 무왕 이래의 사람들은 모두 난신적자亂臣賊子가 아님이 없게 된 것이다. 그런데 지금 너는 문왕과 무왕의 엉터리 도를 배워 천하의 언론을 장악하고 후세를 그릇된 가르침으로 오도하고 있다. 큰 옷에 넓은 띠를 두르고 터무니없는 말과 위선적 행위로 천하 군주들을 미혹시켜서 부귀를 얻고자 한다. 그러니 도둑이라면 너만한 도둑이 또 어디 있겠느냐. 그런데도 사람들은 왜 너를 도둑이라 하지 않고, 나를 '도척'이라고 부르는지 모르겠다.[17]

도척의 신념은 공자의 것과 정면으로 충돌하는 것이었다. 공자는 하, 은, 주 3대의 성인들이 만든 덕을 추구했는데, 이를 도척은 적개심이 넘치도록 비난한 것이다. 공자가 문왕과 무왕의 엉터리 도를 배워 천하의 언론을 장악하고 후세를 그릇된 가르침으로 오도하고 있다고 한 것이다. 도척은 또 이렇게 말을 이었다.

내가 인간의 성정에 대하여 너에게 말해 주겠다. 눈은 아름다운

---

17) 『장자』, 도척.

빛을 보려고 하고, 귀는 아름다운 소리를 들으려고 한다. 또 입은 맛있는 음식을 먹으려 들고, 의지는 욕망을 무한히 충족하려고 한다. 이것이 인간의 자연스러운 모습이다. ……천지는 무궁한데 사람은 죽을 시기가 정해져 있는 유한한 존재다. 그리고 이 유한한 몸을 이끌고 무궁한 천지 사이에 의지해 있는 인간의 운명은, 비유컨대 문틈 사이를 천리마가 지나가는 것과 다를 바가 없는 찰나의 순간이다. 이 잠깐의 인생에서 그 뜻을 만족시키지 못하고 그 목숨을 온전히 유지하지 못하는 자는 누구든 도에 통하지 못했음이 명백하다. 네가 하는 말은 다 내 뜻에는 맞지 않는 것이니, 어서 꺼지고 다시는 지껄이지 않는 것이 현명하리라. 너의 말이란 미친놈의 잠꼬대요, 사기꾼의 중얼대는 소리이거니, 그런 방식으로는 인간의 진실이 보존될 리 없다. 어찌 논하고 말고 할 것이 있겠느냐.[18]

혼이 빠져나간 공자는 도척에게 다시 두 번 절하고 도망쳐 나와 마차에 올랐다. 그는 정신이 나가 말고삐를 세 번이나 놓쳤다. 사상적 갈등이 오죽이나 극렬했으면, 장자가 도척의 입을 빌려 이렇게까지 공자를 질타했겠나 싶다.

공자는 초나라에서 갖은 멸시와 모욕을 당하고 쓸쓸히 위나라로 돌아갔다. 공자의 나이 63세였다. 공자의 제자들 중에는 위나라에서 벼슬을 하고 있는 사람이 많았다. 이를 계기로 위나라 군

---

18) 앞의 책, 같은 곳.

주는 공자에게 정사를 맡기고 싶어 했다. 이에 자로가 공자에게 물었다. "위나라 군주가 선생님께 정사를 맡기신다면 선생님께서는 무슨 일을 먼저 하시겠습니까?" 공자가 대답했다. "반드시 명분을 바르게 하겠다." 자로가 말했다. "세상 사람들이 말하듯이, 선생님의 생각은 실질적인 것과 너무 떨어져 있는 것 같습니다. 명분을 바르게 하신다는 말씀이 무슨 뜻입니까?" 공자가 대답했다.

유由야, 그렇게도 모르느냐! 대저 명분이 바르지 않으면 말이 순조롭지 못하고, 말이 순조롭지 못하면 일이 성취되지 않으며, 일이 성취되지 않으면 예악禮樂이 일어나지 않는다. 예악이 일어나지 않으면 형벌이 공평하게 이루어지지도 않는다. 형벌이 공평하지 않으면 백성이 어찌할 바를 모르고 당황한다. 군자의 행동은 반드시 명분에 부합되어야 하고, 말을 했으면 반드시 실행해야 한다. 그리고 군자의 말에는 경솔함이 없어야 한다.[19]

공자가 위나라에 머물고 있을 때, 노나라의 재상 계강자季康子가 공자의 제자 염유冉有에게 물었다. "공자는 어떤 사람입니까?" 염유가 대답했다. "공자를 등용하면 나라의 명성이 높아지고, 그의 정치가 명성을 떨치게 되어 백성에게 큰 도움이 될 것이니, 이는 귀신들에게 물어보아도 의심하지 않을 것입니다. 그에게 정치를 맡기십시오. 설령 그에게 많은 땅을 준다 해도 그는 그것으로 사

---

19) 「공자세가」, 45.

사로운 이익을 취하지 않을 것입니다."

위나라의 대부 공문자孔文子가 자신의 사위 태숙질太叔疾이 방탕한 생활을 하자 공자에게 도움을 요청했다. 공자는 그 요청을 사양한 뒤 위나라를 떠나려고 했다. 그 요청은 명분에 맞지 않았기 때문이었다. 공문자가 위나라를 떠나려고 하는 공자를 한사코 만류했다. 공자는 위나라를 떠나면서 이렇게 중얼거렸다. "새가 나무를 선택하는 것이지, 어찌 나무가 새를 선택할 수 있겠는가?" 마침 공자의 고향 노나라의 계강자가 예물을 갖추어서 공자를 노나라로 초빙했다. 공자가 고향을 떠난 지 13년만이었다.[20] 기원전 484년, 그의 나이 68세였다.

55세에서부터 68세까지 공자의 제국 편력은 이렇게 종지부를 찍게 되었다. 그는 자신이 깨우친 예악의 도를 제후들에게 전하려 했지만, 그들은 공자의 생각을 받아들이지 않았다. 더욱이 노자의 사상을 이어받은 초나라의 은둔자들은 예로써 나라를 다스리려고 한 공자의 생각을 비웃고 놀려 댔다.

고향에 돌아오면서 공자는 무슨 생각을 했을까. 그는 13년 동안 제국을 편력하면서 깨달은 것이 참으로 많았을 것이다. 그가 전하고자 한 예악의 도가 군주들은 물론, 백성의 마음에 다가가지 못한다는 이유도 깨우쳤을 것이다. 책에 쓰여 있는 옛 성왕들의 케케묵은 예법이 얼마나 현실과 거리가 먼, 공허한 것인가를 말이다.

---

20) 앞의 책. 46.

인류의 교과서 쓰기

제국을 편력하고 노나라로 돌아온 공자에게 애공_{哀公}이 정치에 관해서 물었다. 공자는 이렇게 대답했다.

> 정치의 근본은 신하를 잘 뽑는 데 있습니다. 정직한 사람을 뽑아서 부정직한 사람 위에 놓으면, 부정직한 사람도 정직해지는 것입니다.[21)]

「공자세가」에 나오는 말이다. 같은 말이 『논어』 안연편에도 전개되어 있다. 『논어』에는 공자를 노나라로 불러들인 실권자 계강자가 공자에게 정치의 근본을 묻는 장면이 나온다. 계강자의 질문에 공자가 이렇게 대답했다. "정치는 바로잡는 것입니다. 선생께서 솔선하여 바르게 한다면 그 누가 감히 부정한 일을 할 수 있겠습니까." 계강자가 다시 물었다. "도적이 횡행하여 근심이 떠나지 않으니, 어떻게 하면 되겠습니까." 공자가 대답했다. "우선 당신 자신이 탐욕을 부리지 않는다면, 백성은 비록 상을 준다 해도 도둑질을 하지 않을 것입니다."[22)] 그러나 예물까지 주어 공자를 고향으로 불러들인 계강자는 공자를 등용하지 않았고, 공자 또한 애써 관직을 구하려고도 하지 않았다.

공자는 하, 은, 주 3대의 예법을 찾아 간추리고, 『서경』을 주석

---

21) 앞의 책. 47.
22) 『논어』. 안연.

했다. 그는 각 나라의 예법에 차이가 있음을 알게 되었다. 그리하여 말하기를 '하나라의 예법은 화려하게 빛났고[文], 은나라의 그것은 검소하고 질박[質]했으며, 주나라의 그것은 앞의 두 나라의 것에서 좋은 점을 취했으니 참으로 빛나지 않을 수 없다.'고 했다.[23] 공사는 결국 주나라의 예법을 선호했다.[24]

공자가 택한 주나라의 예법은 지금 우리가 읽고 있는 『예기』에 가지런히 정리되어 있다. 주나라의 문화가 고대 중국의 정통 문화가 된 셈이다.

『예기』에는 악기樂記가 포함되어 있다. 우리가 자주 관찰하듯이 예禮는 악樂을 동반한다. 고대 중국에서 예는 인간이 추구하는 기본 원리였고, 악 또한 예와 한가지였다. 공자는 악을 예와 병진시켰다. 그에게 악이 따르지 않는 예는 있을 수 없고, 예가 없는 악 또한 의미가 없었다.

어느 날 공자가 노나라의 태사太師에게 말했다. "음악은 그 연주하는 과정에서 소리가 웅장하고 음률이 조화를 이루어야 하며, 온화하게 펼쳐져야 할 뿐만 아니라, 음곡이 깨끗하고 가락이 명확하게 울려, 각 소리들이 화음을 이루어 매끈하게 진행되어야 합니다." 또 말했다. "내가 위나라에서 노나라로 돌아온 이후에 비로소 음악이 바르게 되어 아雅와 송頌이 제자리를 찾았습니다."[25] '아雅'는 정악正樂으로써 궁중 의식에 사용되고, '송頌'은 조상이나 성인의

---

23) 「공자세가」. 48.
24) 『논어』. 팔일.
25) 「공자세가」. 49. 위의 책. 자한.

공덕을 찬양하는 음악이었다.

예악과 더불어 주나라의 문화가 고스란히 배어 있는 것은 시詩와 서書, 곧 고대 중국의 문학과 역사였다. 옛날에는 시가 3천여 편이 있었으나 공자에 이르러 중복된 것을 빼고 예에 응용할 수 있는 것만 취했다. 주로 은나라와 주나라의 시조들이었다. 이렇게 정리한 305편의 시에 공자는 모두 곡조를 붙이고 노래로 불러 '소韶' '무武' '아雅' '송頌'이라는 장르에 맞추어 분류했다. 예와 악이 정비됨에 따라 비로소 『주역』 『시경』 『서경』 『예기』 『악기』 그리고 『춘추』라는 육경이 완성되었다.

젊어서부터 공자는 음악을 좋아했다. 하지만 늙어서는 『주역周易』을 좋아했다. 그가 『주역』을 좋아하여 읽고 또 읽다 보니 죽간을 묶은 가죽 끈이 세 번이나 끊어졌다 한다. 『주역』에는 유학의 논리가 깃들어 있다. 그는 예의 근본이 『주역』의 이치에 있음을 간파했다. 그는 예에 천지만물의 변화[易]를 다스리는 이치가 흐르고 있음을 확인했던 것이다. 자연의 변화에는 이치가 숨어 있고, 이 이치가 질서를 만든다면, 선인들의 삶에도 이와 같은 이치를 따른 흔적이 나 있고, 이 흔적이 곧 예악의 도와 다른 것이 아니라는 사실을 깨달았을 것이다. 그렇다면 공자가 『예기』를 올바로 읽어 낼 수 있는 것도 『주역』의 원리를 먼저 통달함으로써 가능했다는 말이 된다. 그렇기 때문에 공자가 그처럼 『주역』을 좋아했을 것이라는 이야기도 성립된다.

공자의 말년은 경전의 정리와 교육으로 이루어졌다. 그가 정리한 경전들은 인류를 위한 교과서였다. 사마천의 『사기』에서는 공자의 제자들이 무려 3천 명에 달했고, 그 가운데에서 육예에 통달한 자만도 72명이나 되었다고 한다. 이들이 모두 공자가 편찬한 그 인류의 교과서를 읽었다는 말이 된다.

하지만 공자의 교육이 온통 경전들로만 편성된 것은 아니었다. 「공자세가」와 『논어』에는 공자가 네 가지를 가르쳤다고 한다. 문文, 행行, 충忠, 신信이었다.[26] 학문과 덕행과 충심과 신의를 가르쳤다는 뜻이다. 그는 또한 해서는 안 될 행위[絶四]도 제시했다. 무의毋意, 무필毋必, 무고毋固, 무아毋我였다. '무의'는 '주관적이고 일방적인 억측을 하지 말 것'을 뜻하고, '무필'은 '억지를 부려 무엇을 관철하려고 하지 말 것'을 뜻하고, '무고'는 '쓸 데 없이 고집을 부리지 말 것'을 뜻하고, '무아'는 '유아독존으로 자신만을 내세우지 말 것'을 뜻한다.

공자는 제자들이 스스로 발분하지 않으면 깨우쳐 주지 않았고, 한 가지 문제를 가르쳐서 이와 유사한 다른 세 가지 문제를 물어 오지 않으면, 그것을 다시 되풀이하지 않았다 한다.[27] 그는 말하기를 "학문은 비유컨대 산을 쌓아 올리는 것과 같고, 흙 한 삼태기가 모자라는 데도 쌓다가 그만두었다면, 그것은 처음부터 그만두는 것과 같다."고 했다.[28]

공자는 누구보다도 학문을 좋아했다. 그가 초나라에 있을 때, 섭공葉公이 공자의 제자 자로에게 공자의 사람됨을 물은 적이 있었다. 그런데 자로가 대답을 하지 않았다. 이에 대하여 그 뒤 공자가

---

26) 『논어』, 술이.
27) 위의 책, 자한.
28) 위의 책, 같은 곳.

자로에게 말했다.

왜 자네는 그때 아무 말도 하지 않았는가? 이렇게 말할 것이지.
'그의 사람됨은 학문에 발분하면 식사를 잊고, 학문을 즐김에
걱정을 잊고, 늙어가는 것조차 알지 못한다.'고 말일세.[29]

공자는 힘써 학문에 정진한 사람이었고, 무엇보다 학문 앞에 겸
손한 사람이었다. 그래서 그는 말했다.

나는 나면서부터 저절로 세상 것을 잘 아는 사람이 아니다. 나
는 다만 옛것을 좋아하여 그것을 부지런히 찾아서 배우고 알게
된 사람이다.[30]

공자는 높은 품격을 가진 성인聖人이었다. 이와 같은 품격을 소
유한 스승에게 제자 안연顔淵이 어느 날 탄식하며 말했다.

선생님의 도는 우러러볼수록 높고, 깊이 뚫을수록 더욱 견고하
며, 앞에 있는가 하고 생각하면 홀연 뒤에 계십니다. 선생님께
서는 차근차근 단계적으로 사람을 잘 이끌어 주시고, 풍부한 전
적典籍과 문장으로 나를 박학한 경지에 이르게 하여 주시고, 예
의와 도덕으로 나를 절제하게 하시니, 제가 학문을 그만두고자

---

29) 앞의 책, 술이.
30) 위의 책, 같은 곳. 我非生而知之者 好古 敏以求之者也.

해도 그만둘 수가 없었습니다. 그런데 저의 재주를 다해 보았지만, 선생님의 학문은 제 앞에 우뚝 서 있어 아무리 따라가려고 해도 따라갈 방법이 없습니다.[31]

공자는 주나라의 역사를 바탕으로 71세에 『춘추』를 지었다. 공자가 살던 시대는 주나라 초기의 문왕과 무왕이 다스리던 상황과 달랐다. 그의 고향 노나라에서는 물론, 그 밖의 나라에서도 인의와 예악은 찾아보기 어려웠다. 이미 주나라의 왕실도 쇠퇴할 대로 쇠퇴했다. 시詩와 서書도 새로운 것을 찾아볼 수 없을 뿐 아니라, 이미 고대로부터 내려오던 것들도 많이 소실되었다. 이런 상황에서 공자는 잊혀 가는 역사를 정리했다. 이것이 바로 『춘추』다. 이는 오경五經 가운데 하나로써 노나라의 12제후가 다스렸던 중요한 사건들을 연대별로 기록한 역사책이다. 공자가 『춘추』를 쓰지 않을 수 없었던 상황을 백 년 뒤의 맹자는 이렇게 설명했다.

세상이 쇠란해지고 정도正道가 사라져 사설邪說과 폭행이 난무하니 신하가 임금을 시해하는 경우가 생겨나고 자식이 아비를 살해하는 경우가 생겨났다. 공자께서 이를 두려워하여 『춘추』를 정리했다. 『춘추』는 이와 같은 난세를 다스리기 위해 천자가 해야 할 일이 무엇인지를 다룬 것이다. …… 이에 난신적자亂臣賊子들이 그들의 행위를 두려워하게 되었다.[32]

---

31) 앞의 책, 자한.
32) 『맹자』, 등문공장구 하.

『춘추』를 정리한 목적이 그렇듯이, 『춘추』를 정리함으로써 공자는 인간의 마음에서 인의가 사라지고 예악이 무너지는 현상을 바로잡으려고 했다.

『춘추』는 주나라를 종주로 하고 노나라의 역사를 중심 테마로 잡았다. 공자는 이 일로 하, 은, 주 3대의 법률을 손상하지 않고 고스란히 후대에 전승하는 공을 세웠다. 그 글은 간략하지만 제시하고자 하는 뜻은 넓었다. 그리하여 후세에 난신적자들이 두려워할 만큼 『춘추』는 역사적 교훈을 준엄하게 세웠다. 『춘추』를 마치고 공자는 이렇게 말했다. "후세에 나를 알아주는 사람이 있다면 그것은 『춘추』 때문일 것이며, 나를 비난하는 사람이 있다 하더라도 그것 또한 『춘추』 때문일 것이다."

스승의 영예와 고독

공자의 제자들은 하나둘씩 스승의 곁을 떠났다. 공자 스스로 고른 열 명의 제자들도 사정은 마찬가지였다. '공문십철孔門十哲'이라 불린 이들은 안연顏淵, 민자건閔子騫, 염백우冉伯牛, 중궁仲弓, 재아宰我, 자공子貢, 염유冉有, 자로子路, 자유子游, 그리고 자하子夏였다. 공자 문하에 있던 가장 탁월한 제자들이었다. 공문십철 가운데에서도 염백우는 나환자가 되어 학문의 길에서 일찍 벗어났고, 자로는 수명이 짧아 스승보다 앞서 세상을 떠났다. 대부분은 학문을 버리고 정계로 들어갔다. 십철十哲 가운데 스승을 따라 끝까지 학문에 정진한 제자들은 안연, 민자건, 자하에 불과했다. 그런데 이들 가운데 공자가 후계자로 삼을 만큼 아꼈던 안연은 공자보다 30세 연하였지만, 공자보다 3년이나 앞서 세상을 떠났다. 결국, 공자가 세상을 떠날 때까지 공자의 곁에 있었던 사람은 민자건과 자하뿐이었다.

『사기』의 중니제자열전에는 민자건을 일러 "더러운 군주의 녹을 받아먹지 않았다. 만일 군주가 다시 벼슬을 주려 한다면 노나라를 떠나 문수汶水를 건너 제나라로 가서 살겠다고 말한 사람이다."라고 기록되어 있다. 왜 하필이면 문수汶水를 건넌다고 했을까. '문汶' 자가 '더럽다'는 뜻을 가지니, 민자건이 그 더러운 정치의 강을 건넜다는 것을 의미하는지도 모르겠다. 여하튼 그는 정치에 나가지 않고 오직 학문에만 정진했다. 조금만 배워도 벼슬길에 나가기를 서둘렀던 많은 제자와는 달리, 그는 공자 문하에서 학문에만 전념하던 성실한 제자였다.

그리고 또 하나의 제자, 공자 말년에 공자를 도와 고대 문화를 체계화하고 해석하여 후세에 전할 경전을 편찬하는 일에 끝까지 헌신한 사람이 있다. 그는 복상卜商이라고 불린 위나라 출신 자하였다. 자하는 중국의 옛 문헌을 정리하고 연구한 진정한 학자였다. 이 점에서 그는 공자의 수제자였다. 그는 자유와 더불어 공문십철 가운데 최연소자였다. 그의 나이는 공자보다 44세나 연하였다. 자하의 학문은 깊어, 유가의 경전은 모두 그와 관련이 있다는 설이 나돌 정도였다. 사실, 후한의 정현鄭玄에 따르면, 공자의 언행이 기록된 『논어』도 자유와 함께 자하가 편찬한 것이었다.

공문십철 가운데 뛰어난 덕행에는 안연, 민자건, 염백우, 중궁을 꼽고, 언어에는 재아와 자공을 꼽고, 정사에는 염유와 자로를 꼽고, 문학에는 자유와 자하를 꼽는다. 공자의 교육에서는 덕행과 언어, 정사, 문학을 중요 분야로 삼았다. 이를 '공문사과孔門四科'라 부른다.

자공은 스승의 마지막 순간을 지킨 제자였다. 『예기』와 『공자가어』에 이런 기록이 있다.

> 공자가 이른 새벽에 일어나 뒷짐을 지고 지팡이를 끌며 문전에서 천천히 거닐며 노래했다. "태산이 무너지는구나! 대들보가 내려앉는구나! 철인의 생명이 시드는구나!" 그런 뒤 집 안에 들어가 앉았다. 그때 제자 자공이 스승의 노래를 듣고 혼잣말을 했다. "태산이 무너지면 내 장차 어디를 우러르고, 대들보가 내려앉고 철인이 시들면 내 장차 누구를 본뜰 것인가. 선생님께서 혹 병환이라도 있으신 것이 아닌가." 그러면서 스승이 계신 집 안으로 달려 들어갔다. 스승이 제자에게 이렇게 말했다. "사賜야, 왜 이렇게 늦게 왔느냐?" 그리고 탄식했다. 눈물도 흘렸다. 그리고 이렇게 말했다. "천하에 도가 없어진 지 오래되었다! 아무도 나의 주장을 믿지 않는다." 공자는 병이 들어 누웠다가 7일 뒤에 세상을 떠났다.[33]

---

33) 「공자세가」, 65. 『예기』, 단궁 상. 『공자가어』 공자조신작孔子蚤晨作. 『공자가어』에는 공자가 7일 동안 앓은 뒤, 72세에 돌아가셨다고 기록되어 있으나[七日而終, 時年七十二矣]. 「공자세가」에는 공자가 7일이 된 뒤, 73세 노나라 애공 16년 4월 기축일己丑日에 돌아가셨다고 기록되어 있다[孔子年七十三, 以魯哀公十六年四月己丑卒]. 그러나 이 해 4월에는 기축일이 없다는 설이 있다. 공식적으로 공자가 세상을 떠난 날은 서력으로 기원전 479년 5월 11일이다. 공자가 '세상을 떠났다.'는 표현도, 각각 달라 「공자세가」에는 '후칠일졸後七日卒'이라 되어 있어 '졸卒' 자를 사용했고, 『예기』에는 '개침질칠일이몰蓋寢質七日而沒'이라 하여 '몰沒' 자를 썼으며, 『공자가어』에는 '종終' 자를 썼다.

인류의 스승 공자는 73세, 서력으로 479년 5월 11일 세상을 떠났다. 노나라 애공이 공자의 죽음을 애도하는 글을 읽은 뒤 이렇게 탄식했다.

하늘도 무심하도다. 하늘은 한 노인을 내 곁에 조금 더 머물게 하여, 나로 하여금 제후의 직분을 다할 수 있도록 도와주지를 않는도다! 이제 나는 외롭고 쓸쓸히 시름에 잠기는도다! 아, 슬프다! 이부尼父여, 나는 이제 근본으로 삼을 분이 없구나![34]

이에 자공이 응수했다.

군주께서는 아마도 노나라에서 천명을 다할 수는 없을 것입니다! 선생님께서 이전에 말씀하시기를 '예법을 잃으면 질서가 무너지고, 명분을 잃으면 과오가 생긴다고 했습니다. 뜻을 잃는 것을 어둠이라 하고, 이름을 잃는 것을 허물이라 했습니다.' 군주께서는 스승을 생전에 등용하지도 않다가 돌아가신 뒤에 애도하시니 예의에 합당치 않습니다.[35]

공자의 제자들은 노나라 북쪽 노성魯城, 지금의 곡부曲阜 사수泗水 강변에서 스승의 장례를 치렀다.[36] 그들은 상복[心喪]을 입고 스

---

34) 앞의 책, 66.
35) 앞의 책, 같은 곳.
36) 충청남도 논산시 노성면에 공자의 사당 궐리사가 있다. 이 마을의 이름이 '노성'인 것도 공자의 고향 이름에서 비롯된 것이다.

승의 묘를 3년 동안 지킨 뒤 곡을 하면서 이별했다. 이들 가운데 자공은 스승의 묘를 떠날 수 없어 무덤가에 여막을 짓고 다시 3년을 더 살았다. 제자들이나 노나라 사람들이 무덤가에 와서 지은 집이 1백여 가구나 되었고, 그 결과 그곳의 이름이 '공자 마을'이라는 뜻을 갖는 '공리孔里'가 되었다.[37] 노나라 임금 애공이 공자가 살던 집 세 칸을 개축하여 사당을 짓고 공자의 위패를 모셨다. 그것은 나중에 중국에서 공자의 위패를 모신 가장 큰 대성전大成殿이 되었다. 공자에게 내린 시호諡號는 '대성지성문선왕大成至聖文宣王'이다. 한나라, 당나라, 송나라, 원나라, 명나라 등 여러 나라를 거치는 동안 시호가 더해져 오늘에 이른 것이다. '대성지성문선왕大成至聖文宣王', 이는 '위대한 인격의 완성자, 최고의 성인, 문화를 전파한 임금'이라는 뜻이다. 73년이라는 그의 생애, 드높은 꿈과 이상, 심원한 학문과 예술, 정치와 제국 편력을 통한 온갖 생생한 경험으로 축성된 넓고 높고 위대한 일생을, 이렇게 짜임새 있는 단지 일곱 자로 구성된 시호에 짜 넣는 것도 쉽지는 않았을 것이다.

---

37) 공자가 성장한 마을 이름은 산동성 곡부현에 있는 궐리闕里다.

03

노자는 현동의 세상으로 가고,
공자는 소강의 세상에 머물고

노성 궐리사

'궐리闕里'는 공자의 고향 이름이다. 궐리사闕里祠는 성리학자 송시열과 그의 제자들이 1716년(숙종 42) 공자를 존숭하여 충청남도 논산시 노성면魯城面 이구산尼丘山 아래에 지은 공자의 사당이다. 중국에서 공자의 영정을 모셔와 숙종 44년에 봉안했다. 정조 15년에 송조 5현, 주돈이, 정호, 정이, 장재, 주희의 영정을 추가로 배향했다. 그 뒤 현재의 이곳으로 옮겼다. 이구산은 지금의 노성산魯城山이다. '이구산'의 이름은 공자의 고향에 있는 산 이름에서 따온 것이다. '노성魯城'이라 불리는 이 마을은 공자의 고향을 닮았다 하여 붙인 이름이다. 공자의 고향 곡부曲阜의 옛 이름이 노성이었다. 이곳은 백제시대에 열야산현熱也山縣이었고, 당나라가 점령하여 노산주魯山州로 고쳤으며, 신라 경덕왕 때 이산尼山으로 고쳐 웅주熊州, 지금의 공주에서 다스렸다. 1018년 고려 현종 때 공주에 예속되었다. 1414년 조선조 태종 때는 이성尼城이라고 했다. 항상 공자와 연관시켜 지명에서 '이尼' 자를 떼지 못했다. 정조 때 현재의 노성으로 고쳤다.

노자와 공자는 같은 시대를 살았다. 하지만 이들은 서로 다른 세상에 살았다. 『예기』에 나 있는 공자의 길과 『도덕경』에 닦아 놓은 노자의 길은 분명히 같은 곳에서 시작했지만 어느덧 서로 갈리어 영원히 만날 수 없는 길이 되고 말았다.

노자는 무위無爲의 도를 따라 스스로 선하게 되고 저절로 바르게 되는 길로 갔다. 공자는 인위적으로 선을 예에 더하여 만든, 그런대로 편안한 세상으로 가는 길을 갔다. 노자는 공자의 인위적인 예를 나무랐고, 공자는 노자의 신비하고 비가시적인 세상을 두려워했다. 이들이 마음에 구축한 세상이 서로 달랐기 때문이다. 그 하나를 가리켜 '현동玄同의 세상'이라 이르고, 다른 하나를 가리켜 '소강小康의 세상'이라 했다. '그런대로 편안한 세상'이란 뜻이다.

노자의 전설

노자는 초나라 고현苦縣, 지금의 하남성 녹읍鹿邑 사람이다. 주나라에서 사관史官 벼슬을 했다. 그는 신비에 가득 찬 인물이었다. 그는 학문을 하였지만 자신의 이름이 세상에 떠도는 것을 좋아하지 않았다. 노자를 만나 본 공자가 제자들에게 노자를 용에 비유했을 정도로 노자는 예사롭지 않은 인물이었다. 역사가 사마천 또한『사기』에서 노자의 존재를 알 수 없는 신비에 가득 찬 인물로 묘사해 냈다. 이 신비 때문에 사람들은 노자가 죽지 않고 신선이 되어 어디론가 떠나갔다고 말한다. 노자에 대한 알쏭달쏭한 이야기는 참으로 많다. 설화에서는 물론이지만, 학설에서도 설이 분분하다.

노자는 주나라가 쇠퇴해 가는 것을 보고 함곡관函谷關을 지나 서쪽으로 갔다고 한다. 함곡관은 황토층의 깊은 골짜기, 한 사람만 막아서면 만 사람이 지나갈 수 없는, 협곡으로 들어가는 관문이다. 벼랑 위의 수목이 햇빛을 가리어 낮에도 어둡다는 그 골짜기로 푸른 소를 탄 노자가 들어가려고 할 때였다. 그 문을 지키는 관령 윤희尹喜가 노자를 알아보았다. 그는 노자가 그곳을 지나면 다시는 돌아오지 못할 것을 알고 노자에게 지혜의 말씀이라도 한 줄 남기고 가라고 간청했다. 노자는 그 문을 지나는 값으로 즉석에서 5천여 자로 구성된 도와 덕에 관한 책을 한 권 써서 던져 주고 유유히 함곡관으로 들어갔다. 그것이 그 유명한『도덕경』이다.『사기』는 그런 일이 있은 뒤의 노자에 대한 이야기를 이렇게 남겼다. "노자가 그렇게 그곳을 떠난 뒤, 아무도 그가 어떻게 되었는지를 알지 못한다." 그가 단번에 써 냈다는 그 책이 우리가 읽고 있는 그 유명한『도덕경』이라지만, 그 책의 저자가 정말로 노자인지는 정확하지 않다. 노자에 관련된 이야기들은 이렇게 신비에 싸여 있다.

노자는 태어났을 때 노인과 같이 머리가 희어서 '늙을 노老' 자를 쓴 '노자老子'라는 이름을 얻게 되었다고 한다. 그의 본명은 이이李耳인데, 그것도 그가 오얏나무 아래에서 탄생했기 때문에 오얏

나무 이李 자의 성씨를 얻게 되었다고 한다. 노자는 150년을 살았다고도 하고, 200년 이상을 살았다고도 한다. 하물며 다른 사람도 아닌 역사가인 사마천이 우리에게 이렇게 전하니, 노자가 더욱 신비에 싸일 수밖에 없다. 그렇기 때문에 그가 역사적으로 실존했던 인물인지 아닌지에 대한 의문도 더욱 깊어지지 않을 수 없게 되었다. 그에 관한 이야기는 전설이라기보다 신화에 가깝다. 아닌 게 아니라, 후한後漢시대에 노자는 이미 신화적인 인물이 되어 신격을 갖춘 존재로 숭배를 받게 되었다.

『도덕경』의 탄생에 관한 이야기는 이렇게 전설이 되어 내려왔다. 그런데『도덕경』에 관한 이야기가 전설이 아니고 실화였다면, 우리 지성사는 참으로 감사해야 할 한 사람을 잊어서는 안 된다. 함곡관의 관문지기 윤희다. 노자가 함곡관으로 들어갈 때, 거기에 윤희가 없었다면, 더욱이 그가 노자에게 지혜의 말을 청하지 않았다면, 인류는『도덕경』이라는 위대한 지적 자산을 영영 얻지 못했을 것이다.

『도덕경』은 이렇게 아름다운 전설에 싸여 있지만, 그것이 진실로 이와 같은 전설 속에서 탄생했는지조차 분명하게 말해 주는 사람이 없다. 그뿐만 아니라, 노자가 언제 어떻게 죽었는지도 아는 사람이 없다. 사마천조차『사기』에서 노자가 200여 세를 살았으며, 등이 푸른 소를 타고 떠돌다 어디론지 가 버렸다고 하는 알쏭달쏭한 말만 남겨 놓고 있으니 말이다. 하지만 아무리 그렇다손 치더라도, 우리는『도덕경』이 노장사상의 대표적 문헌이라는 점, 또한 노자의 역사적 존재 여부를 떠나, '노자'라는 저자명을 달고 인류 지성사에 출현한『도덕경』은 인간이 가질 수 있는 가장 독특

푸른 소를 탄 노자

한 사상을 더할 수 없이 아름다운 문장으로 엮어 놓은 책이라는 점은 결코 부인할 수 없을 것이다.

무위의 도가 다스리는 현동의 세상

노자의 『도덕경』에 나 있는 길은 현동玄同의 세상으로 가는 길이었다. 현동의 세상은 공자의 인의人義와 그 겉모습인 예로 세워지는 소강의 세상과는 딴판이었다. 노자의 세상은 무위로 이루어지는 세상이었으니, 그것은 당연히 인위로 이루어지는 공자의 세상과는 멀지 않을 수 없었다. 노자는 자신이 살고 있는 그 독특한 세상을 『도덕경』에서 이렇게 묘사해 냈다.

아는 자는 말하지 않고, 말하는 자는 알지 못한다. 말이 나가는 통로를 막고, 말이 들어오는 문을 닫으며, 그 날카로움을 꺾고, 그 분紛을 풀며, 그 광채를 누그러뜨리고 티끌과 함께 섞일 수 있다면, 그것을 가리켜 '심오하고도 신비한 작용으로써 하나가 되는 세상', 곧 '현동玄同의 세상'이라 한다. 그런 까닭에 일부러 친근하게 할 필요도 없고, 일부러 소원하게 할 필요도 없으며, 일부러 이利가 되게 할 필요도 없고, 일부러 해害가 되게 할 필요도 없으며, 억지로 존귀하게 할 필요도 없고, 억지로 비천하게 만들 필요도 없다. 그런 까닭에 이와 같은 도道만이 천하에 가장 존귀한 것이 되는 것이다.[1]

우선 문장이 아름답다. 이 문장만으로도 노자와 공자의 사상, 노자의 세상과 공자의 세상이 얼마나 다른지를 알 수 있다. 억지로 '그렇게 하지 않으면 안 되는 세상'은 공자의 세상이고, 억지로 '그렇게 할 필요가 없는 세상'은 노자의 세상이다. '말하지 않는 세상'은 노자의 세상이고, '말하지 않으면 안 되는 세상'은 공자의 세상이다.

노자의 세상은 참으로 현묘玄妙하고 유현幽玄한 세상이다. 그 세

---

1) 『도덕경』. 56.

상은 아는 체만 하고 필설로 날카롭게 세상을 비난만 하면서 열을 올리고 분忿을 토하는 세상이 아니다. 그 세상은 재주와 지혜를 펼치는 곳도 아니다. 그 세상은 오히려 재지才智를 숨기고 속인들과 함께 어울려 지내되 속인들과 함께 지낸다는 것을 의식조차 하지 못하는 세상이다. 그 세상은 지적 광채를 발하는 마음을 오만하다고 생각하고, 그와 같은 날카로운 마음을 부드럽게 깎아 티끌과도 섞이고 심오하고도 신비한 자연의 이치에 어울려 하나가 되는 세상이다. 그뿐만 아니라 그 세상은 일부러 서로 친근하게 할 필요도 없고, 일부러 소원하게 할 필요도 없고, 의도적으로 이利가 되게 할 필요도 없고, 의도적으로 해害가 되게 할 필요도 없고, 억지로 존귀하게 할 필요도 없고, 억지로 비천하게 만들 필요도 없는 세상이다.

노자의 '현동玄同의 세상'은 유현하고 유현하여 언어가 소용이 없었다. 언어가 소용이 없었으니 하늘과 땅이 따로 없었다. 그리하여 어디가 하늘이고 어디가 땅인지조차 알지 못했다. 모든 것이 분화되고 차별화되기 이전이었다. 그리하여 서로 나뉨이 없어 하나로 된 세상이었다. 그리하여 사람들은 그 세상을 '그윽하다'는 뜻의 '현玄' 자를 사용하고, '모두 같은 하나일 수밖에 없다.'라는 뜻의 '동同' 자를 써서 '현동玄同'의 세상이라 불렀다. 그윽하고 신비하다는 뜻을 갖는 '현玄'은 노자사상의 핵심 문자였다.

노자의 세상에서 언어는 인간의 마음을 혼란스럽게 만든다. 언어는 세상을 나누어 없는 것을 있는 것처럼 만들기 때문이다. 노자에게 세상은 오직 그윽하고 심오하며 신비한 하나일 뿐이다. 거기에는 언어로 부리는 재주도 필요 없고, 말로 설명하는 지혜도 소용이 없다. 그 세상은 거꾸로 언어의 재지를 버리고, 말의 지혜도 감춘다. 이와 같은 '현동'의 세상 이야기는 노자가 함곡관을 지날 때, 윤희에게 써 주었다는 『도덕경』의 첫머리에서부터 시작된다.

말로 표현할 수 있는 도는 항상 변함이 없는 도가 아니다. 이름을 붙일 수 있는 이름은 항상 변함이 없는 이름이 아니다. 이름없는 것은 천지의 처음이고, 이름 있는 것은 만물의 어머니다. 그런 까닭에 '항상 없음', 곧 상무常無에서 지극히 미묘微妙한 것을 보고자 하고, '항상 있음', 곧 상유常有에서 귀착을 보고자 한다. 이와 같은 '있음[有]'과 '없음[無]' 두 가지는 '같은 것[同]'에서 나왔으나 이름이 다를 뿐이다. 그 '같은 것'을 '현玄'이라고 한다. 그것은 유현하고 또 유현하여 모든 미묘한 것이 나오는 문이다.[2]

노자는 『도덕경』의 첫머리에서 그가 찾던 도의 본질을 이렇게 '그윽하고 또 그윽한 것[玄之又玄]', 곧 '유현한 것'이라고 했다. 도의 본질이 이렇게 유현한데, 그와 같은 도를 그는 다른 방법이 없어 하는 수 없이 '현玄'이라는 글자로 우리에게 전했다. 언어로 표현할 수도, 이름을 붙일 수도 없는 그 유현의 세상에 대하여 말이다. 도의 본질, 그 유현의 세상, 언어를 넘어선 세계, 그래서 노자는 『도

---

2) 앞의 책. 1. 道可道非常道 名可名非常名 無名天地之始 有名萬物之母 故常無欲以觀其妙 常有欲以觀其徼 此兩者同出而異名 同謂之玄 玄之又玄 衆妙之門.

덕경』의 첫머리에서 "그 도를 '도'라고 말하면, 이미 그 도는 참으로 있는 그 도道가 아니다."라고 역설했던 것이다.[3]

　'현玄'의 세상에는 구분이 없으니, 세상을 메우는 것들이 개별로 드러나지 않는다. 그것들은 구분이 없어 모두 '같은 것 하나'로 크게 존재하니, 그것들이 인식의 눈으로 다르게 보일 리도 없을 것이다. 그런 까닭으로 노자는 보려고 해도 보이지 않는 그것을 '이夷', 곧 '지극히 크다.'라고 한 것이다. 또한 그것은 내는 소리가 분별없이 뒤섞여 있을 테니, 그 소리가 있어도 인간의 귀에는 들리지 않을 것이다. 그런 까닭으로 노자는 그것을 '희希', 곧 '들리지 않을 만큼 지극히 작다.'라고 한 것이다. 그것은 또한 개별자로 존재하지 않으니, 돌이나 나뭇가지처럼 인간의 손에 잡히지도 않을 것이다. 그런 까닭으로 노자는 그것을 '미微', 곧 '지극히 가늘다.'라고 한 것이다.

　'이夷', '희希', '미微'의 세상은 언어로 자세히 따져 규명할 수 없으니 모두 언어의 세상을 넘어선다. 그리하여 노자는 '이夷', '희希', '미微' 세 가지는 합쳐져 있는 것일 수밖에 없고, 그렇게 합쳐진 것을 '하나[一]'라고 한 것이다.[4] 이 세 가지 특성은 결국 '같은 것'이 가지는 특성이니 서로 이어져 있고, 이어져 있으니 잘라서 구분할 수도 없다는 뜻이 된다. 노자는, 좀 유치한 표현을 사용하여, 이를 "긴 노끈처럼 끊임없이 이어져 있어 나누어 이름을 붙일 수 없다."고 했다. '세상의 모든 것은 서로 나뉘지 않고 끊임없이 연결되어

---

3) 앞의 책, 42.
4) 위의 책, 14.

있다.'는 뜻이다. '연기설緣起說'을 떠오르게 하는 맥락이다. 5)

세상은 연기緣起되어 '같은 것'으로 존재한다면, 그것은 그윽하고 그윽한 것이 아닐 수 없을 것이다. 그리고 그것이 무엇인가를 명확하게 '안다'고 할 수도 없을 것이다. 거기에는 구분이 없고 이름(개념)이 없는 멜랑즈mélange, 곧 뭉뚱그려진 동일한 것 하나뿐일 테니 말이다. 그리하여 노자는 이와 같은 세상을 "아는 자는 말하지 않고, 말하는 자는 알지 못한다."고 한 것이다. 6) 노자의 말은 참으로 옳다. 그러나 참으로 답답하다.

그윽하고 심오한 현동의 세상은 언어를 가지고 재주를 부리는 현명한 지자知者를 필요로 하지 않는다. 무위의 도로 구성되는 현동의 세상은 언어를 사용하여 인위의 재기를 부리는 자들에게는 스스로를 감추기 때문이다. 무위의 도는 그와 같은 인위에는 아랑곳하지 않고 오로지 그 무위의 본연을 끊임없이 따라 나갈 뿐이다. 노자는 이렇게 끊임없이 연기되어 나가는 도의 확장을 아주 간결하게 묘사해 냈다.

도는 하나를 낳고, 하나는 둘, 곧 음과 양을 낳고, 둘은 충기沖氣를 더하여 셋을 낳고, 셋은 만물을 낳는다. 7)

참으로 얄밉도록 무책임한 표현이지만 지혜롭기 그지 없는 문

---

5) '연기緣起'는 불가의 말이다. 불교가 중국에 들어와 중국의 전통 문화와 쉽게 융합할 수 있었던 것은 이미 중국에 연기설과 같은 노자의 사상이 널리 자리하고 있었기 때문이라는 설이 있다.
6) 앞의 책, 56. 知者不言 言者不知.
7) 위의 책, 道生一 一生二 二生三 三生萬物.

장이다. 차라리 무위의 대도大道가 그윽한 세상으로 확장되어 나가는 모습을 그려 낸, 여백을 둔 간결한 명화名畵라고 해야 할 것 같다. 이렇게 현묘하고 유현한 세상으로 무위의 도가 확장을 거듭하니, 거기에는 인위가 따로 들어갈 여지가 없고, 언어의 조작과 현명한 지식이 작용할 자리 또한 있을 수 없다. 그런데도 만약 거기에 언어의 조작과 현명한 지식을 작용시킨다면, 그것은 무위의 질서에 대한 철저한 배반일 것이다.

대도가 흐르는 현동의 세상에서는 백성이 군주가 무엇을 어떻게 하는지도 알지 못한다. 군주도 매한가지다. 모두 대도의 흐름을 따를 뿐이기 때문이다. 최상의 군주는 말을 하지 않을 것이다. 그리하여 그가 일을 성취하여 공을 세워도 백성은 그것이 그의 공적인 줄 알지 못한다. 그래서 "세상의 모든 것이 저절로 편안하게 되었다."고 말한다. 옛적 요堯 임금 때, 한 늙은 농부가 배부르게 먹고 자치기를 가지고 유희를 하면서 이렇게 말했다.

밭 갈아 밥 먹고, 우물 파 물 마시고, 날이 새면 일하고, 밤이 되면 잠을 자니, 임금의 공덕이 내게 무엇이 있겠는가.

이곳에는 틀림없이 대도가 흐르고 있었다. 임금의 공덕조차 대도 속에서는 구분이 없으니 말이다. 대도가 흐르는 곳에는 특별히 무엇인가를 알거나 그런 앎을 애써 탐할 필요가 없다. 그런 앎이 있다면, 그것은 인위가 다스리는 세상을 만들어 놓을 뿐이니 말이다.

언어와 지식은 현동의 세상에 걸맞지 않다. 언어를 조작하여 지식을 만드는 것은, 현동의 세상을 흐르는 대도가 사라진 곳에서나 있을 수 있다는 이야기다. 노자는 이 점을 놓치지 않았다.

> 무위자연無爲自然의 큰 길, 곧 대도大道가 사라지니, 인仁이니 의義
> 니 하는 것이 있게 된다.[8]

사실이 그렇다. 대도가 사라지면 인위가 작동하기 시작하고, 언
어의 조작이 시작되며 지식이 난립하게 된다. 그 결과 세상이 혼
란스럽게 되고, 사람들은 고통을 피하려고 언어를 매개로 하여 지
식을 탐구하고 지혜를 발하기도 한다. 그렇다면 인위로 만들어진
'인의仁義'는 대도가 사라진 뒤 나타나는 서자라는 뉘앙스가 여기에
들어 있는 것이 아닌가. "대도가 사라지면 인의가 생겨나게 된다."
는 노자의 말은 참으로 옳다. 다시 노자의 말이다.

> 인간에게 지혜라는 것이 생겨나니 큰 거짓이 있게 되었다. 육친
> 이 화목하지 않으니 효행이니 자애니 하는 것이 생겨나게 되었
> 다. 국가가 어둡고 혼란하여지니 충신이 나오게 되었다.[9]

모두 인위가 만들어 내는 낭패들이다. 그러나 노자에게는 지혜
도, 효행도, 예법도, 충신忠信도 모두 대도가 사라지고 난 뒤의 인
위가 만들어 내는 괴변怪變일 뿐이다.
인간은 묘하게도 세상에서 인의가 사라졌다는 생각을 하게 되

---

8) 앞의 책, 18.
9) 위의 책, 같은 곳.

면 반드시 인의를 위한 시위施爲, 곧 묘책을 강구하게 된다. 그럴 법한 말이다. 그렇기 때문에 노자는 아예 인의에 대한 생각이 일어나지 않을 때, 곧 대도가 유유히 흐를 때, 그때만이 참된 인의가 존재한다고 하는 것이다.

노자에게 참된 인의는, 그것에 대한 우리의 느낌이 없을 때, 그리고 그것을 인위적으로 다루려고 하지 않을 때 존재한다. 참된 인의는 인간이 인식하지 못하는 대도의 흐름 속에 있다는 것이다. 다시 노자의 말이다.

> 그런 까닭에 도道를 잃은 뒤에 인仁이 소용되고, 인仁을 잃은 뒤에 의義가 소용되며, 의義를 잃은 뒤에 예禮가 소용되는 것이다.[10]

우리는 지금 참으로 묘한 광경을 목격하고 있다. 앞의 두 인용문과 함께 이 인용문은 노자의 무위의 도가 사라지면 공자의 인위가 작동한다는 사실이다. 그렇다면 노자는 무위의 대도가 사라지게 되면 인간의 마음이 점점 인위적인 데로 진행되는 과정을 인정하고 있는 셈이 아닌가. 그리하여 대도가 무너지니 사람들은 지혜를 발하여 인仁을 찾게 되고, 다시 인仁이 사라지니 의義를 찾으며, 다시 의義까지 잃게 되니 마지막으로 예禮를 찾게 된다고 한 것이 아닌가. 그렇다면 노자의 세계가 사라지면 하는 수 없이 공자의

---

10) 앞의 책, 38. 여기에서 '도'는 '무위의 도'를 가리킨다.

인의의 세계가 온다는 뜻이 아니겠는가. 노자의 세계와 공자의 세계는 이런 뜻에서 묘하게도 서로 단절되어 있지 않다.

공자사상의 향수, 대동의 세상

노자는 그가 추구하는 현동의 세상을 찾아 함곡관으로 들어갔다. 그러나 공자가 머문 세상은 춘추시대의 그 어렵고도 어지러운 세상이었다. 신하가 임금의 정치를 가로막고 자식이 부모를 거역하는, 불충과 불효가 만연한 세상, 이른바 난신적자의 세상이었다. 공자는 그 난신적자들의 세상을 헤치고 나아가 정치와 사회에 질서를 세우려고 했다. 노자가 난세를 뒤로하고 무위의 도를 따라 함곡관을 거쳐 현동의 세상으로 들어가 다시는 세상 밖으로 나오지 않았다면, 공자는 역으로 인위의 예를 가지고 난세 속으로 들어가, 그 난세를 극복하는 데 힘썼다. 이들이 나눈 그 두 갈래 길은 서로 만날 수 없는 길이었다. 하지만 이들의 사상적 고향은 서로 멀지 않았다. 공자의 대동大同의 세상과 노자의 현동玄同의 세상은 의미상 지척에 있었다.

『예기』에서 대동의 세상은 모든 백성이 다 함께 걷는 공도公道, 네 것과 내 것이 나뉘어 있지 않은 큰 길, 곧 대도大道를 따르는 세상이었다. 어느 날 공자가 대동의 세상에 대하여 제자 언언言偃에게 말했다.

옛날에는 큰 도, 곧 대도大道가 행하여졌다. ……큰 도를 따를 때에는 천하가 모든 사람의 것이었다. 군주의 자리도 세습을 하지 아니하고 현명하고 능력 있는 사람을 선출하여 그에게 맡겼고, 백성은 서로 신뢰하고 친목을 다했다. 사람들은 각자의 부모만을 부모로 섬기지 않았고, 자기 자식만을 자식으로 사랑하지 않았다. 노인은 편안하게 살았고, 젊은이는 일할 곳이 있었다. ……백성은 자신의 능력을 최대한으로 발휘하였으되, 그것을 자신만의 이익을 위하여 사용하지는 않았다. 그렇기 때문에 모략이 없었고, 절도와 폭력도 없었으며, 어느 집도 대문을 잠그는 일이 없었다. 이런 사회를 가리켜 '대동大同의 세상'이라고 한다.[11]

대동의 세상은 현동의 세상과 다르지 않았다. 노자의 현동의 세상은 여전히 대동의 세상이었다. 그래서인지 '대도大道'나 '대동大同'이 원래 공자의 말이 아니라 노자의 말이라는 설도 있다.

대동의 세상에서 인간 삶은 현동의 세상에서처럼 하나로 된 큰 흐름을 따라 자연스럽게 이루어진다. 그 세상에서는 각자가 제멋대로 걸어갈 길이 따로 나 있지 않으며, 그렇다고 인위적으로 다스리는 강제성도 없다. 거기에서는 서로를 의식하지 않고 공도公道를 함께 걷는다. 공도는 사사로운 욕망이나 이익을 좇는 길이 아니라 천하의 모든 사람이 너와 나를 가리지 않고 함께 가는 큰 길

---

11) 『예기』, 예운. 大道之行也 與三代之英 丘未之逮也 而有志焉 大道之行也 天下爲公 選賢與能 講信修睦 故人不獨親其親 不獨子其子 使老有所終 壯有所用 幼有所長 矜寡孤獨廢疾者 皆有所養 男有分 女有歸 貨惡其棄於地也 不必藏於己 力惡其不出於身也 不必爲己 是故謀閉而不興 盜竊亂賊而不作 故外戶而不閉 是謂大同.

을 말한다. 이와 같은 길이 나 있는 세상은 인류가 여망하는 가장 이상적인 공동체였다.

공동체 사회는 인류사에서 신화시대에 더욱 두드러졌다. 이 점에서 대동의 세상은 역사성보다는 신화성이 더 강한 세상이었다. 실질적으로 이와 같은 사회가 이루어져 있던 때는 중국의 역사에서 삼황오제五帝三皇 때였다.

삼황은 복희伏羲, 신농神農, 여왜女媧다. 오제는 고대 중국의 다섯 성군聖君들을 말한다. 하지만 그 다섯 성군이 누구인가에 관한 설은 여러 가지다. 『사기』에서 오제는 소호少昊, 전욱顓頊, 제곡帝嚳, 제요帝堯, 그리고 제순帝舜이다. 오제는 덕의 유무에 따라 자리가 위양委讓되었다. 그러나 삼황오제시대는 역사시대라고 하기보다는 오히려 신화시대라고 하는 편이 더 합당할지도 모른다.

아닌 게 아니라, 우리가 흔히 '요순堯舜시대'라고 부르는 이 오제시대는 기원전 2070년까지다. 이 시대의 뒤에 하, 은, 주 3대가 따른다. 하나라는 기원전 2070년에 시작하고, 은나라는 기원전 1600년, 그리고 주나라는 기원전 1046년에 시작했다.[12] 주나라의 쇠퇴기인 춘추시대는 기원전 770년에 시작되어 476년까지, 전국시대는 기원전 475년에서 221년까지다. 진나라가 기원전 221년에 제국을 통일했다.

---

12) 은나라에 이어 주나라가 세워진 해는 기원전 1066년 설, 1046년 설, 1027년 설 등 다양하다.

공자가 머문 소강의 세상

대동의 세상은 삼황오제시대의 세상이었다. 공자는 대동의 세상에 대한 이야기를 기록을 읽어서 알게 되었다지만, 그것은 본질적으로 전설의 세상이었을 것이다. 많은 역사가도 삼황오제시대를 신화의 시대라고 본다. 공자가 이야기한 대동의 세상은 신화시대를 장식하는 인류의 여망이었다.

하지만 인류의 여망이 아무리 사실의 경계를 넘어섰다 하더라도, 그것은 여전히 인류의 이상이고 염원임에 틀림없다. 그러나 모든 인류의 이상이 그렇듯 공자가 이상으로 삼았던 그 '대동'의 이미지는 세월이 흐름에 따라 인류의 마음에서 점점 지워져 갔다.

하, 은, 주 3대는 대동의 세상을 이끌던 그 대도가 이미 사라진 시대였다. 더욱이 주나라 전기, 즉 춘추시대 바로 이전부터 그 대도는 흔적조차 찾기 어려웠다. 이때의 기록을 읽고 공자는 탄식했다.

아 슬프다! 주나라의 도道를 보니 이미 유왕幽王과 여왕厲王 때 크게 무너졌다. 그러나 노나라는 주공의 후예로서 아직 주나라의 도가 남아 있다. 내가 노나라를 버리고 어디로 가겠는가.[13]

제자 언언에게 다시 공자가 말했다.

---

13) 앞의 책, 같은 곳.

지금은 이미 큰 도가 사라진 시대다. …… 그래서 백성은 이제 자신의 부모만을 부모로 생각하고, 자신의 자식만을 자식으로 생각하며, 재화를 사적인 소유물로 하고, 개인의 이익만을 위하여 노력한다. 천자와 제후들은 예를 따라 왕위를 자식들에게 세습하고, 적으로부터 영토를 보존하는 데 힘쓴다. 천자와 제후들은 예의를 기강으로 삼아 임금과 신하의 분수를 바로잡고, 어버이와 지식 사이를 돈독히 하며, 형제를 화목하게 하고, 부부 사이의 화합을 도모한다. 제도를 세우고 마을을 다스리며, 지혜를 높이고 용기를 북돋우며, 각자의 이익을 위하여 공을 세운다. 이런 까닭에 간사한 꾀가 일어나고 전쟁도 일어난다.

과거에 우왕, 탕왕, 문왕, 무왕, 성왕, 주공은 이와 같은 예를 통하여 나라를 잘 다스렸다. 이 여섯 군자 가운데에는 예를 따르지 않은 사람들이 없었다. 이들은 모두 예를 지킨 사람들이었고, 예로써 각자의 도를 헤아렸으며, 백성의 신망을 얻었고, 죄과가 있으면 이로써 밝혔으며, 인애의 도를 법으로 삼고, 겸양의 도를 설파하여 백성이 항상 이를 따르도록 했다. 만약 이러한 도에 따르지 않는 자가 있으면, 아무리 높은 지위에 있는 자라 할지라도 백성으로부터 배척당하여 결국 자리에서 물러나게 된다. 이런 세상을 '소강小康의 세상'이라 한다.[14]

---

14) 앞의 책, 같은 곳. 今大道旣隱 天下爲家 各親其親 各子其子 貨力爲己 大人世及以爲禮 城郭溝池以爲固 禮義以爲紀 以正君臣 以篤父子 以睦兄弟 以和夫婦 以設制度 以立田里 以賢勇知以功爲己 故謀用是作 而兵由此起 禹湯文武成王周公 由此其選也 此六君子者 未有不謹於禮者也 以著其義 以考其信 著有過 刑仁講讓 示民有常 如有不由此者 在勢者去 衆以爲殃 是爲小康.

'소강小康의 세상', 그것은 대동의 세상에 대한 공자의 대안이었다. 공자는 노자와 함께 그리워했던 그 대동의 세상을 과감하게 접어두었다. 그 대신 좀 더 현실적이고 실천적인 세상을 택했다. 그것을 '소강의 세상', 곧 '그런대로 편안한 세상'이라 했다. 그 세상을 그는 하나라, 은나라, 그리고 주나라의 몇몇 성군들의 행적에서 찾았다. 그 새로운 세상은 대도가 충만한 대동의 세상보다 한 차원 낮은 것이었다. 그래서 그것을 '그런대로 편안한 세상', 곧 '소강의 세상'이라 했던 것이다.

그런대로 편안한 세상은 보통 사람들의 눈에도 잘 드러나 보이는 현실적인 세상이었다. 그 세상은 부자와 형제, 부부, 마을 사람들 사이의 화목을 위해서 구체적이고 실천적 제도를 만들고 이를 따르도록 했다. 지혜와 용맹을 존중하며, 이것들은 개인에게 이익이 된다고 가르친 사회였다. 현명한 군주들인 우왕과 탕왕, 문왕, 무왕, 성왕, 주공은 이와 같은 그런대로 편안한 세상을 만들기 위해서 예를 만들었고, 그것으로 백성의 심정을 다스렸으며, 그 결과 뛰어난 업적도 쌓았다. 이들은 모두 예로써 각자의 도를 헤아렸을 뿐만 아니라, 그 결과 백성의 신망을 얻었고 적의 죄과를 효과적으로 밝혔으며, 인애와 겸양의 도를 강설하여 백성에게 예가 무엇인지를 적나라하게 보여 주었다. 그들은 예를 만들어 현명하게 사용했다. 공자는 이를 본받아 피폐된 세상을 바로잡고자 했다.

공자의 소강의 세상은 예로 다스리는 세상이었다. 이렇게 되어 '소강의 세상'은 '예'와 짝짓는 말이 되었다. 비록 인위적이지만, 소강의 세상은 노자의 현동의 세상보다 그리고 신화시대의 대동의 사회보다, 훨씬 가시적可視的인 것이 되었다. '소강의 세상'은 바야흐로 신화시대를 닫고 역사시대를 여는 출발점이 되었을 뿐만 아니라, 인류사에서 하늘이 아니라 인간이 중심에 서는 역사 발전의 거보를 내딛은 현실적인 세상이었다.

소강의 세상으로 가는 길

공림에 있는 공자의 묘소

공림孔林은 공자의 가족묘역이다. 공림의 안쪽에 공자의 묘가 있다. 그 동쪽에 공자의 아들 공리孔鯉의 묘가 있고, 남쪽에 손자 자사子思의 묘가 있고, 공자의 제자 자공子貢의 묘도 있다. 공자의 묘비에는 '대성지성문선왕묘大成至聖文宣王廟'라고 쓰여 있다. '크게 이루고 가장 높은 성인이며 학문을 세상에 전파한 임금'이라는 뜻이다.

　공자의 '소강小康의 세상'은 대동大同의 세상과 달리 해결해야 할
실천적인 문제를 다분히 가지고 있으면서 항상 좀 더 선한 것을
찾아가는 세상이었다. 그렇기 때문에 그 세상은 항상 인위人爲에
의해서 현실을 개선해야 하는 것을 특징으로 삼았다. 이와 같은
세상은 어차피 가족이 중심이 되고, 재화는 사유화되어 개인의 이
익을 우선하게 된다. 왕위도 덕망이 있는 자를 선택하여 그에게
양도하는 것이 아니라 세습을 한다. 따라서 이와 같은 세상에서는
하는 수 없이 예를 기강으로 삼아 임금과 신하의 분수를 바로잡
고, 어버이와 자식 사이를 돈독하게 하며, 형제를 화목하게 하고,
부부 사이의 화합을 도모하지 않으면 안 된다. 하, 은, 주의 성왕
들은 이와 같은 제도를 통하여 나라를 다스렸다. 이들은 예를 바
탕으로 인애의 도를 세웠고, 겸양의 덕을 설파하여 백성이 항상
따르도록 했다.

　공자는, 노자와 달리, 실현 가능성이 희박한 대동의 세상을 비
껴 비록 인위적이기는 하지만 예를 만들어 그것으로 적나라한 인
간 심정을 다스리고 그 결과로 그런대로 편안한 세상, 곧 '소강의
세상'을 이룩하려고 했다. 그는 자연의 순리에 인간의 삶을 맡기는
자연주의나 공허한 사변을 통하여 조작한 선을 따르는 관념론을
거부했다. 그 대신 그는 욕망으로 가득한 인간 심정의 소용돌이에

서 가장 현실적인 선을 찾아 그것으로 난신적자가 들끓는 주나라 말기의 난국을 '그런대로 편안한[小康] 세상'으로 만들려고 한 것이다. 그런데 그 '그런대로 편안한 세상'으로 가는 길이란 어떤 것인가.

인간의 자연적 소여성

주나라 말기의 세상은 백가百家의 각종 이론異論이 백출百出하는 어지러운 세상이었다. 이른바 백가쟁명百家爭鳴의 시대였다. 그러나 백성에게는 따라야 할 길이 따로 없었다. 공자는 현실적인 것을 추구하는 사람이었다. 그는 백성이 따라야 할 길을 마련하지 않으면 세상은 결코 살기에 편안한 곳이 되지 못할 것이라고 생각했다. 그는 난세의 극복을 위한 방안을 우선 인간이 가지고 태어난 것에서 찾으려고 했다. 그런데 인간이 '가지고 태어난 것'이란 무엇인가.

다른 동물도 그렇듯이 인간은 가지고 태어나는 것이 많다. 그 가운데 가장 보편적인 것은 자연이 준 것, 곧 인간의 자연적 소여성所與性이다. 자연적 소여성은 '배우지 않고도 가지는 능력'이다.[1] 그것을 우리는 '심정心情' 또는 '인정人情'이라 한다.[2]

그러나 그 심정이란 구체적으로 무엇인가. 『예기』에서 공자는

---

1) 『예기』. 예운. 弗學而能.
2) 위의 책, 같은 곳.

제자 언언言偃에게 '심정'이 무엇인지를 이렇게 가르쳤다.[3]

도대체 사람의 심정이란·무엇인가. 그것은 기뻐하고 성내며 슬
퍼하고 두려워하며 사랑하고 미워하며 욕심을 내는 것으로써
이들 일곱 가지는 사람들이 태어날 때부터 가지는 능력이다.[4]

공자는 인간이 가지고 태어나는 능력을 이와 같이 일곱 가지로
나누었다. 희喜, 노怒, 애哀, 구懼, 애愛, 오惡, 욕欲이다. 그는 이것들
을 모두 '심정'이라 불렀다. 우리에게는 '칠정七情'이라는 이름으로
더 잘 알려져 있다. '칠정'은 처음에 '심정'이라는 이름으로『예기』
에 올라 있었다.[5]

그런데 이와 같은 심정은 인간 외의 다른 동물도 가지고 있다.
아닌 게 아니라, 정도의 차이는 있을지언정, 인간에게 가장 가까운
유인원도 배우지 않고도 기뻐하고 노여워하며 슬퍼하고 두려워할
줄 안다. 이와 같은 점에 한정해서 본다면 인간과 인간 외의 다른
동물 사이에는 큰 구별이 없다. 그렇다면 인간과 인간 외의 다른
동물 사이에는 실지로 아무런 구별이 없는가? 그렇다면 주나라 말
기의 그 난세는 동물을 다스리기가 어렵듯이, 그렇게 다스릴 수
없는 것이었는가? 공자는 그렇지 않다고 생각했다. 그는『예기』에
서 인간과 다른 동물 사이를 이렇게 구분했다.

---

3) 언언言偃은 자유子游의 본명이다.
4) 앞의 책. 같은 곳.
5) '칠정七情'은 그 뒤 맹자孟子의 사단설四端說에서 기본 개념이 되었다.

앵무새는 말을 잘하지만 하늘을 나는 새에 지나지 않으며, 성성猩猩이는 말을 할 줄 알지만 금수에 지나지 않는다. 그런데 사람으로서 예禮가 없다면, 비록 말을 할 수 있다 하더라도 금수와 무엇이 다르겠는가. 저 금수에게는 예가 없다.[6]

'금수에게는 예가 없지만, 인간에게는 예가 있다.'는 말이다.[7] 인간과 앵무새 또는 성성이 사이의 차이다. 예는 인간만이 만들어 따를 수 있는 것이고, 그렇기 때문에 그것은 인간에게 고유한 것일 수밖에 없다.

우리는 인간의 세계와 금수의 세계 사이에서, 한쪽에는 예가 있고 다른 쪽에는 예가 없음을 볼 수 있다. 물론 예가 이들 사이를 구분하는 유일한 준거는 아니다. 하지만 공자가 난신적자의 난세를 다스려 그런대로 편안한 세상을 만들려고 했을 때, 그가 택한 근본적 이유는 예로 인간 심정을 다듬을 수 있다는 그 가능성 때문이었다. 그렇다. 인간의 심정을 예로 다듬을 수 있다는 가능성, 이것은 아마도 자연이 인간에게 부여한 최상의 선善일 것이다.

공자는 인간의 심정을 다듬지 않고 송두리째 원초적 자연에 맡길 수는 없었다. 아닌 게 아니라, 인간의 원초적이며 자연적 소여성을 다듬지 않고 자연의 질서에만 맡겨 놓는다면, 그것은 인간이 따라야 할 사회적 규범과 항상 충돌을 빚게 된다. 공자는 이 점을 분명하게 깨달은 것으로 보인다. 그렇기 때문에 그는 노자처럼 자

---

6) 앞의 책. 곡례 상.
7) 위의 책. 같은 곳.

연주의에 하릴없이 매달리지 않고, 예로 백성의 심정을 다듬어 그 백성들로 하여금 그런대로 편안한 세상을 지향할 수 있도록 했던 것이다.

자연주의를 넘어서

이 시점에서 우리는 노자와 공자의 차이를 좀 더 깊이 이해할 필요가 있다. 인간의 자연적 소여성으로써 심정을 자연이 빚어 내는 것으로 보는 것은 노자나 공자 사이에 차이가 없다. 그러나 노자는 자연이 빚어 내는 것에 깊숙이 자리하는 무위의 도를 중요하게 생각했다. 자연은 저절로 선하다는 생각이다. 『도덕경』에 있는 "하늘의 도는 공평하여 사사로움이 없이 항상 선한 사람의 편에 선다[天道無親 常與善人].”라는 문장은 “자연은 저절로 선하다.”라는 뜻을 함축한다.[8] 그는 자연의 도를 소중히 했고, 그 도가 무엇보다도 선하다고 보았다. 잠시 노자의 『도덕경』 한 부분을 읽어 보자.

선한 행동에는 자국이 없고, 선한 말에는 허물이 없으며, 선하게 셈을 하면 산가지를 쓰지 않아도 되고, 선하게 문을 닫으면 빗장을 지르지 않아도 열 수 없으며, 밧줄을 선하게 매면 힘들

---

8) 『도덕경』. 79.

여 묶지 않아도 풀 수가 없다. 성인은 항상 선하게 사람을 구제하기 때문에 버리는 사람이 없다. 무위를 따르는 성인은 사람을 구하여 선하게 살도록 하고, 어떤 사람도 버리는 일이 없으며, 항상 물건을 선하게 사용하되 어떤 물건도 버리는 일이 없다. 이것을 가리켜 밝은 지혜를 몸에 지니고 있다 한다. 그리하여 선한 사람은 선하지 않은 사람이 본받는 스승이 되고, 선하지 않은 사람은 선한 사람이 반성하는 데 도움이 된다. 스승을 귀하게 여기지 않고 자신의 몸을 아끼지 않으면, 비록 지혜로운 사람이라 할지라도 보통 사람들이 충분히 알 수 있는 것도 전혀 모르게 된다. 이것을 신비의 요체라고 한다.[9]

비교적 긴 『도덕경』의 이 구절에 다양한 모습의 '선善'이 등장한다. 자연의 것이든 인간의 것이든, 세상의 모든 선은 자연의 도를 따르고, 그 도는 무위가 이끄는 것이며, 또 그럴 때 자연스럽다는 것이다. 바람은 불고 물은 흐르며 새는 날듯이 인간의 마음도 무엇에 거스르지 않고 부응하면 기뻐하고 즐거워하며, 그렇지 않으면 노여워하고 슬퍼한다. 모두 무위가 이끄는 도다. 노자가 말하는 그 '무위의 도'는 '무위의 선'이다. 그에게 '선'은 무위의 도 이외에 따로 존재하는 것이 아니었다. 아닌 게 아니라, 노자의 『도덕경』은 무위의 도를 '최고 선[上善]'이라는 이름으로 바꾸어 설명한다.

---

9) 앞의 책, 27. 善行無轍迹 善言無瑕謫 善數不用籌策 善閉無關楗而不可開 善結無繩約而不可解 是以聖人常善求人 故無棄人 常善救物 故無棄物 是謂襲明 故善人者 不善人之師 不善人者 善人 之資 不貴其師 不愛其資 雖智大迷 是謂要妙.

최고의 선[上善]은 물과 같다. 물은 모든 생물에 이로움을 주면서 다투지 않는다. 물은 모든 사람이 싫어하는 낮은 곳을 즐겨 찾는다. 그런 까닭에 물은 도에 가깝다. 사는 곳은 땅이어야 좋고, 마음은 생각이 깊어야 좋고, 벗은 어진 사람을 고르는 것이 좋고, 말은 믿음성이 있어야 좋고, 정치는 다스림이 있어야 좋고, 일에는 능숙함이 있어야 좋고, 행동은 때에 맞아야 좋다. 그렇게 하는 것이 다투지 않는 것이다. 그러므로 잘못됨이 없는 것이다.[10]

이 문장은 우선 개념들 사이에 다툼이 없어서 좋다. 다툼이 없으니 선하다 할 수밖에 없을 것이다. '물이 모든 생물에 이로움을 주면서 다투지 않음'은 물의 특성이고, 이 특성은 무위의 도를 따르니 또한 그 자체로 선하다 할 것이다. 사는 곳은 땅이어야 좋고[居善地], 마음은 깊이 생각해야 좋고[心善淵], 정치는 다스려야 좋고[正善治], 일에는 능숙함이 있어야 좋고[事善能]……, 이 어구들은 모두 다투지 않는다. 다투지 않으니 선하다 할 수밖에 없다. 이와 같은 표현들이 보여 주고 있는 것은 그 자체의 속성에 충실하면 선하다는 것이다. '사는 곳'은 '땅'의 속성이고, '깊은 것'은 '마음'의 속성이며, '다스리는 일'은 '정치'의 속성이고, '능숙함'은 '일'의 속성이다. 개체가 이렇게 자신의 속성과 결합하니 이를 '좋다', 곧 '선하다' 하지 않고 또 무엇이라고 하겠는가. 개체와 속성이 결합된 선

---

10) 앞의 책, 8. 上善若水 水善利萬物而不爭 處衆人之所惡 故幾於道 居善地 心善淵 與善仁 言善信 正善治 事善能 動善時 夫唯不爭 故無无.

한 모습을 이렇게 '거선지居善地' '심선연心善淵' '정선치正善治' '사선능事善能'이라는 문형으로 도식화한 것도 선해 보인다.

사람이 사는 곳은 땅이어야 자연스럽고, 마음은 깊이 생각해야 자연스러운 것이 되며, 정치는 다스리는 것이니 다스려야 자연스럽고, 일에는 능률이 있어야 하니 능력을 발휘해야 자연스럽다. 이렇게 생각하니 노자가 말하는 '무위의 도', 자연 속에 있는 선이 무엇인지를 어렵지 않게 파악할 수 있을 것 같다.

자연에 내재되어 있는 무위의 도는 노자에게 선한 것이었고, 그것은 '다툼이 없는 것'이었다. 다툼이 없으니 그 무위의 도에는 인위를 가할 필요가 없게 되었다. 무위의 도에 무슨 인간적 다툼이 있겠는가. 이와 같은 노자의 생각은 더욱 발전하여 학문적 탐구까지도 부정하는 결과를 낳았다. 학문은 다분히 인위적인 것이고, 따라서 다툼이 많기 때문이었다. 그는 『도덕경』에서 "학문이란 것을 없애 버리면 인간에게 근심이 없어질 것"이라고 말했다.[11] 학문에는 다툼이 끊임없이 일어나니, 학문을 버리면 근심이 없어진다는 말 또한 자연스럽다.

하지만 공자는 선이 자연에 내재되어 있다는 노자의 자연주의를 수정 없이 받아들이기 어려웠다. 자연에서 관찰한 노자의 선은 공자가 추구하는 정치적, 윤리적, 사회적 맥락의 선에 항상 이어질 수 있는 것이 아니었다. 인위가 배제된 자연의 선과 인위에 의해서 인간을 다스리려는 선은 동일한 것이 아니기 때문이었다. 그런

---

11) 앞의 책, 20.

데도 인간이 추구하는 선을 자연에서 찾는다거나 그 정당성까지도 자연의 질서에서 찾는다면, 그것은 인간의 정치적, 윤리적, 사회적 문제를 자연의 질서에 환원하는 오류를 낳게 될 것이다. 이로 미루어 본다면, 노자의 자연주의가 가지고 있는 가장 큰 난점은 자연주의적 선으로 정치적, 윤리적, 사회적 선을 나무라고 있다는 사실이다.

공자에게 인간이 가지고 태어나는 자연적인 심정, 즉 선과 악이 혼재되어 있는 칠정은 노자의 무위의 도로는 다스릴 수 없는 것이었다. 그렇기 때문에 그는 자연의 질서에 하는 수 없이 인위의 질서를 더했던 것이다. 그것은 적어도 자연적 질서와 사회적, 인간적 질서의 충돌을 벗어나기 위한 것이었다. 공자에게 인간의 삶이 이루어지는 공동체는 항상 선과 악이 공존하는 세상이었고, 이와 같은 세상에서는 무엇인가 인위적인 것을 필요로 했던 것이다. 그것은 그의 단순한 선택이라기보다 오히려 정치적, 윤리적, 사회적인 것의 필연성이었던 것이다. 공자가 노자의 무위의 길을 뒤로하고, 인위의 길로 들어선 근본적 연유다.

공자가 선택한 인위의 길은 인간의 자연적 소여성을 다스려 나가기 위한 것이었다. 물론, 인간의 삶을 선한 방향으로 다스려 가는 일은 노자가 택한 무위의 도를 따르는 것으로도 가능할지도 모른다. 하지만 노자의 길에 비하여 공자가 택한 길은 다분히 현실적이고 가시적인 것이었다. 그도 그럴 것이, 공자가 걸은 인위의 길은 칠정의 소용돌이에서 선한 것을 취하고, 그렇게 취한 선을 바탕으로 인간의 마음을 다듬는 일은 지극히 실천적인 것이었으니 말이다. 이와 같은 뜻에서 공자는 지혜로운 실천가였고, 그의 학문인 유학은 실천철학 가운데에서도 대표적인 것이었다.

노자의 길과 공자의 길은 이렇게 서로 다른 선의 특성에 따라 나뉘고, 이렇게 갈린 길을 따라 그들은 서로 다른 세상을 향했다. 그러나 공자가 무위의 세상을 송두리째 저버린 것은 아니었을 것이다. 분명 공자는 자신의 길을 걸을 때, 노자를 수없이 회상하며 걸었을 것이다. 그러나 여전히 진실인 것은 서로 융합할 수 없는 선의 특성이 이들 사이를 가로막고 있었다는 점이다.

열 가지 인의와 예

공자는 난신적자가 세상을 어지럽히는 주나라 말기의 상황을 인간이 가지고 태어나는 그 다듬어지지 않은 심정 때문이라고 생각했다. 그렇기 때문에 그 다듬어지지 않은 원초적 심정은 다듬어져야 하는 것이었다. 공자가 관심을 둔 것은 백성의 심정을 인위적으로 다듬어 선善을 좇도록 하는 것이었다. 그리고 그렇게 다듬어진 선을 공자는 인간이 따라야 할 올바른 것, 곧 '인의人義'라 했다. 그리고 그것을 열 가지로 나누었다. 그 열 가지 인의가 『예기』의 예운편에 펼쳐져 있다.

사람이 마땅히 따라야 할 그 '인의'란 무엇인가. 그것은 자식에 대한 어버이의 자애[父慈], 어버이에 대한 자식의 효도[子孝], 아우에 대한 형의 어짊[兄良], 형에 대한 아우의 공경[弟弟], 아내에 대한 남편의 의리[夫義], 남편에 대한 아내의 존중[婦聽], 아랫사람에 대한 어른의 은혜[長惠], 어른에 대한 어린이의 유순[幼順], 백성에 대한 임금의 인애[君仁], 임금에 대한 신하의 충성[臣忠] 등이다. 이 열 가지를 가리켜 '인의人義'라 한다.[12]

공자가 제시한 '인의人義'가 열 가지이기 때문에 이를 '십의十義'라고도 한다. 공자는 이들 인의를 인간 공동체가 추구해야 할 선으로 규정했을 뿐만 아니라, 그것들이 인류가 이룩해야 할 문화의 바탕이 되어야 한다고 생각했다. 그는 이 열 가지 인의를 바탕으로 그가 바란 그런대로 편안한 세상을 세우려고 했다. 물론, 이와 같은 공자의 생각은 그의 독창적인 생각만은 아니었다. 그 생각은 하, 은, 주 3대의 성왕들이 가졌던 것이기도 했다. 공자의 이 생각은 '원시유학原始儒學', 다른 말로 '선진유학先秦儒學'의 핵심 사상이었다.

그러나 공자의 열 가지 인의는 대동의 세상을 이끈다는 그 대도大道처럼 신비스러운 것도, 순수하게 관념적인 것도, 따르기에 어려운 것도 아니었다. 그것은 또한 이론적인 것도 아니었다. 그것들을 면밀히 음미해 보면, 인간의 실천적 삶의 원리였다. 공자는 그가 만들려고 한 그런대로 편안한 세상을 관념적이고 신비적인 것이 아니라, 실천적이고 구체적인 인의의 덕 위에 세우려 했던 것이다.

아닌 게 아니라, 공자의 열 가지 인의는 모두 실천적 언어들이

---

12) 『예기』. 예운.

다. '자애'와 '효도', '어짊', '공경', '의리', '존중', '은혜', '유순', '인애', '충성'이 모두 그렇다. 그런데 실천적 언어들은 인간의 행동을 통하여 겉모양을 취한다. 예절로 나타난다는 뜻이다. 예절은 실천적 언어들의 겉모습인 셈이다. 『예기』에 이와 같은 문장이 있다. '예절이라는 것은 인仁의 겉모습이다.' 또 있다. '예라는 것은 열 가지 인의의 겉모습이다.'[13]

사실, 공자의 열 가지 인의가 실천적 행동, 곧 예로 드러나지 않는다면 그것은 아무 데도 쓸모없는 것이 된다. 쓸모없는 것이란 그것들이 공상가의 환상이나 이론가들의 공염불에 지나지 않는다는 뜻이다. 이런 염려를 미리 내다봤는지 『예기』 곡례편은 '도덕과 인의는 예가 없으면 쓸모가 없다.'라고 했다.[14] 물론, 이의 역인 예는 도덕과 인의가 없으면 아무 쓸모가 없다는 문장도 아무런 논리적 장애가 없이 성립된다. 같은 뜻을 갖는 문장이 이미 『논어』 팔일편에도 진술되어 있다. '사람이면서 어질지[仁] 않으면 예는 무엇에 쓰겠는가.'라는 문장이다.[15]

예 없는 인의는 쓸모가 없고, 인의 없는 예 또한 쓸모가 없다. '예'와 '인의'는 사실 같은 것의 양면을 이르는 단어들이다. 구태여 이들 사이를 구분한다면, 전자는 후자의 겉모습을 가리키는 단어이고, 후자는 전자의 속, 곧 의미를 가리키는 단어다. 이들은 표리, 곧 겉과 속의 관계에 있다. 속에 있는 인의가 겉모습을 취

---

13) 앞의 책. 유행. 禮節者 仁之貌也. 禮者 人義之貌也.
14) 위의 책. 곡례. 道德仁義 非禮 不成.
15) 『논어』. 팔일. 人而不仁 如禮何.

하여 예로 세상에 드러나는 것이다. 『예기』의 「곡례편」은 이렇게 말한다.

도덕과 인의는 예 없이는 실현되지 않는다. 가르치고 훈화를 하여 풍속을 바르게 하는 일은 예 없이 이루어질 수 없다. 분쟁을 해결하고 소송을 판결하는 일은 예가 아니면 결정될 수 없다. 임금과 신하, 윗사람과 아랫사람, 부모와 자식 그리고 형제들 사이의 관계는 예가 아니면 제대로 정해질 수 없다. 벼슬을 하고 배우는 데 있어서나 스승을 섬기는 일은 예가 아니면 가까이 갈 수 없다. 조정의 반열에 오르거나 군대를 다스리며 벼슬을 하고 법을 시행하는 일은 예가 아니면 위엄이 서지 않는다. 기도하고 제사를 지내어 귀신에게 제물을 올리는 일은 예가 아니면 정성스럽게 이루어질 수 없다. 그러므로 군자는 공경하고 절도를 알맞게 지키며 사양하고 겸손하여 예를 밝혀야 한다.[16]

인간의 행위는 인의를 따라 예로 이루어지지 않으면 안 된다는 것이다. 이 말은 인류가 오랜 역사를 이어 오면서 가지고 있던 지행知行의 괴리乖離 문제와 관련된 고뇌의 일단이다. 인간 행위에서 지행의 괴리 문제는 예의 속성으로써 인의人義와 인의의 겉모습으로써 예 사이의 불연속성 문제다. 이 문제는 인의의 겉모습으로써

---

16) 『예기』. 곡례. 『예기』의 이 문장은 오늘날의 도덕 교육이 교과서에 실려 있는 사상가들의 문장을 다루는 것에만 집중된 잘못을 지적하는 데도 아무 무리 없이 사용할 수 있을 것이다.

예에 그 인의가 들어 있지 않는 경우를 가리킨다. 이를 우리는 흔히 '겉 다르고 속 다르다.'는 말로 표현한다.

하지만 공자의 사상체계에서 보면, 행위의 괴리 문제는 존재하지 않아야 한다. 특히 공자에게 '인의'와 '예'가 논리적 함의 관계에 있다는 점에서 그렇다. 그에게 있어서 인간이 인의의 덕을 가지고 있다는 말은 본질적으로 그 덕이 예로 드러나는 것을 지칭한다. 인의의 덕으로써 '효도'와 '자애'와 '공경'이 모두 실천적 언어라는 점을 염두에 두면 공자의 이 생각은 이해하기 어렵지 않을 것이다. 인의의 언어가 실천적 언어라는 점은 공자사상에서 매우 중요하다.

그런데도 만약 '인의가 예로 드러나지 않는다.'고 걱정한다면 이와 같은 말은 얼핏 보기에는 그럴듯할지 모르지만, 사실 공자의 사상체계에서는 성립되지 않는 쓸데없는 걱정이다. 공자에게 앎과 삶은 물론, 인의의 덕과 예는 서로 분리되어 있지 않다. 그에게 인의의 덕과 예는 단지 겉과 속의 관계에 있을 뿐, 이 둘은 둘이 아니다. 인의와 예가 논리적으로 불가분의 관계에 있다는 뜻이다. '예'와 '인의'는 서로 묶여 있는 언어다. 『예기』의 한 토막이다.

예는 의의 열매다. 의를 제도로 만든 것이 예이기 때문이다. 의에 맞추어 보아 그것에 맞으면 예인 것이다. 비록 선왕의 예법에 그러한 예가 없을지라도 의에 착안하여 적절한 것이면 새로 만들 수 있다. 그래서 의는 사람의 신분에 적합한 규범이고 인애의 절도를 나타내는 것이므로, 의를 바르게 행위로 드러내고 동시에 인애를 적당하게 베풀 수 있는 예절을 터득한 사람은 만

인을 다스릴 능력을 갖추고 있다 할 것이다.[17]

예는 인의의 겉모습이라는 뜻이다. 겉이 있으면 반드시 그 안이 있게 마련이다. 안만 있고 겉이 없는 것을 상상할 수 없듯이 겉만 있고 안이 없는 것 또한 가정할 수 없다. 만약 그와 같은 것들이 있다면 그것은 모두 논리적으로 존재할 수 없는 것에 관한 이야기다. 그와 같은 경우가 있다면 우리는 그것을 '허례虛禮'라고 한다. 인의의 덕과 예는 공자사상에서 둘이 아니다.

칠정을 다듬어 인의의 길을 내다

『논어』 안연편에 공자와 그의 제자들 사이에 이루어진 문답이 있다. 그 첫 구절에서 제자 안연이 스승 공자에게 '인仁'의 의미에 대하여 묻는다.

안연이 공자에게 물었다. "인이란 무엇입니까?" 공자가 대답했다. "인이란 자신을 누르고 예로 돌아가는 것[克己復禮]이다. 자기를 누르고 예로 돌아가면 천하가 인으로 돌아갈 것이다. 인을 이룩함은 오로지 나 스스로 하는 것이지, 어찌 타인의 힘에 의한 것이겠느냐."[18]

---

17) 앞의 책, 예운.
18) 『논어』, 안연.

공자는 '인'을 '극기복례克己復禮'라 풀었다. [19] '극기복례'란 '자신을 누르고 예로 돌아가라.'는 뜻이다. 하지만 '자신을 누르고 예로 돌아가라.'는 말처럼 난해한 말도 드물 것이다. 그런데 '극기克己'는 그 글자가 뜻하는 것처럼 '자신의 사사로운 심정[己]을 이긴다[克].' 또는 '자신의 사사로운 심정을 단속한다[約].'는 의미를 갖는다. 그리고 '자신의 사사로운 심정'은 '개인의 독특한 욕심', 곧 『예기』에서 말하는 일곱 가지 심정[七情]을 가리킨다. 일곱 가지 심정은 희노애구애오욕喜怒哀懼愛惡欲, 즉 즐거워하고, 노여워하며, 슬퍼하고, 두려워하며, 좋아하고, 미워하며, 욕심을 부리는 원초적 심정이다. 그렇다면, '극기'는 결국 '개인의 사사로운 심정으로서 칠정을 다듬는다.'는 뜻이 된다.

또한 '예禮'는 열 가지 인의를 가리키는 것이고, '복復'은 '이행한다' 또는 '실천한다'는 뜻이니, 결국 '예로 돌아간다.'는 말은 '열 가지 인의를 실행한다.'는 뜻이 된다. 그런데 한 가지 더 중요한 사실은 '극기복례', 곧 '칠정을 다듬어 예로 돌아간다.'는 것은 논리적으로 '칠정을 다듬으면 그것이 인의가 된다.'는 것을 함의한다는 것이다. 그렇다면 이제 공자의 '극기복례'를 이렇게 바꾸어 풀어도 좋을 것이다. '칠정을 다듬어 인의를 실행하라.'라고 말이다.

가지고 태어나는 사사로운 심정, 인간의 원망願望이 소용돌이치는 자연이 부여한 이 엄청난 인간 정신의 발화점, 자연적 이해관계가 주류를 선도하는 칠정의 역동力動을 자연의 질서에 맡겨 두지

---

19) 이 어구는 『춘추좌전春秋左傳』에서도 볼 수 있다. 『춘추좌전』, 昭公.

않고 다듬어 인의의 마음을 만들어 낸다는 것, 이것은 공자가 꿈꾼 유학의 종지宗旨였다. 공자는 이와 같은 종지를 실현하여 당시에 처한 난세를 그런대로 편안한 세상으로 만들고자 한 것이다.

공자의 본디유학은 이렇게 가지고 태어나는 그대로의 심정을 다듬고자 하는 것이었다. 사실, 가지고 태어나는 심정을 다듬지 않고 그대로 두면 그것은 인간의 것인지 금수의 것인지 구분하기조차 어렵다. 지구에 존재하는 것들, 식물, 광물, 동물, 그리고 그 가운데 태어난 사람, 이 모두는 자연의 질서에 들어 있다. 거기에는 천사가 따로 없다. 그러므로 본디 유학이 바랐던 것은 자연의 질서에 들어 있는, 가지고 태어난 인간 심정을 다듬고자 한 것이었다.

이처럼 '가지고 태어나는 심정을 다듬어 인의를 따라 살도록 한다.'는 뜻을 공자는 매우 단호한 어조로 표현했다.

예가 아니면 보지 말고, 예가 아니면 듣지 말며, 예가 아니면 말하지 말고, 예가 아니면 움직이지 말라.[20]

보고 듣고 말하고 움직이는 인간의 적나라한 삶을, 가지고 태어나는 심정에 맡기지 말고[勿], 인의의 원리로 구성된 예의 틀 안에서 영위하라는 뜻이다. 우리는 대부분 보고, 듣고, 말하고, 움직일 때, 일곱 가지 심정에 맹목적으로 따른다. 그런데 공자는 그렇게 하지 말고 예를 따르라고 한 것이다. '일곱 가지 심정을 다스리고

---

20) 『논어』, 안연. 非禮勿視 非禮勿聽 非禮勿言 非禮勿動.

[克己], 예를 따르라[復禮].'는 말이다. 그리하여 '극기복례'는 유학의 엄중한 실천 강령이 되었고, 엄격한 도덕적 언명이 되었다.

그런데 우리가 여기에서 다시 확인해야 할 것은 '일곱 가지 심정을 다스리는 것'과 '예를 따르는 것'은 둘이 아니라는 사실이다. 결국 '극기'와 '복례'는 서로 다른 말이 아니라는 뜻이다. '극기'와 '복례' 사이에는 아무런 간극이 없다. 동시성이다. '예를 실행하는 것'이 곧 '극기하는 것'이고, '극기하는 것'이 곧 '예를 실행하는 것'이라는 뜻이다.

안연이 공자에게 '인'에 대하여 묻는 장면을 우리는 사마천의 『사기』에서도 볼 수 있다. 거기에서 공자는 "자신의 사사로운 욕심을 극복하여 예를 실천할 수 있다면 온 세상에 인의 덕[仁德]이 실현될 것이다."라고 했다. '인'의 의미를 물은 안연은 공자보다 30세 연하였다. 그는 공자가 가장 총애했던 제자였다. 학덕이 높아 공자도 그를 가리켜 학문을 좋아하는 사람이라고 늘 칭찬했다. 아닌 게 아니라, 노나라 애공이 공자에게 제자들 가운데 누가 학문을 제일 좋아하느냐고 묻자, 공자는 서슴없이 안연이라고 대답한 적이 있다. 공자는 안연이 학문을 좋아하고 남에게 화를 내지 않으며, 같은 잘못을 두 번 되풀이하지 않는다고 칭찬했다.[21] 안연은 덕이 높았던 제자였다. 그는 늘 스승의 높은 덕을 우러른 반면 절망도 많이 했다. 다음은 사마천의 『사기』에서 읽는 안연의 고백이다.

---

21) 『사기』, 중니제자열전.

스승의 도는 우러러보면 볼수록 더욱더 높았다. 구멍을 뚫고 들어가려고 하면 그 벽은 더욱 굳었으며, 앞에 있는가 하면 홀연히 뒤에 있었다. 그렇지만 스승은 사람을 순리에 맞게 유도하여 이끄셨다. 학문으로써 내 소견을 넓혀 주고, 예로써 내 행위를 규제하여 주셨다. 내가 그만두려 해도 그만둘 수 없도록 내 재능을 이끌어 내셨다. 그러는 가운데 스승이 저 높은 곳에 우뚝 서 계시다는 것을 알았다. 그러나 스승을 따라 그 높은 곳으로 올라갈 수는 없었다. 왜냐하면 그곳은 너무 높고 먼 곳이었기 때문이다.[22]

스승의 높은 벽 앞에 선 제자의 좌절감이었다. 스승 앞에 제자가 된 자는 항상 그런 소회를 피력하기 마련인가 보다.[23]

공자에게 소강의 세상으로 가는 길이란 이렇게 예를 실행하는 것이었다. 이 길은 군주가 인의의 도를 강설하여 백성들에게 예를 가르칠 뿐만 아니라, 가지고 태어나는 그대로의 심정을 인의에 맞게 스스로 다듬는 모범을 보여 주는 것이었다. 물론, 이와 같은 공자의 생각은 '세상을 그대로 두면 자연스럽게 현동으로 돌아가고, 그렇게 되면 대도가 충만한 사회가 된다.'는 노자의 무위의 도와는 정면으로 충돌을 빚는 것이었다. 하지만 공자는 가지고 태어난 것을 다듬지 않으면 안 된다고 생각했고, 그 일에 앞장을 서야 할 사

---

22) 앞의 책.
23) 이는 마치 스승 소크라테스의 높은 덕 앞에 절망한 채로 서 있던 제자 알키비아데스의 푸념을 듣는 것과 흡사하다.

람은 군자라고 믿었다. 『예기』에서 공자의 말을 다시 들어 보자.

> 그렇기 때문에 성인聖人은 칠정이 알맞게 표현되고 열 가지의
> 인의가 바르게 실천됨으로써 사람들이 신뢰가 두터워지고 서로
> 예양禮讓을 존중하며, 쟁탈이 일어나지 않도록 해야 한다. 그런
> 데 이 일은 예가 없이 어찌 다스려질 수 있겠는가.[24)]

칠정을 다스리고 다듬는 일은 우선 예를 세우는 일이었다. 그러나 예는 폭넓은 덕으로써 인의를 내포할 뿐만 아니라, 문학과 예술과도 조화를 이루는 것이었다. 칠정을 다듬는 하나의 실천적 모형에 대한 공자의 말이 『논어』「태백편泰伯篇」에 실려 있다.

> 시로써 감흥을 일으키고, 예로써 행동의 규준을 세우며, 음악으
> 로써 성정을 아름답게 형성한다.[25)]

시와 예와 음악이 한 묶음이 되어 칠정을 다듬는 데에 어떻게 협연하는지를 언급한 내용이다. 시와 예, 음악은 고대 중국에서 인간의 교양과 인격을 높여 주는 중요한 교과였다. 시는 언어로 인간의 정서적인 굴곡을 다듬고, 음악은 예민하고 섬세한 인간의 성정을 다듬고, 예는 인간이 가지고 태어나는 것, 즉 사사로운 욕심을 다듬고 조절하는 틀이었다. 공자는 이렇게 백성이 가지고 태

---

24) 『예기』. 예운. 故聖人之所以治人七情 脩十義 講信脩睦 尙辭讓 去爭奪 舍禮 何以治之.
25) 『논어』. 태백. 興於詩 立於禮 成於樂.

어나는 것을 다듬음으로써 세상이 편안하게 된다고 생각했다.

덕행이 높은 공자의 제자 중궁仲弓이 스승에게 다시 인을 행하는 방법을 물었다. 공자가 대답했다.

밖에 나가 사람을 사귈 때는 큰 손님을 만난 듯 경건하고, 백성을 부릴 때는 큰 제사를 모시는 듯 신중하며, 내가 원하지 않는 것을 남에게 시키지 말라. 그렇게 하면 나라에서 원망이 사라질 것이고, 집안에서도 원망이 없어질 것이다.[26]

사람을 사귀고, 백성을 다스리며, 제사를 모시는 데에 따라야 할 방법에 대하여 말한 것이다. 극기복례다.

'극기복례'는 공자사상의 진수다. '극기복례'를 가리켜 공자사상의 진수라고 하는 것은 그것이 아니면 공자가 꿈꾸던 소강의 세상으로 가는 길이 열리지 않을 것이라는 단순한 이유에서다.

---

26) 앞의 책, 안연.

예와 인의의 세상

오산 궐리사(경기도 기념물 제147호)

공자의 위패와 영정을 봉안한 곳이다. 오산 궐리사는 조선 중종 때 문신이자 공자의 64대 손인 공서린孔瑞麟이 서재를 세우고 후학을 가르치던 곳이다. 중국에서 공자가 살던 곳의 이름을 따 궐리사라는 이름이 지어졌다. 1792년에 정조가 궐리사 옛터에 사당을 세우게 하고 '궐리사闕里詞'라는 편액을 내렸다. 홍살문 계단 위로 '궐리사' 현판이 있다. 대사헌 등을 지낸 공서린 선생이 후학을 지도할 때 은행나무에 북을 달아 놓고 공부를 게을리 하지 않도록 깨우쳤는데, 그가 죽자 은행나무도 말라죽었다고 전한다. 그 뒤 정조가 화산에서 바라보니 많은 새가 슬피 울며 은행나무 곁으로 모여들었고, 이를 괴이하게 여긴 임금이 가까이 가서 보니 죽은 은행나무에서 새싹이 돋고 있었다고 한다.

공자가 그려 낸 소강의 세상은 백성이 인의人義를 따라가면 그런대로 편안히 살 수 있는 세상이었다. 인의는 인간의 심층, 곧 칠정을 다듬어 다스린 것이었고, 그것은 인간의 행동으로 표출되는 것이었다. '예禮'라는 것이었다. 그러므로 칠정을 다듬은 것이 '인의'이고, 인의로 구성된 삶의 방식이 '예'였으니, '인의'와 '예'는 서로 다른 것이 아니었다. 『예기禮記』에는 인간이 따라야 할 '예'가 무엇인지 자세히 묘사되어 있다.

『예기』의 기원

『예기』는 『시경』, 『서경』, 『역경』, 『춘추』, 그리고 『악기』와 더불어 본디 유학의 기본 경전인 육경六經 가운데 하나다. 육경은 공자가 제국을 13년 동안 편력한 뒤, 고향 노나라에 돌아와 세상을 마칠 때까지 제자들과 함께 하, 은, 주 3대부터 전해 내려온 경전들을 정리한 것이다. 이런 일을 사마천은 『사기』에 다음과 같이 간략하게 표현했다.

공자의 시대에는 이미 주나라의 왕실이 쇠미해져 있었고, 예禮

와 악樂은 피폐해졌으며, 시서詩書는 흩어져 없어졌다. 공자는 이를 안타깝게 여겨 하, 은, 주 3대의 예를 주석하고 고서와 전기들을 정리했다.[1]

하지만 이 경전들은 진시황의 분서갱유 이후에 대부분 다시 소실되었다. 그 뒤 전한의 무제武帝 때 하간河間의 헌왕獻王이 학자들과 함께 소실된 경전들을 모으고 정리했다. 오늘날 우리에게 전해 내려오고 있는 대부분의 것은 헌왕 때 정리된 것들이다. 그러나 『악기』는 헌왕 이후 다시 사라져 보이지 않게 되었다. 그런데 다행스럽게도 그 작은 부분이 '악기樂記'라는 편명으로 『예기』 속에 들어가 있다. 이렇게 되어 우리에게는 오경五經만 전한다.

육경은 공자의 교육과정이었다. 그러나 그것은 단순히 제자들을 가르치는 데 사용한 것만은 아니었다. 넓게는 군주들이 정치를 하는데는 물론, 군주와 백성이 스스로의 삶을 이끌어 나가는 데 따라야 할 삶의 교본이기도 했고, 공자가 이상으로 삼았던 국가와 사회와 가정의 진정한 모형이기도 했다. 이와 같은 공자의 생각이 『예기』의 경해편經解篇에 실려 있다.

공자가 말했다. 그 나라에 들어가면 그 나라 사람의 가르침을 알게 된다. 그 사람됨이 온유하고 돈후한 것은 시詩의 가르침이오, 소통이 잘 되고 먼 일을 아는 것은 서書의 가르침이며, 의리

---

1) 『사기』 중니.

를 잘 알고 성정이 넓은 것은 악樂의 가르침이오, 심성이 맑으면서 의리가 있는 것은 역易의 가르침이며, 공손하고 검소하고 용모가 단정하고 공경하는 것은 예의 가르침이오, 말이나 사물을 잘 비교하여 판단을 잘 하는 것은 춘추春秋의 가르침이다.[2]

공자는 육경을 가르치면 나라와 사회, 가정 그리고 백성이 어떻게 되는지를 간결하게 설명했다. 이들 육경을 보면 공자가 교육과 정치를 통해서 무엇을 하려고 했는지를 잘 알 수 있다.

육경 가운데『예기』는 공자가 이룩하려고 했던 그 소강의 세상이 어떤 것이고, 그런 세상으로 가는 길이 어떤 것인지를 가장 명료하게 보여 준 경전이다. 아닌 게 아니라 다른 경전과 달리『예기』에는 인간의 삶에서 가장 기본이 되는 실천윤리로 가득 차 있다. 거기에는 고대로부터 전해 내려오는 온갖 제도와 예법들이 망라되어 있을 뿐만 아니라, '대학大學'이나 '학기學記' 그리고 '중용中庸'이 보여 주듯이 유학의 기본이념과 그 실천적 삶의 원리까지도 광범위하게 펼쳐져 있다. 이런 점에서『예기』는 원시유학의 기본 경전이라고 할 수 있다.『예기』를 번역한 이상옥李相玉은 '역자 서문'에『예기』에 관하여 이렇게 썼다.

육경은 모두 경전으로써 가치가 있는 고전이라고 말할 수 있다. 그리고 그 가운데 어느 것이든 유교철학의 일단을 피력하지 않

---

2) 『예기』, 경해.

은 것이 없다. 하지만『예기』는 다른 경전과 달리, 유학 전체를 포괄하고 상세하게 설명한 가장 귀한 경전이라고 지적하지 않을 수 없다. ……인간이 마땅히 지켜야 할 도리는 순수한 인간의 본성에서 벗어나지 않는 합리적이고 이지적인 규범이어야 하는 것인데, 중국에서는 그것을 고래로부터 '예禮'라고 규정해 왔던 것이다. 예는 의義에서 나오고, 의는 인仁에 기초하고 있으므로, 인의仁義의 도를 세우는 것은 유학의 기본 목표인 동시에 이론임은 물론 그 실천윤리의 모든 것이기도 하다.[3]

이상옥은 이 글에서『예기』가 유학의 기본이 되는 원리를 모두 포함하고 있다고 말한다. 또한 유학의 구체적인 실천윤리까지 망라하고 있다고도 한다. 아닌 게 아니라『예기』는 주희가 유학의 대표적 경전이라고 평가한『대학』과『중용』두 편까지 포함하고 있었으니, 이것으로도 우리는『예기』의 무게를 충분히 저울질할 수 있을 것이다.

그러나 12세기에 주희가『예기』에 손을 댄 뒤, 그것에서『대학』과『중용』을 떼어 내어 독립시켰다.『대학』과『중용』이『예기』에 있는 내용과 달라서가 아니라 그 중요성이 매우 컸기 때문이었을 것이다.

『예기』의 기원은 다소 복잡하다. 사마천은『사기』에 공자가 예에 관한 책을 지었다는 기록을 남겼고, 반고班固는 동양 최초의 문헌정보학으로 알려진『한서예문지漢書藝文志』에서 한나라 무제 말기에 공자의 고택 다락방에서『예기』가 발견되었다고 기록했다. 그

---

3) 이상옥(1985).『예기 상』. 서문.

러나 이 주장이 얼마나 신빙성이 있는지는 알 수 없다.

어떻든 유학자들은 이런저런 방법으로 『예기』의 기원을 공자와 연결시켰다. 그들에 따르면, 공자는 하, 은, 주 3대로부터 내려온 의례와 예절 등을 집대성하고 체계화했으며, 이를 가지고 제자들을 가르치고 실천에 옮기는 데 역점을 두었다는 것이다.

공자가 서거한 뒤, 제자들은 제각기 여러 나라로 흩어져 공자의 가르침을 전파했고, 이 과정에서 예에 관련된 기록은 더욱 다양해지고 복잡해졌을 뿐만 아니라, 심지어는 많은 부분이 사라지기도 했다. 더욱이 주나라의 통치력이 쇠함에 따라 진나라가 제국을 통일했고, 진시황은 학자들의 생각이 오히려 정치적, 사회적 분쟁과 혼란을 일으키는 불씨가 되었다고 생각하여, 학자들을 척결하고 그 업적을 일소시키기에 이르렀다. 이른바 분서갱유焚書坑儒라는 문화 말살 정책이었다. 이때 다른 경전들과 함께 『예기』의 진본도 흩어지고 사라졌다.

분서갱유가 진시황에 의해서 자행된 뒤, 한나라 초 하간河間의 헌왕獻王이 여러 유학자와 함께 흩어지고 사라진 경전들을 수집했고, 그 결과로 예에 관한 문헌 131편을 엮어 무제武帝에게 바쳤다. 이때 헌왕이 따랐던 방법이 '실사구시實事求是'였다. '있는 그대로의 것에서 참된 것을 찾는다.'는 뜻을 갖는 이 어구는 그 뒤 학문 탐구의 중요한 방법이 되었다. 그것은 사실에 토대를 두는 탐구 방법으로써 근거도 없이 주관적인 판단에 의해서 이루어졌던 당시의 학문적 탐구 방법을 경계했다.

이와 같은 과정을 거쳐서 정리된 예의 문헌은 한나라 선제宣帝 때 후창后蒼이 나서서 주석을 달았고, 그것에 『기記』라는 이름을 붙였다. '전傳'과 마찬가지로 '기記'는 해설이나 주석을 일컫는 말이다.

그런데 후창의 『기記』는 '대대大戴'라고 부르는 대덕戴德과 '소대小戴'라 부르는 대대의 조카 대성戴聖 두 제자에게 전수되었다. 대대는 스승이 전한 것 가운데에서 85편을 뽑아 '예'와 '기'를 합한 『대대예기大戴禮記』를 편찬했고, 소대는 『대대예기』 가운데에서 다시 46편을 뽑아 『소대예기小戴禮記』를 편찬했다. 이 『소대예기』가 오늘날 우리가 읽는 『예기』다.

예란 무엇인가

공자는 예가 처음 시행될 때, 그것은 제사에서 음식을 정성스럽게 마련하는 데서 비롯했다고 했다.[4] 예는 제사에서 정성스런 마음을 혼령에게 보이는 것이었다. 제례가 예의 전형이 된 연원이다.

하지만 예는 제례에 한정되어 있지 않았다. 『예기』에서 볼 수 있는 것과 같이 예에는 크게 다섯 가지가 있다. 길례吉禮, 흉례凶禮, 빈례賓禮, 군례軍禮, 가례家禮다.[5] 빈례와 같이 손님을 맞는 데에도 따라야 할 예가 있고, 군사와 관련되는 일에도 따를 예가 있었다. 예는 인간 삶의 구석구석까지 스며들어 있었다. 음식을 마련하고 살집을 장만하며, 먹고 마시는 일에도 예는 작용했다. 집 안에서 문을 드나들고 앉고 걷는 행위는 물론, 손님으로 타인의 집을 방문할

---

4) 『예기』, 예운.
5) 위의 책, 제통.

때도 예는 반드시 있었다. 인간의 행위가 어떤 것이든, 그리고 그 행위자가 누구든, 거기에는 항상 거스를 수 없는 예가 있기 마련이었다. '예'는 인간 삶의 온갖 규범을 망라하는 말이었다.

아닌 게 아니라, 『예기』에는 인간 삶에 관련된 온갖 예절과 규범들이 포함되어 있다. 그것은 한 개인의 수양[修己]에서부터 정치·사회제도는 물론, 세세한 일상 의식까지를 모두 포함했다. 또한 인간 심정의 내면은 물론, 우주의 생성과 변화까지 언급하고 있다. 이런 이유로 사람들은 『예기』가 유학 전체의 모습을 반영하고 있다고 말한다. 또한 그런 이유로 공자는 물론, 그 뒤 유학자들도 『예기』를 오경 가운데에서 가장 대표적인 경전으로 다루어 왔다.

예 가운데 가장 중요한 것은 제례였다.[6] 제례를 통해서 선왕先王과 조상의 혼령을 정성스럽게 받들면, 그만큼 많은 복이 따르게 된다는 믿음까지 불러들이게 되었다. 예컨대, 그와 같은 복이란 군신의 도리가 밝아지고, 부자의 정이 두터워지며, 형제 사이가 화목하게 되고, 윗사람과 아랫사람의 질서가 갖추어지며, 부부 사이가 돈독해진다는 것이었다. 그리고 그 결과 평화로운 사회가 형성된다는 것이었다.[7] 공자는 이를 일러 '호휴祜休', 곧 '하늘이 복을 내려주시는 것'이라고 했다.[8] 이와 반대로 예를 어기면 복을 받지

---

6) 예를 중요하게 생각하다 보니 '예학禮學'이라는 학문도 발달했다. 물론, 예학은 유학의 한 가지였다. 김장생金長生과 그의 아들 김집金集은 우리나라에서 예학의 선구자였다. 우암尤庵 송시열宋時烈은 이들의 제자였다. 그런데 조선의 역사에서 서인 송시열과 남인 윤선도尹善道, 윤휴尹鑴 사이에 예를 둘러싼 예송禮訟 문제가 벌어졌고, 이 문제가 당쟁으로까지 비화되는 불행한 역사적 사건도 있었다.

7) 앞의 책, 예운.

8) 위의 책, 같은 곳. 是謂承天之祜.

못하여 결국은 '난국亂國'에 이른다고도 했다.[9] 제례가 이처럼 중요하다는 것을 『예기』는 다음과 같이 강조했다.

대저 제사는 인간에게 외면의 세계에서 발하는 겉모양만 갖추어지는 것이 아니라, 내면의 세계에서 발하여 마음으로 형성되는 것이다. 이로써 인간은 마음속 깊이 신비한 것을 느끼고 이를 외면으로 표현하기에 알맞은 의례를 갖추게 되는 것이다. 그러므로 제례의 참뜻은 현자만이 이해할 수 있는 것이다.[10]

진정한 의미의 제례는 인간 마음속에서 이루어지는 것이라는 뜻이다. 그리고 이를 통해서 올바른 마음을 형성하는 것이 제례의 진정한 목적이라는 것이다. 이에 대하여 『예기』는 다시 이렇게 설명한다.

현자가 제사를 지내면 반드시 그 보답으로 복을 받는다. 그것은 흔히 뭇사람들이 통속적으로 말하고 있는 복이 아니다. 현자가 받는 복이란 그런 것이 아니라, 만사가 잘 갖추어져서 순조로운 상태에 이르는 것이다.[11]

현자가 예를 통해서 복을 받는 것은 만사가 조화를 갖추어 순조롭게 되는 것을 의미한다는 것이다. 그렇다면 현자가 받는 그

---

9) 앞의 책, 같은 곳.
10) 위의 책, 제통.
11) 위의 책, 같은 곳.

'복'이란 결국 예의 본질을 말하고 있는 것이 되는 셈이다. 아닌 게 아니라, 공자는 『예기』의 「경해편經解篇」에서 이렇게 말한다. "어떤 나라에 들어가면 그 나라 사람의 가르침을 알게 된다."고 말이다. 그리고 이어서 말하기를 "그 나라 사람들이 공손하고 검소하고 의젓하고 공경하는 것[恭儉莊敬]은 예의 가르침 때문이다."라고 했다.[12] '공손하고 검소하고 의젓하고 공경하는 것', 곧 '공恭, 검儉, 장莊, 경敬', 이 네 자는 예가 무엇인지, 예의 본질이 무엇인지에 대한 설명을 압축한 표현이다. 결국, 예를 통해서 받는 복은 '공손하고 검소하고 의젓하고 공경하는 마음을 갖게 됨'을 뜻한다. 예의 본질은 『예기』의 시작인 「곡례편曲禮篇」에서도 읽을 수 있다.

공경하지 않는 것이 없고[毋不敬], 엄숙하여 마치 무엇인가를 생각하는 듯하며, 말을 안정되게 한다면, 백성을 능히 편안하게 할 것이다.[13]

예의 본질과 가치에 대한 해설이다. 그런데 『예기』의 그 첫 구절인 '공경하지 않는 마음이 없음[毋不敬]'은 '예'의 처음이기도 하지만 마지막이기도 한 말이다. 사실, '무불경'이라는 이 한마디는 '공손하고 검소하고 의젓하고 공경하는 것'이라는 예의 본질을 모두 아우른다. 예의 본질은 '경敬'에 있다.

'무불경'은 『예기』의 중심 개념이다. '무불경'을 예의 본질로 삼은

---

12) 앞의 책, 경해.
13) 위의 책, 곡례 상.

사람은 후한 말기의 대표적 유학자 정현鄭玄이었다.[14] 그는 『예기』
를 가장 성공적으로 주석한 사람으로 정평이 나 있다. 정현 뒤 북
송의 범조우范祖禹도 같은 뜻을 전했다.[15] 그 역시 예의 여러 가지
의미를 '무불경', 이 한마디로 줄였다. 그는 실제로 항상 공경하는
마음으로 살았다. 그는 비록 한가한 때라 하더라도 언제나 한결같
은 모습이었고, 어린 나이에도 책상 위에 쓸데없는 것을 올려놓지
않았으며, 지필묵도 언제나 같은 것이었고, 책을 소중히 다루기로
유명했으며, 화려한 옷을 입는 일도 결코 없었다. 모두 '무불경'의
예를 행한 삶이었다. 그는 제례의 이치를 논하면서 "자손의 정성
이 조상의 혼령에 닿으면 조상의 신이 있게 되고, 정성이 없으면
그 조상의 신은 사라져 버린다."고 했다. 그는 말과 행실에서 항상
'무불경'에 힘썼다. 그래서 그는 "말은 행실의 겉이요[言者 行之表],
행실은 말의 실상이니[行者 言之實], 말을 함부로 하면서 행실을 삼
가는 자는 있을 수 없다[未有易其言而能謹於行者]."고 했다.

말과 행실을 조심해야 한다는 것은 예 가운데 가장 중요한 부분
이었다. 『논어』의 「안연편」에서 제자 안연이 스승 공자에게 '인'이
무엇이냐고 묻자, 스승은 주저함이 없이 '극기복례'라고 대답했고,
안연이 다시 공자에게 자세히 가르쳐 달라고 하자, '예가 아니면
말하지 말라[非禮勿言].'고 한 것도 말과 행실을 가지고 예의 중요성
을 말한 것이다. 말이 따라야 할 예는 이렇게 중요하여 사람들은

---

14) 정현은 『주역』, 『상서尙書』, 『모시毛詩』, 『주례周禮』, 『의례儀禮』, 『예기』, 『논어』, 『효경』 등을 주석했다.
15) 범조우는 북송 사람으로 사마광司馬光 밑에서 공부를 했고, 정호程顥와 정이程頤를 사사했다.
   그는 『중용』에서 성誠에 이르는 구체적인 방법은 충서忠恕라고 했다. 그는 노장학老莊學이 '충
   서'의 도에 위배된다고 하여 그것을 배척했다.

이를 『공자가어』에도 실어 놓았다.

공자가 주나라를 방문하면서 태조의 사당을 보기로 했다. 거기
에는 쇠로 만든 동상 하나가 서 있었다. 그런데 그 입이 세 군데
가 꿰매어 있었고, 그 등에는 이런 글이 새겨져 있었다. '예로부
터 사람은 말을 아끼는 존재다. 경계할지어다. 말을 많이 하지
말라. 말이 많으면 실패함이 많으니라. ……진실로 말을 삼가는
것은 복의 근원이 된다. 설마 입이 무엇을 상하게 하겠느냐고 방
심하지 말라. 그것이 재앙의 문에 들어서는 것이 된다. 무엇이
그리 큰 해가 되겠느냐고 방심하지 말라. 그 재앙이 장차 커질
것이다. 아무도 듣는 이가 없다고 방심하지 말라. 귀신이 곁에서
엿듣고 있을 것이다. 작은 불길을 끄지 않았다가는 크게 번지는
불을 어찌 하겠는가. 졸졸 흐르는 물을 막지 않았다가 마침내 큰
강이 되리라. ……진실로 말을 삼가는 것은 복의 근원이다. 설마
입이 무엇을 상하게 하겠느냐고 하는 것은 재앙의 문이다.'
공자가 이 글을 읽고 제자들에게 말했다. "그대들이여 이를 기
록해 두어라. 이 글은 사실 이치에 맞고 그 뜻도 의심할 바 없
다. 『시경』에 '두려워하고 조심하기를[戰戰兢兢] 마치 깊은 못에
임한 듯하고[如臨深淵], 엷은 얼음판을 밟고 가듯 해야 한다[如履
薄氷].'고 했다. 자신의 몸가짐을 이와 같이 한다면 어찌 입의 과
실이 있을까 걱정하겠느냐."16)

---

16) 『공자가어』. 孔子觀見周. 『시경』. 小雅. 小旻.

공자의 행적 가운데 이런 글이 있는 것을 보면, 분명 노자의 말이 공자에게 미친 바가 없지는 않았던 것으로 보인다. 노자는 공자를 만날 때마다 말을 아끼고 겸손하라고 했으니 말이다. 말에 공경함이 깃들어 있어야 한다는 것은 공자의 생각이기도 하지만 그것은 노자의 권고이기도 했을 것이다. '두려워하고 조심하기를[戰戰兢兢] 마치 깊은 못에 임한 듯하고[如臨深淵], 엷은 얼음판을 밟고 가듯 해야 한다[如履薄冰].'라는 『시경』의 말도 노자의 『도덕경』 15장에서 다시 볼 수 있으니 말이다. 거기에 이런 문장이 있다.

> 신중한 태도는 마치 겨울에 발 벗고 냇물을 건너기를 머뭇거리는 것과 같이 하고, 조심하는 모습은 마치 네 이웃을 두려워하는 사람이 두리번거리는 것처럼 하라.[17]

그뿐만 아니다. 노자는 5천여 자로 구성된 그의 『도덕경』 마지막을 이렇게 장식하고 함곡관을 통과하여 서쪽으로 갔다.

> 진실한 말은 아름답지 않고, 아름다운 말은 진실하지 못하다. 선한 사람은 말을 잘하지 못하고, 말을 잘하는 사람은 선하지 못하다.[18]

---

17) 『도덕경』. 15. 與兮若冬涉川 猶兮若畏四隣. '여여'는 조심하고 기다린다는 '대待'의 뜻이고, '유猶'는 느릿느릿하고 머뭇거리는 '서舒'의 뜻이다. 그러므로 '여여'와 '유猶'는 모두 조심하고 머뭇거리는 것, 즉 '공경恭敬'의 뜻이다. 정약용丁若鏞이 유배지에서 돌아와 생가의 당호를 '여유당與猶堂'으로 지은 것은 『시경』과 『도덕경』에 있는 이 문장에서 '여여'와 '유猶'를 따서 지은 것이다.

18) 위의 책. 81. 信言不美 美言不信 善者不辯 辯者不善.

예는 그것이 제례든, 길례든, 가례든, 그리고 말에 관한 것이든 아니든, 결국 '무불경의 마음', 곧 '공경하는 마음을 갖춘 삶[居敬]'에 관한 것이다. 어떤 것에 관해서든, 누구에게든, 어느 때든, 공경하는 마음을 갖는다는 것은 예의 바꿀 수 없는 근본이다.

어느 날 공자가 자장子張과 자공子貢과 언유言游와 함께 한가로이 쉬면서 예에 관하여 문답을 하고 있었다.

> 공자가 말했다. "내가 너희에게 예가 세상에 미치지 않는 곳이 없다는 점을 가르쳐 주겠다." 이에 자공이 말했다. "감히 여쭙건대 어떻게 해야 합니까?" 공자가 대답했다. "공경해야 하되 예에 맞지 않으면[不中] '야野'라 하고, 공손해야 하되 예에 맞지 않으면 '급給'이라 하며, 용감해야 하되 예에 맞지 않으면 '역逆'이라 한다."[19)]

공자는 덧붙여 설명하기를, '급給'이란 공손하기에 너무 급급한 나머지 자애로움과 인자함을 잃게 됨으로써 도리어 예에 어긋난다고 했다. 사실, 이와 같은 경우는 '공경하는 일'에도, '용감하게 행동하는 일'에도 다르지 않게 적용된다. 그래서 공자는 공경하기에 지나치면 도리어 예에 어긋나서 결국에는 '야野', 곧 유치하기 짝이 없게 되고, 아무리 용감한 것 같지만 용감하기에 지나치면 그 또한 예에 어긋나서 결국에는 '역逆', 곧 거스르는 행위가 된다

---

19) 『예기』. 중니연거.

고 했다. 그리하여 예는 알맞은 것[中]이 되어야 한다는 것이다. 공자의 분석은 참으로 중요하다. '공경'과 '공손'과 '용기'는 개념으로는 모두 선한 것이지만, 이들이 행위로 알맞게 표현되지 않으면 아무짝에도 쓸모없다는 것이다.

> 그런데 자공이 다시 공자에게 물었다. "감히 여쭙건대, 장차 무엇을 가지고 인간의 행위가 공경과 공손과 용기에 알맞은 것[中正]이 되는지를 알 수 있습니까?" 공자가 대답했다. "그것은 예가 아니겠느냐? 그것은 곧 예다. 대체로 예란 중간을 잡는 것[制中]이기 때문이니라."[20]

우리는 여기에서 공자가 '예'를 '중용中庸'에 연결시키고 있음을 알아차릴 수 있다. '예'의 알맞음을 '중용'으로 보고 있는 것이다. '예란 중간을 잡는 것'이라고 하고 있으니 말이다. 가장 알맞은 것을 잡아 그것을 따라야 한다는 공자의 사상이다. 그런데 예의 바탕으로써 '인의人義'가 인간에게 가장 떳떳한 것이고, 가장 떳떳한 것을 잡는 것이 '중용'이니 '예'와 '중용'은 논리적으로 서로 연결된다. '예'와 '중용'이 손을 잡는 모습이다. 공자사상의 아름다운 짜임새다. 이번에는 다시 자유子游가 나서서 물었다.

> 그렇다면 감히 묻거니와 예란 악을 다스려 모두가 선한 것이 되

---

20) 앞의 책, 같은 곳. 夫禮 所以制中也.

도록 하는 것입니까.[21]

공자가 대답했다.

그렇다.[22]

선을 지향하는 공자의 생각이 예 속에 스며 있음을 보여 주는 부분이다. 공자는 예의 본질이 무엇인가를 제자들에게 성공적으로 이해시킨 셈이다. 무엇보다도 자유가 예의 의미를 참으로 깊이 깨달았으니 말이다. 스승과 제자가 함께 즐거워했을 감격스러운 장면이다. 공자의 제자들은 스승이 가르친 대로 '예'란 결국 가장 떳떳하고 알맞은 선의 자리를 찾아 그것을 지키는 제중制中의 마음 작용이고, 그것은 다른 말로 중용中庸의 논리를 따르는 마음의 역동이라는 점을 파악했던 것이다.[23]

그런데 『예기』에 등장하는 예들을 살펴보면 그 수와 종류에 놀라지 않을 수 없다. 거기에는 예의 겉모습이라 할 수 있는 예절들이 수없이 열거되어 있다. 우선 『예기』의 세칙인 「곡례편」만 보더라도 그렇다.

공경하지 않는 것이 없으니 매양 단정하고 엄숙하게 하기를 무

---

21) 앞의 책, 같은 곳. 禮也者 領惡而全好者與.
22) 위의 책, 같은 곳.
23) 『논어』, 태백.

엇인가를 항상 생각하는 것같이 하고 말을 안정되게 한다면 백성을 편안하게 할 수 있을 것이다.

거만한 마음을 자라게 해서는 안 되고, 욕심을 방종하게 해서도 안 되며, 하고자 하는 것이 너무 많아도 안 되고, 즐거움을 억제하지 않고 극도로 누려서도 안 된다.

현자는 사람들과 친근하여 가깝게 지내도 공경함을 잃지 않고, 두려워하지만 사랑하며, 사랑하지만 그의 악한 것을 알고, 미워하지만 그의 선한 것을 알며, 재물을 축적하면 흩어 쓸 줄 알고, 편안한 곳에서 편안하게 지내지만 옮겨야 할 때에는 능히 옮길 줄 알아야 한다.

재물에 대해서는 구차하게 욕심을 내지 않고, 어려움에 대해서는 구차하게 그것을 모면하려 하지 않으며, 싸워서 이기려고 하지 않고, 자기 몫을 많이 가지려고 하지 않으며, 의심스러운 일에 대하여는 자신이 모든 것을 바로잡아 곧바로 해결히려고 해서는 안 되고 자신의 의견을 정직하게 개진할 뿐이니, 자신의 견해를 고집해서는 안 된다.

앉는 것은 시동尸童처럼 점잖이 하고, 서는 것은 재계齋戒하는 것처럼 엄정히 한다. 예의 실행은 마땅한 바를 따르고, 남의 나라에 사자使者로 가면 그 나라의 풍속에 따른다.

예라는 것은 친소親疏, 즉 서로 친한 사이인지 그렇지 않고 먼 사이인지를 분별하고, 의심스러운 것을 해결하며, 같고 다른 것을 구별하고, 옳고 그른 것을 밝히는 것이다. 예는 필요 이상으로 남을 기쁘게 하지 않고, 말을 많이 하지도 않는다. 예는 언동에 있어서 절도를 유지하는 것이고, 남을 업신여기지 않으며,

친압親狎, 즉 버릇없이 지나치게 친한 행동을 하지도 않는다.

수신하고 말을 실천하는 것을 선행이라 한다. 행동을 바르게 하고 말을 도리에 맞게 함이 예의 본질이다.

예는 남이 스스로 나를 본받게 하는 것이고, 남이 오지 않는 것을 내가 끌어오는 것이 아니다. 예는 와서 배우는 것이지 가서 가르치는 것이 아니다.

윤리와 도덕은 예 없이 실현되지 않는다. 교화를 통해 백성을 가르쳐서 풍속을 바로잡는 일도 예가 아니면 이루어지지 않는다. 분쟁을 해결하고 소송을 판정하는 일도 예가 아니면 결정될 수 없다. 임금과 신하, 윗사람과 아랫사람, 부자와 형제 사이의 관계도 예가 아니면 정해질 수 없다. 배움에서 스승을 섬기는 일도 예가 아니면 가까이에서 가르침을 받을 수 없다. 정사에 임하고 군대를 다스리며, 벼슬에 임하고 법을 시행하는 일도 예가 아니면 위엄이 서지 않는다. 기도하고 제사하여 귀신에게 봉천奉薦하는 일도 예가 아니면 정성스럽지 않고 단정하지 못하다. 그러므로 군자는 공경하고 절도를 알맞게 하여 사양하고 겸손하게 예를 밝혀야 한다.

……상고시대에는 덕을 귀중하게 여겼고, 그다음에는 베풀고 보답하는 것에 노력했으니, 예는 서로 오가는 것을 중요하게 생각한다. 가기만 하고 오지는 않는 것은 예가 아니며, 오기만 하고 가지 않는 것 또한 예가 아니다.

사람에게 예가 있으면 편안하고, 없으면 위태롭다. 그러므로 예는 아니 배울 수 없다. 예라는 것은 자신을 낮추고 남을 존중하는 것이다. 비록 천한 사람이라 할지라도 반드시 존경함이 있어야 한다. 부귀한 사람에게도 그렇게 해야 하지 않겠는가. 부하고 귀하고 예를 좋아할 줄 알면 교만하지 않고 음탕하지 않을 것이며, 가난하고 천하여도 예를 좋아할 줄 알면 마음에 겁냄이 없을 것이다.[24)]

『예기』의 「곡례편」에 나오는 예의 여러 모습이다. 『예기』의 「내칙편內則篇」에도 가정에서 지켜야 할 수많은 예의범절이 나열되어 있다. 고대의 성왕들은 재상에게 명하여 백성들에게 예의와 도덕을 가르치게 했다. 그때 가르친 대표적 예의범절이다.

아들이 부모를 섬길 때에는 첫닭이 울면 일어나 세수하고 양치질을 하며, 머리를 빗고 검은 비단으로 머리털을 싸매고 비녀를 꽂고 비단으로 묶어서 상투를 틀며, 머리 위의 먼지를 털고 갓을 쓰고 갓끈을 드리우며, 정장을 입고 무릎덮개를 차용하고 큰 띠를 띠고 홀笏을 꽂는다.
……이리하여 부모 혹은 시부모에게로 다가가서 마음을 가라앉히고 목소리를 부드럽게 하며, 옷이 춥고 더운지 또는 몸이 아프고 가려운지를 물어 공손하게 긁기도 하고 문질러 드리기도 한다. 부모가 출입하실 때에는 앞서거니 뒤서거니 하여 공손히 붙들어 모신다. 세숫물을 올릴 때에 어린이는 대야를 받들고 나이가 많은 자는 물을 부어 세수하기를 청한다. 세수를 마치면

---

24) 『예기』 곡례 상.

수건을 올린다. 음식은 무엇을 자시고 싶으신지 여쭈어 원하는 것을 공손히 올리되, 얼굴빛을 부드럽게 하고 뜻을 정성되게 하여 거행한다. 된 죽과 묽은 죽, 술과 단술, 나물을 섞어 끓인 고깃국과 콩과 보리, 대마 열매와 벼, 메기장과 기장, 그리고 차조 등 그 어느 것이든 먹고 싶어 하는 것을 올린다. 그 맛을 내려면 대추와 엿, 꿀 등으로 달게 하고 씀바귀나 부추는 햇것과 묵은 것을 섞어 쌀뜨물로 매끄럽게 하거나 유지油脂를 사용해 입맛에 맞도록 한다. 그리고 권해 올린 것은 반드시 입에 대는 것을 본 뒤에 물러가도록 한다.

……명사 이상의 신분을 가진 자는 아버지와 아이들이 거처하는 방을 달리한다. 그러므로 자식들은 날이 샐 무렵에 아침 문안을 드리고 맛이 좋고 감미로운 음식을 권하며 효심을 표시한다. 그리고 해가 뜬 뒤 물러나와 각자 자기의 일에 종사하다가 해가 진 뒤에는 다시 부모에게 저녁 문안을 드리고 맛있는 것을 권하여 효심을 나타낸다.[25]

학기, 가르침과 배움의 예

『예기』의 「학기편學記篇」은 배움의 과정에서 따라야 할 예를 말하고 있다.

---

25) 앞의 책, 내칙.

……만일 군주나 위정자가 진정으로 민중을 감화시키고 선하고 아름다운 풍속을 이룩하려고 한다면, 반드시 학문과 교육에 힘쓰지 않으면 안 된다.

옥도 갈아서 광택을 나게 하지 않으면 보석으로서 통용되지 않는 것처럼 사람도 배워서 사물의 도리를 습득하지 않으면 재능을 발휘할 수 없다. 그러므로 옛날의 성왕들은 나라를 세우고 백성을 다스리기 위하여 먼저 학문과 교육에 힘썼다.

……아무리 맛있는 요리도 먹어 보지 않으면 그 맛을 모르는 것처럼 아무리 선한 지식이나 법칙이 있어도 사람이 배우고 연구하여 그것을 터득하지 않으면 그 진가를 알지 못한다. 비록 지극한 도가 있다 할지라도 배우지 않으면 그것이 선하다는 것을 알지 못한다. 또한 학문을 함으로써 비로소 내 지혜가 부족함을 알며, 가르쳐 봄으로써 비로소 교육의 어려움도 안다. 그리고 부족함을 알아야 자신의 능력을 반성하게 되며, 그 어려움을 알아야 열심히 노력하게 되는 것이다. 그렇기 때문에 예로부터 '가르치는 것과 배우는 것이 서로 도와 나간다[教學相長].'고 한 것은 이를 두고 한 말이다.

……대학에서 교사는 학생에게 처음 수업을 할 때, 먼저 조복朝服 차림으로 돌아가신 옛 스승들에게 제사를 올린다. 이때 나물을 바치는 것은 학생들에게 학예를 존중한다는 뜻을 내보이기 위함이다. 또 그 제사를 위해 학생들에게『시경』소아 3편을 노래해서 익히게 하는 것은 벼슬하는 길을 가르치기 위함이다. 또 대학에 들어가면 먼저 시작의 북을 치게 하여 학생들을 교실에 모아 놓고 다음으로 상자를 열고 책을 꺼내게 하는데, 이는 학

업에 유순한 마음을 가지게 하기 위함이다. 또 교장敎場에 오동나무와 싸리나무 막대기 두 개를 준비하게 하는 것은 나태함을 징계하기 위한 위력을 나타내는 것이다. 또 천자가 5년마다 올리는 묘제廟祭 전에 대학을 시찰하지 않는 것은 학생들의 마음에 여유를 주어 침착한 마음으로 면학을 하게 하기 위함이다. 또 교사는 항상 학생들의 생활을 보고 있으면서 일일이 세심하게 주의를 주지 않는 것은 학생들로 하여금 한 마음으로 면학을 하고, 다른 일에 마음을 쓰지 않도록 하기 위함이다. 또 수업을 할 때, 연소자에게는 청강을 시킬 뿐, 질문을 하지 않는 것은 학문에는 차례가 있어서 서두르지 않는 것이 좋다는 것을 알리기 위함이다. 이상의 일곱 가지는 대학교육의 주요 원리다. 고서에 이르기를 '대체로 학문을 할 때 이미 벼슬을 하고 있는 자는 그들의 직무에 관계가 되는 것에 대하여 배우는 것을 첫째로 하고, 아직 처사處士인 경우라면 각자의 관심에 따라 배우는 것을 첫째로 해야 한다.'라고 되어 있다.

……대체로 학습이란 것은 항상 마음을 기울여 손에 익숙하게 하는 것이 중요하다. 예컨대, 거문고를 배우는 데는 그것을 항상 조정해서 음색을 고르게 하지 않으면 현을 자유로이 조종할 수 없다. 또 『시경』을 배우는 데는 사물의 표현 방법을 통달하도록 노력하지 않으면 시를 이해할 수 없다. 또 예를 배우는 데는 복잡한 잡례雜禮까지 습득하지 않으면 예의 본질을 파악할 수 없다. 이와 같이 사물에 대한 지식과 기술 그리고 기교 등에 흥미를 품고 그 해석에 노력하지 않으면 높은 단계의 학문이나 원리를 이해하고 연구하는 것을 즐길 수 있는 경지에 이르지 못

한다. 그러므로 군자는 학문을 함에 있어서 문제가 되는 곳이 있으면 늘 그것을 염두에 두고 기회가 있으면 반드시 연구에 몰두하고 휴식이나 유락遊樂할 때에도 마음속에 품고 있어야 한다. 군자는 항상 이러한 마음가짐이 있어야 학문의 깊은 경지에 이르고 스승에게 친하며, 친구를 사랑하고 도를 따를 수 있으며, 교사나 선배와 멀리 떨어져 있어도 그 도에 위배되는 일이 없다.

……지금의 교육에서 교사는 오로지 눈앞의 교과서만 읽고 문자나 글귀의 뜻을 물으며, 학생들을 꾸짖고 설명하기에 급급하며, 학습 범위를 넓히는 일에만 힘씀으로써 조용히 생각하도록 하지 않고, 그들로 하여금 학문을 좋아하도록 이끌지도 않으며, 재능을 모두 발휘하도록 노력하지도 않으니, 가르치는 방법과 배우는 방법이 모두 바르지 못하다. 그러므로 학생들은 학문을 좋아하지도 않고 교사와 가깝지도 못하며, 학습의 어려움에 괴로워할 뿐, 그 가치를 인식하지 못하게 된다. 따라서 모처럼 학업을 마쳐도 결국 학문을 버리게 된다. 이는 지금의 학교 교육이 성공하지 못하는 이유라고 할 수 있다.

대학의 교육 방법에서 학생의 과오를 미연에 방지하는 것을 '예豫'라 한다. 학생의 학습 상황에 따라 때에 맞게 가르치는 것을 '시時'라 한다. 학생의 능력을 넘어서지 않도록 하는 수업을 '손孫' 또는 '순당順當'이라 한다. 학생이 서로 주의하여 언행이 아름답고 선해지도록 하는 것을 '마摩' 또는 '마磨'라고 한다. 이들 네 가지는 교육의 효과를 높이는 좋은 방법들이다.

……학생에게 과오가 발생했을 경우, 이를 책망하여 금지시키

면 상대방은 이에 저항하여 감당하기 어렵게 된다. 또 학습에 알맞은 때를 잃으면 학습하기가 힘들어 성공하기가 어렵게 된다. 이것저것 잡다하게 가르치면 학습에 혼란이 일어나 그 순서를 잃는다. 또 학생을 고독하게 방치하여 붕우들과 교제하도록 하지 않으면 완고하고 편협해진다. 또 지나치게 놀기만 하는 친구와 교제하면 스승의 교훈을 지키지 못하고 노는 버릇만 생겨 학문을 버리게 된다. 이들 여섯 가지는 교육을 방해하는 요인들이다.

그런데 군자가 미리 좋은 교육 방법과 방해 원인을 알고 있어야 스승이 될 수 있다. 그러므로 군자가 학생을 교육하려면, 지도는 하지만 억지로 견인牽引하지 않고, 강제적이지만 억압하지 않으며, 점차적으로 발달시키기는 하지만 한꺼번에 통달하지 않도록 해야 한다. 즉, 억지로 견인하지 않으므로 저항하지 않도록 하고, 억압하지 않으므로 학생들의 마음이 편안하도록 하며, 한꺼번에 통달하도록 하지 않으므로 스스로 사고하도록 해야 한다. 이와 같이 저항하지 않고 편안한 마음으로 사고하도록 지도해야 훌륭한 교육이라고 할 수 있다.

……대체로 학문을 하려면 먼저 스승을 존엄하게 생각하고, 이것이 이루어지면 학문을 하는 것이 가치 있게 여겨지며, 그렇게 되면 비로소 학문이 왜 존중되어야 하는지를 알게 된다.

……박학하고 암기를 잘하는 것으로 남의 스승이 되기에는 부족하다. 스승이 된 자는 반드시 제자의 말을 잘 듣고 적절하게 가르쳐 보여 주지 않으면 안 된다. 만일 제자의 학력이 부족하여 질문에 답하기를 어려워하면, 스승이 대신하여 그 질문의 답

을 말해 주어야 하지만, 그래도 이를 이해하지 못하면 거기에서 그 질문에 관한 내용은 중단해야 한다.

「학기편」에 제시되어 있는 배움과 가르침의 예는 참으로 섬세하고 다양하다. 당시의 교육원리가 지금의 교육원리에 뒤지지 않는다. 제자로서 갖추어야 할 예, 스승으로서 보여야 할 예는 교육에 내재되어 있는 기본원리들이다. 『예기』의 「학기편」은 오늘날의 용어로 '교육원리'에 해당되는 장章이다. '유학' 자체가 '교육학'과 다른 것이 아니지만, 유학의 경전으로써 『예기』는 유학의 훌륭한 교육이론서다. 득히 그 가운데 「학기편」은 보다 구체적으로 교육의 실천이론을 가장 짜임새 있고 간결하게 모아 놓은 부분이라고 할 수 있다. 유학의 교육이론으로써 학기學記는 가르침과 배움 또는 스승과 제자가 교육의 장면에서 수행해야 할 진정한 예의 교전教典이다.

유행, 유자의 예

『예기』에는 「학기편」과 유사한 「유행편儒行篇」이 있다. '유행儒行'은 글자 뜻이 말해 주듯이 유자儒者의 행실을 뜻한다. '유자의 행실'은 유자가 따라야 할 예의 가장 이상적인 표본이니, 「유행편」은 예학禮學의 기본이 되는 셈이다.

『예기』의 「유행편」은 공자가 위나라에서 노나라로 돌아와서 처음 지은 것이다. 노나라 애공哀公과 공자가 나눈 대화의 기록이다. 애공이 공자에게 물었다. "선생의 옷은 유자儒者가 입는 옷입니까?" 애공이 보기에 공자의 의관이 일반 사대부의 것과 달랐고, 일반 백성들의 것과도 달랐기 때문이었다. 공자가 입은 옷은 소매가 넓고 그 끝에 단을 둘렀고, 관은 머리 뒤쪽에 얹은 것으로 은나라 때에 사용했던 것이었다. 예로부터 의복을 착용하는 제도가 있어서 천자가 입는 옷과 백성이 입는 옷이 따로 있었으나, 유자가 입는 옷은 따로 없었다. 그러나 유자들이 법도를 지키는 데 도움이 된다고 믿어 스스로 유자의 복장을 따로 만들어 착용했다고 한다. 이 복제는 공자 이래로 유자들이 끊이지 않고 전수해 왔다.

그러나 애공과 공자가 나눈 대화의 주제는 복제에 한정된 것이 아니라, 유자가 따르는 예에 있었다. 공자는 애공의 물음에 유자의 예를 17가지로 나누어 답했다.

□ 유자는 윗자리에 앉을 만큼 귀한 인물로 초빙받기를 기대합니다. 밤낮으로 열심히 학문을 연구하고 물음에 답하는 것을 좋아하며, 충성심과 신의를 가지고 등용되어 배운 것을 힘써 행할 수 있게 되길 기다립니다. 이와 같이 자립하는 삶을 사는 사람이 있으니, 그가 유자입니다.[26]

□ 유자는 의관이 바르고 동작은 신중하며, 크게 사양할 때에는 거만하게도 보이고, 조금 사양할 때에는 위선자처럼 보이기도 하지만, 큰일을 함에는 위엄이 있고, 작은 일을 함에는 부끄러

---

26) 앞의 책. 유행. 儒有席上之珍以待聘 夙夜强學以待問 懷忠信以待擧 力行以待取 其自立有如此者.

움을 알기에 세상에 나아가기를 어려워하고, 초야로 물러가기를 쉽게 하니, 스스로 어리석은 체하므로 무능한 것처럼 보입니다. 이와 같은 용모를 가진 사람이 있으니, 그가 유자입니다.[27]

□ 유자는 그 거처가 청결하고 삼가며, 앉거나 일어설 때에는 공경스럽고, 언사에는 반드시 신의가 앞서며, 행실은 반드시 바르지 않으면 안 되고, 길을 갈 때에는 험하고 쉬운 길의 이점을 따지지 않고, 겨울과 여름에 춥고 더운 곳을 피해 거처를 잡으려고 애쓰지 않으며, 죽음을 삶과 같이 꺼리지 않고 오히려 기다리는 듯하며, 몸과 인격을 잘 가꾸어 이바지할 때를 기다립니다. 이와 같이 예비하는 마음을 가지고 사는 사람이 있으니, 그가 유자입니다.[28]

□ 유자는 금과 옥을 보배로 여기는 것이 아니라, 충신忠信의 마음을 보배로 삼습니다. 토지를 가지려고 노력하지 않고, 의를 확립하는 것으로 토지를 소유하는 것을 대신합니다. 재산을 많이 축적하는 것을 바라지 않고, 책을 많이 읽고 가지는 것으로 부를 삼습니다. 힘들여 일해야 녹을 받는 마음이 편하고, 녹을 쉽게 받으면 쌓아 두기가 어렵습니다. 재물은 때가 아니면 볼 수도 없으니 또한 얻기도 어렵지 않겠습니까? 정의롭지가 않으

---

27) 앞의 책, 같은 곳. 儒有衣冠中 動作愼 其大讓如慢 小讓如僞 大則如威 小則如愧 其難進而易退也 粥粥若無能也 其容貌有如此者.

28) 위의 책, 같은 곳. 儒有居處齊難 其坐起恭敬 言必先信 行必中正 道塗不爭險易之利 冬夏不爭陰陽之和 愛其死以有待也 養其身以有爲也 其備豫有如此者.

면 마음이 합당하지 않으니, 또한 재물을 쌓아 두기도 어렵지 않겠습니까? 유자는 먼저 일을 열심히 하고 난 다음에 녹을 받으니, 마음이 편하지 않겠습니까? 이와 같은 경우의 사람이 있으니, 그가 유자입니다.[29]

□ 비록 유자에게 재물을 맡겨 그 즐거움에 젖어들게 할지라도, 그는 그것으로 이득을 보고 그것 때문에 의를 어기려 하지 않으며, 만약 무리를 동원하여 그에게 겁을 주거나 군사로서 다스려 죽음에 당면하게 될지라도, 그는 의를 수호하는 마음을 바꾸지 않습니다. 비록 맹조와 맹수가 사납게 덤벼도 자신의 용맹을 저울질하지 않으며, 무거운 솥을 들어 올릴지라도 그 힘을 과시하지 않습니다. 또한 지난 일을 가지고 후회하지 아니하고, 앞으로 올 일을 예단하고 걱정하지 않습니다. 이미 한 말은 다시 하지 않고, 떠도는 말이 있더라도 누가 왜 그런 말을 했는지를 밝혀내려고 추궁하지도 않습니다. 그 위엄을 유지하고, 모략을 도모하기 위해서 흉계를 꾸미지 아니합니다. 이와 같은 소신을 가지고 사는 사람이 있으니, 그가 유자입니다.[30]

□ 군주는 유자와 친할 수 있을지언정 그에게 겁을 주어 위협할

---

29) 앞의 책, 같은 곳. 儒有不寶金玉 而忠信以爲寶 不祈土地 立義以爲土地 不祈多積 多文以爲富 雖得而易祿也 易祿而難畜也 非時不見 不亦難得乎 非義不合 不亦難畜乎 先勞而後祿 不亦易祿乎 其近人有如此者.

30) 위의 책, 같은 곳. 儒有委之以貨財 淹之以樂好 見利不虧其義 劫之以衆 沮之以兵 見死不更其守 鷙蟲攫搏不程勇者 引重鼎不程其力 往者不悔 來者不豫 過言不再 流言不極 不斷其威 不習其謀 其特立有如此者.

수는 없습니다. 가까이할 수는 있을지언정 협박할 수는 없습니다. 죽일 수는 있을지언정 모욕을 주어서는 안 됩니다. 그 거처가 음탕한 곳이 되지 않도록 하고, 그 음식이 너무 기름져도 안 됩니다. 그에게도 과실은 있으니 가볍게 일깨워 줄 것이지 맞대어 따질 것이 아닙니다. 이와 같이 굳세고 의연한 자태를 가진 사람이 있으니, 그가 유자입니다.[31]

□ 유자는 충忠과 신信으로 갑옷과 투구를 삼고, 예와 의로써 방패를 삼으며, 인을 머리에 이고 다니고, 의를 가슴에 품고 사니, 비복 폭정이 있더라도 그 소신을 바꾸지 않습니다. 이와 같이 뜻을 꺾지 않는 사람이 있으니, 그가 유자입니다.[32]

□ 유자는 작은 집, 좁은 방에 사립문을 달고, 옹기 창을 내고 살면서 옷은 식구들끼리 외출복을 돌려 입고 외출하며, 끼니를 걸러 먹고 살지라도 임금이 자신의 말을 인정하여 관직을 주면 더욱 열심히 노력하고 임금이 알아주지 아니하여도 감히 아첨하지 아니합니다. 그와 같은 관리의 정신을 가진 사람이 있으니, 그가 유자입니다.[33]

---

31) 앞의 책. 같은 곳. 儒有可親而不可劫也 可近而不可迫也 可殺而不可辱也 其居處不淫 其飮食不溽 其過失可微辨 而不可面數也 其剛毅有如此者.

32) 위의 책. 같은 곳. 儒有忠信以爲甲冑 禮義以爲干櫓 載仁而行 抱義而處 雖有暴政 不更其所 其自立有如此者.

33) 위의 책. 같은 곳. 儒有一畝之宮 環堵之室 篳門圭窬 蓬戶甕牖 易衣而出 幷日而食 上答之不敢以疑 上不答不敢以諂 其仕有如此者.

□ 유자는 사람들과 더불어 살면서도 옛날 사람의 행적을 연구하고, 이를 실행하며, 후세의 본보기를 만듭니다. 비록 출세를 하지 못해도 윗사람의 도움을 구하지 않고, 아랫사람의 추천을 바라지 아니하며, 아첨하는 백성들이 작당하여 모함을 하고 몸이 위태롭게 될지라도 절대로 뜻을 빼앗기지 않습니다. 비록 기거함이 어려운 상황이라 하여도 마침내 그 뜻을 펴면서 오히려 백성의 고통을 잊지 아니합니다. 그와 같이 우려하는 마음을 가진 사람이 있으니, 그가 유자입니다.[34]

□ 유자는 널리 배워 다함이 없고, 독실하게 행함에도 싫증을 내지 않으며, 홀로 지낼 때일지라도 방탕하지 않습니다. 위로 통달하면서도 도와 멀어지지 않고 예에 엄격하지만 사람들에게 온화한 모습을 잃지 않습니다. 충성심과 신뢰로 아름다움을 삼고, 편안하고 조용하게 지냄을 법으로 삼으며, 어진 이를 사모하면서 일반 대중에게는 너그럽고, 모난 것을 헐어서 둥글게 합니다. 이와 같이 너그러운 마음을 가진 사람이 있으니, 그가 유자입니다.[35]

□ 유자는 친족이라 해서 편벽된 마음으로 이롭게 하고 밖에서

---

34) 앞의 책, 같은 곳. 儒有今人與居 古人與稽 今世行之 後世以爲楷 適弗逢世上弗授下弗推 讒諂之民 有比黨而危之者 身可危也 而志不可奪也 雖危起居 竟信其志 猶將不忘百姓之病也 其憂思有如此者.
35) 위의 책, 같은 곳. 儒有博學而不窮 篤行而不倦 幽居而不淫 上通而不困 禮之以和爲貴 忠信之美 優游之法 擧賢而容衆 毁方而瓦合 其寬裕有如此者.

천거하지 않으며, 원한이 있는 사람이라 해서 편벽된 마음을 취하지 않습니다. 그 실적을 보아 공을 재어 어진 이를 천거합니다. 이렇게 한 것 때문에 보답을 바라지 않고, 그 뜻이 군주의 마음에 들고 진실로 나라를 이롭게 했다 할지라도 그것으로 부귀를 구하지 않습니다. 이와 같이 어짊을 좋아하고 능력이 있는 사람을 도와주는 사람이 있으니, 그가 유자입니다.[36]

□ 유자는 선을 들으면 서로 알리고, 선을 보면 서로 보게 하며, 벼슬자리에는 상대를 우선으로 천거하고, 환난을 당하면 서로 먼저 나아가 죽음으로써 싸웁니다. 오래되면 서로 기다려 주고, 멀어지면 서로 초치합니다. 이와 같이 벼슬자리를 서로 천거하는 마음을 가진 사람이 있으니, 그가 유자입니다.[37]

□ 유자는 몸을 깨끗이 씻고 덕으로 목욕을 하여 인격을 함양하며, 임금에게 진언을 하고 엎드려 그 명을 들으며, 초야에 숨어 조용하고 바르게 사니, 임금은 알지 못합니다. 임금의 허물을 들어 밝게 간하며, 또한 조급해하지 아니하고 깊은 데 임하여 그 고고한 인품을 드러내지 않으며, 적은 것을 과장하여 많다고 하지 않습니다. 정치가 잘 이루어진다고 해서 나아가 경솔하게 날뛰지 아니하고, 난세라고 하여 물러가지 않습니다. 같은 편이

---

36) 앞의 책, 같은 곳. 儒有内稱不辟親 外擧不辟怨 程功積事 推賢而進達之 不望其報 君得其志 苟利國家不求富貴 其擧賢援能有如此者.

37) 위의 책, 같은 곳. 儒有聞善以相告也 見善以相示也 爵位相先也 患難相死也 久相待也 遠相致也 其任擧有如此者.

라고 하여 어울리지 않고, 다른 편이라고 하여 비난하지 않습니다. 이와 같이 부화뇌동하지 않는 마음을 가진 사람이 있으니, 그가 유자입니다.[38)

□ 유자는 도를 굽히면서까지 천자에게 신하 노릇을 하지 않고, 아래로 제후에게 봉사하지도 않습니다. 삼가고 고요하여 너그러운 것을 숭상하고, 강하고도 의연하게 사람들과 함께 지냅니다. 널리 배워 행할 줄을 알고 글을 가까이하며, 행실의 올바름을 갈고 닦습니다. 비록 나라를 나누어 준다 해도 하찮은 것으로 여겨, 신하 노릇도 하지 않고 벼슬도 하지 않습니다. 이와 같이 행위의 규범을 준수하는 사람이 있으니, 그가 유자입니다.[39)

□ 유자는 뜻을 합하여 함께 기거하고, 도를 연마함에 지혜를 같이 나누며, 함께 입신하면 즐거워하고, 상대보다 아래에 있어도 싫어하지 아니합니다. 오래도록 서로 보지 못하고, 헛소문이 들려도 믿지 아니합니다. 그 행실은 바름을 바탕으로 하여 의리를 세우니, 같으면 함께 나아가고, 같지 않으면 물러갑니다. 이와 같이 벗을 사귀는 사람이 있으니, 그가 유자입니다.[40)

---

38) 앞의 책, 같은 곳. 儒有澡身而浴德 陳言而伏 靜而正之 上弗知也 麤而翹之 又不急爲也 不臨深而爲高 不加少而爲多 世治不輕 世亂不沮 同弗與 異弗非也 其特立獨行有如此者.
39) 위의 책, 같은 곳. 儒有上不臣天子 下不事諸侯 愼靜而尙寬 强毅以與人 博學以知服 近文章 砥厲廉隅 雖分國 如錙銖 不臣不仕 其規爲有如此者.
40) 위의 책, 같은 곳. 儒有合志同方 營道同術 並立則樂 相下不厭 久不相見 聞流言不信 其行 本方立義 同而進 不同而退 其交友有如此者.

□ 성품이 온화하고 유순함은 인의 근본이고, 공경하고 삼가함은 인의 바탕이며, 관대하고 부드러움은 인의 움직임이고, 사물을 접하는 데 겸손함은 인의 능력이니, 예는 인의 모양이고, 말은 인의 문장이며, 가락은 인의 조화이고, 덕을 나누어 줌은 인을 시행하는 것입니다. 유자는 이것을 모두 가지고 있으나, 감히 인을 말하지 않습니다. 이와 같이 존경하고 사양하는 마음을 가진 사람이 있으니, 그가 유자입니다.[41]

□ 유자는 가난하고 천하기 때문에 궁핍하여 지조를 잃는 일이 없고, 부귀하다고 하여 기쁜 나머지 예절을 잃지 않습니다. 군왕을 욕되게 하지 않고, 어른과 윗사람을 번거롭게 하지도 않으며, 관리에게 걱정을 끼치지도 않습니다. 그러므로 이를 일러 유자라고 합니다.[42]

『예기』「유행편」에서 읽어 볼 수 있는 유자의 모습은 성인들의 도덕적 천품天稟에서나 기대해 볼 만한 것이 아닌가 싶을 정도다. 그러나 그것은 모든 유자가 따라야 할 유학의 도道였음에 틀림없다. 또한 그것은 유자도 아니고, 성인의 천품도 소유하지 못한 백성이라 하더라도, 인간으로서 마땅히 따라야 할 규범이었음에 틀림없다. 그런데 우리가 잊지 말아야 할 것은 그 규범의 최소공배수는

---

41) 앞의 책, 같은 곳. 溫良者 仁之本也 敬愼者 仁之地也 寬裕者 仁之作也 孫接者 仁之能也 禮節者 仁之貌也 言談者 仁之文也 歌樂者 仁之和也 分散者 仁之施也 儒皆兼此而有之 猶且不敢言仁也 其尊讓有如此者.

42) 위의 책, 같은 곳. 儒有不隕穫於貧賤 不充詘於富貴 不愿君王 不累長上 不閔有司 故曰儒.

다른 것이 아니라, 인을 바탕으로 한 '무불경'이라는 그 원리였다.

　애공과 공자 사이에 이루어진 예에 관한 대화는 순자의 『순자』에도 실려 있다.

　　애공이 공자에게 말했다. "나는 선비들을 골라서 그들과 더불어 나라를 다스리고자 하는데, 어떻게 이들을 선택해야 하겠습니까?" 공자는 애공에게 이렇게 말했다. "사람에게는 다섯 등급이 있습니다. 보통 사람[庸人]이 있고, 선비[士]가 있고, 군자君子가 있고, 현명한 사람[賢人]이 있고, 성인[大聖]이 있습니다."[43]

　그런 뒤 공자는 이들 다섯 부류의 사람들 가운데 보통 사람이 따르는 예에 관해서 설명했다.

　　이른바 보통 사람[庸人]이란 입으로 훌륭한 말을 하지 못하며, 마음으로 긴장할 줄도 모릅니다. 또 현명한 사람과 훌륭한 선비를 골라 그에게 의탁함으로써 자신의 근심을 해결할 줄도 모릅니다. 움직이고 행동해야 하는 곳에서 어떤 일에 힘써야 할지를 알지도 못하고, 멈춰 서 있어야 하는 곳에서 안정을 찾지도 못합니다. 매일 세사에 매달려 어느 것이 귀중한 것인지 알지도 못하고, 세상일을 따라 물이 흐르듯 방향 없이 흘러만 갑니다.[44]

---

43) 『순자』. 애공.
44) 위의 책. 같은 곳.

이번에는 애공이 어떤 사람을 '선비'라고 하느냐고 물었다. 공자가 대답했다.

선비는 비록 올바른 도와 그 실천 방법을 모두 실행에 옮기지는 못하지만 반드시 따르는 법도가 있고, 비록 아름답고 훌륭한 것을 모두 실행할 수는 없지만 반드시 목표는 있습니다. 그러므로 많은 것을 알지 못해도 알아야 할 것이 무엇인지를 잘 살피며, 말을 많이 하는 데 힘쓰지 않아도 말해야 할 것이 무엇인지를 잘 알며, 행동을 많이 하려고 힘쓰지는 않아도 행해야 할 것이 무엇인지를 잘 살핍니다. 그러므로 지식 가운데 이미 알고 있는 것과 말 가운데 이미 말한 것과 행동 가운데 이미 행한 것들은 마치 가지고 태어난 생명이나 피부처럼 바꿀 수 없는 것이 됩니다. 그러므로 선비는 부귀해진다고 해서 더 늘어날 것도 없고, 비천해진다고 해서 더 줄어들 것도 없습니다. 이와 같다면 우리는 그를 '선비'라 부를 수 있을 것입니다.[45]

선비는 예를 행하는 데 탁월하다고 말할 수는 없지만, 그래도 그는 예를 따르는 데 충분한 능력과 태도는 갖추고 있다고 말한 것이다. 공자는 이와 같은 자질과 태도를 갖춘 선비라면, 그는 분명 정사에 임용되어 일을 잘 처리할 수 있는 사람일 것이라고 생각했다.

---

45) 앞의 책, 같은 곳.

애공이 다시 물었다. "어떤 사람을 '군자'라고 하는지 여쭙고자 합니다." 공자가 대답했다.

이른바 군자는 충실하고 신의가 있지만 마음속으로 그것이 자기의 덕이라고 여기지 않고, 어짊과 의로움을 실천하고 있지만 얼굴에 뽐내는 빛이 없습니다. 사려는 밝고 통달해 있으되 말로 남들과 다투지도 않습니다. 그러므로 그는 평범한 사람처럼 보여 누구든 그처럼 될 수 있다고 생각하는 사람이니, 곧 군자입니다.[46]

애공이 말했다. "훌륭한 말씀입니다. 그런데 어떤 사람을 가리켜 '현인'이라 할 수 있는지 여쭙고자 합니다." 공자가 대답했다.

이른바 현인은 행동이 규범에 들어맞아 근본을 손상시키지 않으며, 그가 하는 말은 천하의 법도를 따르므로 그 자신을 손상시키지 않습니다. 천하에서 으뜸갈 정도로 부유하다 하더라도 사재를 축적하지 않고, 온 천하에 널리 베풀면서도 가난해질까 걱정하지도 않습니다. 이러하면 현인이라 할 수 있을 것입니다.[47]

애공이 말했다. "훌륭한 말씀입니다. 그런데 어떤 사람을 위대한 성인, 곧 '대성大聖'이라 할 수 있는지 여쭙고자 합니다." 공자가 대답했다.

---

46) 앞의 책, 같은 곳.
47) 위의 책, 같은 곳.

이른바 위대한 성인은 지혜가 큰 도[大道]에 맞닿아 있고, 여러 가지 변화에 호응하되 그 다함이 없으며, 만물의 실상[情]과 본성[性]을 잘 분별합니다. '큰 도'란 만물을 변화시키고 생성케 하는 근원이며, '실상'과 '본성'이란 그러하거나 그렇지 않은 것과 취하거나 취하지 않을 것을 구별하는 근거입니다. 그러므로 성인이 하는 일은 하늘과 땅에 크게 펼쳐지게 됩니다. 성인의 명철함은 해와 달처럼 밝고, 만물을 아울러 다스리는 것은 비바람의 영향과 같습니다. 조화롭고 아름다운 것과 섬세하고 빈틈없는 성인의 일은 아무도 따를 수가 없습니다. 성인이 하는 일이란 마치 하늘이 하는 일과 같아서 사람으로서는 잘 알 수가 없으며, 백성들은 늘 가까이 보고 있으면서도 그 일이 자신을 지배하고 있다는 것을 알지 못합니다. 이와 같은 사람이 있다면 그는 위대한 '성인聖人'이라 할 수 있습니다.[48]

『예기』에서 예는 이렇게 봄 뜰의 새싹처럼 수없이 돋아나고 번성한다. 북송의 범조우范祖禹에 따르면, 예는 그 기본이라 할 수 있는 것[經禮]이 3백 가지이고, 구체적인 것[曲禮]이 3천 가지나 된다. 따라서 이와 같이 많은 경우의 예를 모두 나열하거나, 이들을 모두 따른다는 것은 불가능한 일이다. 그래서 우리는 범조우의 권고에 따라 경례와 곡례를 일괄하는 마음을 다시 '무불경', 이 석 자로 파악하고자 하는 것이다. 그리고 이를 통해서 각가지 장면에서 따

48) 앞의 책, 같은 곳.

라야 할 예가 어떤 것인지를 저울질하여 가장 알맞은 것을 잡는 제중制中의 혜안을 구비해야 할 것으로 보인다.[49]

소강의 세상을 위한 선택적 필요조건

무불경毋不敬, 곧 '공경하지 않음이 없는' 예는 인간의 정제整齊된 행위다. 인간 행위는 다듬어져야 예가 된다. 인류는 끊임없이 그들의 삶에서 예가 아닌 것을 항상 경계하면서 그 마음을 정제하여 왔다. 이와 같은 일은 앞으로도 계속하여 이루어질 것이다. 그것은 인류가 '인간'이 되기를 염원하는 까닭이다.

어느 날 스승 공자에게 제자 언언이 물었다. "사람에게 그렇게까지 예가 절실합니까?"[50] 공자가 대답했다.

그렇다. 예라는 것은 선왕이 하늘의 도를 깨닫게 된 것이었고, 이를 가지고 사람의 정情을 다스렸다. 예를 따르면 살아갈 수 있지만, 예를 잃으면 살아갈 수 없다.[51]

예의 절실함을 공자는 이렇게 표현했다. '예를 잃으면 살아갈 수 없다.'는 이 절박감이 가득 찬 공자의 말에는, 우리가 비록 인류

---

49) 여기에서 말하는 '혜안'이란 '중용'의 도를 말한다. 뒤에서 다시 자세히 언급하기로 한다.
50) 『예기』. 예운.
51) 위의 책, 같은 곳.

의 이상향인 대동의 세상에는 이르지 못하더라도, 그런대로 편안한 소강의 세상에는 이르러야 한다는 절실함이 들어 있다. 그것은 우선 자연 자체와 그 자연 속에서 태어난 인간 사이의 차이를 지키고자 한 것이었을 뿐만 아니라, 인간 사회에서 거침없이 벌어지고 있는 다듬지 않은 삶의 양태, 곧 곤혹스러운 난세를 제치고 그 대신 인간다운 세상을 그려 내고자 한, 한 성인의 절실한 마음이었다.

공자에게 자연적 소여所與로써 인간의 심정은 다듬지 않으면 안 되는 것이었다. 사실, 인간 심정이 정제되지 않고 자연의 상태 그대로라면, 그것은 금수와 인간 사이에 차이가 없다는 말이 된다. 공자는 이와 같은 난맥상을 극복하고자 했다. 그는 『예기』에서 예의 절실함을 설명하기 위해 다시 『시경』을 인용했다.

쥐를 보아도 표피가 있는데 사람이면서도 체모[儀]가 없네. 사람에게 체모가 없다면 죽지 않고 무얼 하는가!

쥐를 보아도 이[齒]가 있는데 사람이면서도 예절[止]이 없네. 사람에게 예절이 없다면 죽지 않고 무얼 기다리나!

쥐를 보아도 몸집이 있는데 사람이면서도 예의[禮]가 없네. 사람에게 예의가 없다면 어찌 빨리 죽지 않는가![52]

---

52) 『시경』. 國風. 相鼠有皮 人而無儀 人而無儀 不死何爲! 相鼠有齒 人而無止 人而無止 不死何俟! 相鼠有體 人而無禮 人而無禮 胡不遄死.

'체모[儀]'와 '예절[止]'과 '예의[禮]'는 모두 '예'의 동의어들이다. 이들 가운데 어느 하나도 '예'에 속하지 않는 것이 없다. 그런데 금수의 세상에도 금수들이 갖추어야 할 표피[皮]와 이[齒]와 몸[體]이 있듯이, 인간 세상에서도 인간이 갖추어야 할 것이 있는데, 인간이 그것을 갖추지 않으면 금수들보다 더 나을 것이 무엇이 있겠느냐는 것이다. 물론, 인간 세상에서 인간이 갖추어야 할 것은 예를 두고 하는 말이었다.

　『예기』는 인간과 금수 사이의 다른 점을 구분했다. 그 다른 점은 예가 있고 없음이었다. 『예기』의 「곡례편」은 이에 대한 이야기를 보다 웅변적으로 묘사해 냈다.

　앵무새는 말을 잘하지만 나는 새에 지나지 않고, 성성猩猩이는 말을 할 줄 알지만 금수에 지나지 않는다. 그렇다면 사람으로서 예가 없다면 비록 말은 할 줄 알지만 금수의 마음과 무엇이 다르겠는가. 저 금수에게는 예가 없다. 그러므로 아비와 자식이 암컷을 함께 하고 있는 것이다. 그러므로 성인聖人이 나서서 예를 만들어 그것을 가르침으로써 사람에게 예가 있게 했다. 그리하여 스스로 금수와 다르다는 것을 알게 했다.[53]

　공자는 사람이 사람다운 것을 예에서 찾았다. 예는 사람에게 고유한, 그래서 사람이 다른 동물들과 구분되는 준거가 되었다.

---

53) 『예기』, 곡례 상.

공자는 소강의 세상으로 가기 위해 예로 세상을 다스리는 방법을 택했다. 그것은 노자의 무위의 길과 달리, 인위적인 것이었고 실천적인 것이었다. 그 방법은 매우 구체적이고 현실적인 것이었고, 또한 실천 가능한 것이었다. 그것은 무엇보다도 눈에 보일 만큼 가시성이 높은 것이었다.

공자는 예가 없으면 군주가 어찌 백성을 다스릴 수가 있겠느냐고 물었다. 또한 예가 없으면 어찌 세상이 편안해질 수 있겠느냐고도 물었다.[54] 『예기』의 기본 방향이 그렇듯이 공자는 '무릇 사람을 다스리는 방법으로써 예보다 더 절실한 것은 없다.'고 했다.[55] 그렇기 때문에 공자는 예를 만들어 인간 세상이 이를 따르도록 가르치지 않으면 안 된다고 생각했던 것이다. 그렇게 하면 그가 염려한 난신적자의 세상도 그런대로 편안한 세상, 곧 소강의 세상으로 만들 수 있다고 믿었다.

소강의 세상은 예로 다스려지는 세상이었다. 그 세상은 비록 대동의 세상처럼 네 것, 내 것이 따로 없는 더없이 드높은 이상사회는 아니라 할지라도, 적어도 난세의 그 무분별한 현상은 가라앉힐 수는 있는 세상이었다. 그렇기 때문에 군주가 할 일은 인간들이 가지고 있는 사리사욕과 욕망을 예로 다듬는 것이었다. 예는 군주에게는 치국의 수단이었다. 『예기』에 이런 말이 있다.

예라는 것은 군주에게 치국의 중요한 수단이 된다. 예는 정正과

54) 앞의 책. 예운.
55) 위의 책. 제통. 凡治人之道 莫急於禮.

부정不正이 서로 혼동되지 않도록 구별하고, 모든 일의 미묘한 차이를 분명히 하며, 인간을 신에게 접근시키고, 제도나 규칙이 우러나게 하며, 인의 도덕을 세우는 것이다. 이들은 모두 나라를 잘 다스리고 군주 자신의 지위를 안정시키는 데 필요한 것이다.

그런 까닭에 정치가 바르지 않으면 군주의 지위가 위태롭고, 군주의 지위가 위태로우면 대신들은 배반하고 소신들은 도적질을 한다. 형벌이 엄준하고 풍속이 퇴폐하면 떳떳한 법이 살아 있을 수 없다. 바르고 떳떳한 법이 없으면 예에 존비귀천尊卑貴賤의 차례가 없고, 예에 차례가 없으면 선비는 맡은 책임을 완수하지 못할 것이다. 형벌이 엄준하고 풍속이 퇴폐하면 백성들의 마음은 이반離叛한다. 이런 것을 일러 병든 나라라고 한다.[56]

공자는 이렇게 생각했다. 병든 나라를 그런대로 편안한 세상으로 만들려면 비록 인위가 개입된다 할지라도 예에 의존하여 질서를 찾아야 한다는 것이다. 『예기』는 다시 이렇게 말한다.

성왕聖王은 도덕과 예절을 중요한 수단으로 하여 사람의 마음을 알맞게 규제한다. 그렇기 때문에 사람의 심정은 성왕의 활동 터전인 것이다. 성왕은 예를 닦아서 그 터전을 갈며, 의를 벌려서 그 터전에 씨를 뿌리고, 학문을 강명講明하여 김을 매며, 인에

---

56) 앞의 책. 예운.

바탕을 두어 모든 선한 것을 모아 거두어들이고, 악樂을 펼쳐 편안하게 한다. 그러므로 예라는 것은 의義의 열매인 것이다. 이렇게 의를 제도로 만든 것이 예다.[57]

---

57) 앞의 책. 같은 곳.

06
역과 인의의 탄생 비화

화음동정사지華陰洞精舍址**의 하도**(왼쪽)**와 낙서**(오른쪽)(강원도 기념물 제63호)

조선 후기의 당쟁과 정치적 불안 속에서 김수증은 1670년(현종 11) 화음동華陰洞에 들어가 초당을 짓고 곡운정사谷雲精舍라 하였다. 이후 1689년(숙종 15) 기사환국己巳換局으로 동생 김수항金壽恒이 사사되자 벼슬을 버리고 이곳에서 후학을 가르치며 지냈다. 김수증은 정자를 짓고 너럭바위 인문석人文石에 하도河圖와 낙서洛書, 복희의 선천팔괘도先天八卦圖, 문왕의 후천팔괘도後天八卦圖 등을 새겼다. 복희의 '희羲' 자와 문왕의 '문文' 자가 뚜렷이 보인다.

공자가 추구한 예는 인간이 인의人義를 따르기 위한 방편이었다. 그에게 예는 인의의 겉모습이었다면 인의는 그 내면을 채우는 마음이었다.

공자에게 '마음'은 인간이 인간으로서 가져야 할 '올바른 것'이었고, 그 '올바른 것'이란 『예기』에서 그가 언급한 '인의'였다. 그렇다면 우리는 이 '인의'를 그저 '인간의 올바른 마음'이라거나, '인간이 따라야 할 올바른 것'이라 해도 좋을 것이다. 그러나 '예'의 내면을 채우고 있는 그 '인의'는 도대체 어디에서 왔는가.

팔괘와 하도낙서의 전설

'인의는 도대체 어디에서 왔는가?'라는 물음은 답하기에 참으로 어려운 질문이다. 하지만 옛 유학자들은 이 질문을 피해 갈 수 없었다. 그들은 이 질문에 답하기 위해 참으로 다양한 접근을 시도했고, 그럴듯한 방법을 택하여 그럴듯한 답을 내놓기도 했다.

공자 이전에 이미 '역易'에 관한 글이 있었다. '역易'은 '바뀐다'는 뜻이다. 인간은 항상 변화하는 세상에서 불안하게 살아왔고, 그 불안을 없애기 위하여 앞날에 무엇이 일어날 것인지를 예견하려고 했다. 위대한 영혼을 가진 인류는 불안하고 어지러운 세상[亂世]을 걱정하면서 앞으로 무엇이 일어날 것인지를 미리 알아보려고 했다. 이 현상은 동서東西에 차이가 없어 보인다. 고대 그리스에서 진리를 추구하는 학문이 탄생한 것도 이와 같은 사연을 가진다.

'변화', 즉 '역易'에 관한 원리로 엮어진『역경易經』은 앞으로 일어날 길흉화복吉凶禍福을 미리 알아보려는 데서 생겨난 일종의 점서占書였다. 하지만 그것은 점서만은 아니었다. 지성을 소유한 사람들은 그 점치는 책의 밑그림을 들여다보고, 거기에서 일종의 철리哲理를 발견한 듯싶다. 그들은 그 밑그림을 이리저리 해석하여 자연의 섭리를 표면화하였고, 이를 바탕으로 인간 삶의 교훈과 도덕률을 만들어 내기도 했다.

아닌 게 아니라,『역경』의 내용은 변화무상變化無常한 자연현상이나 복잡하고 가변적인 인간사에 숨어 있는 변화의 이치를 찾아내고, 그 이치에 따라 살아가는 지혜로 엮어져 있다. 공자도 다소 욕심을 내어 말했다. "변화의 도를 아는 사람은 신이 하는 것을 안다."[1]고 말이다. 그 자신도 신이 되고 싶어서였는지, 공자는『역경』을 맨 가죽 끈이 세 번이나 끊어지도록 읽었다[韋編三絶]는 전설을 남겼다. 고대사회에서『역경』은 인생의 길잡이 노릇을 했다.

오늘날 우리에게 친숙한 역경은 주역周易이다. 그런데 주역이 있기 전 하夏나라 때에 연산連山이란 역易이 있었고, 은殷나라 때에는 귀장歸藏이란 역易이 있었다. 학자들은 이 역易의 철학이 세상에 널

---

1)『주역』, 계사전.

리 퍼져 영향을 크게 끼친 시기를 은나라 말기에서부터 주나라 초기로 잡는다. 하지만 우리가 가지고 있는 주역이 언제 누구에 의해서 지어졌는지는 의문으로 남아 있다. 그 결과 주역의 저자 이야기는 전설을 따라 복희까지 거슬러 올라간다. 왕필王弼은 주역의 팔괘八卦와 64괘를 모두 복희가 창안했다는 설을 내놓았고, 사마천은 복희가 팔괘를 창안하고 주나라 문왕이 64괘를 완성했다고 했다. 그런데 정현鄭玄을 가르친 마융馬融은 주역의 괘사卦辭는 문왕文王이, 효사爻辭는 주공周公이, 십익十翼은 공자가 지었다고 했다. 문왕의 괘사와 주공의 효사를 주역의 경문, 곧 역경易經이라고 한다.[2]

화음동정사지의 바위에 새겨져 있는 복희선천팔괘도伏羲先天八卦圖(왼쪽)와 문왕후천팔괘도文王后天八卦圖(오른쪽)

---

2) 앞의 책. 경문에서 첫 번째 괘 ☰ ☰ 건천위乾爲天를 보면, '건(하늘)은 크게 통하니 곧고 바라야 한다.'는 뜻의 '건원형이정乾元亨利貞'이라는 문장이 있는데 이를 '괘사卦辭'라 하고, 그다음에 '물속에 잠겨 있는 용이니, 쓰지 말 것이다.'라는 뜻의 '잠용물용潛龍勿用[初九]' 등 일곱 가지 문장이 있는데, 이를 '효사爻辭'라 한다. 또한 이 괘사와 효사를 묶어 '계사繫辭'라고 하며, 이를 총체적으로 자세하게 풀이한 것이 공자의 계사전繫辭傳이다. 계사전은 공자의 십익十翼에 들어 있다. 십익은 『주역』의 부록에 해당되는 셈이다. '십익十翼'이라고 이름을 붙인 것은 경문에 열 가지 날개를 달아 그 뜻을 올바르게 설명한 것이라는 뜻에서였다고 한다. 그 열 가지는 단전 상彖傳上, 단전 하彖傳下, 상전 상象傳上, 상전 하象傳下, 계사전 상繫辭傳上, 계사전 하繫辭傳下, 문언전 文言傳, 설괘전說卦傳, 서괘전序卦傳, 잡괘전雜卦傳이다.

공자는『주역』을 참으로 중요하게 생각했고, 그것을 공부하는데 깊은 관심을 가졌던 것으로 보인다. 이와 같은 그의 깊은 관심이『논어』의「술이편」에 보인다.

앞으로 몇 년만 더 살아서 쉰 살에 역학易學을 완전히 습득하면, 큰 허물없이 생을 마칠 수 있을 것이다.[3]

십익은 공자가 역학을 공부하면서 단 해설이다. 그렇다면 이렇게 말해도 무난할 듯싶다. 즉, 주역은 복희가 설계하고 주나라의 문왕이 완성했으며 공자가 이에 해설을 붙였다고 말이다.

중국 고대 신화에는 제왕들이 많이 등장한다. 삼황오제설三皇五帝說은 그 대표적 사례다. 사마천의『사기』에 따르면, 복희伏羲는 삼황[4] 가운데 첫째였다. 복희는 포희包犧로도 불린다. 그는 진陳에 도읍을 정하고 150년 동안 제왕의 자리에 있었다고 한다. 몸은 뱀과 같고 머리는 사람의 머리를 하고 있었으며, 해와 달과 같은 큰 성덕을 베풀었다고 한다. 그리하여 '끝없이 넓고 큰 하늘과 같다.'는 뜻의 '태호太昊'라는 호칭도 가지게 되었다고 한다. 다분히 신화적인 표현들이다. 또한 복희는 지금으로부터 3천여 년 전 수렵시대와 청동기시대에 혈거생활을 하던 원시 부족사회의 인물로도 묘사된다. 이런 이야기가 공자의『주역』「계사전繫辭傳」에 기록되어 있다.

---

3)『논어』, 술이.
4) 삼황은 복희伏羲, 신농神農, 여왜女媧다. 신화시대의 신들이다. 여왜는 복희의 부인이다.

옛날 포희씨包犧氏가 천하에서 임금 노릇을 할 때, 우러러 하늘에서 천문의 상象을 관찰하고 굽어서 땅의 법칙을 관찰하였으며, 새와 짐승들이 날고 뛰노는 여러 현상과 땅이 여러 모양으로 펼쳐져 있는 것을 관찰하였고, 가까이는 몸에서 멀리는 사물에서 여러 가지를 취하였는데, 여기에서 팔괘를 지어 신명神明의 덕에 통함으로써 만물의 실상을 여러 종류로 나누어 볼 수 있게 되었다.[5]

복희가 팔괘를 지었다는 것이다. 이를 복희의 '선천팔괘도先天八卦圖'라 한다. 세상이 만들어지는 태초의 팔괘도라는 뜻이다. 그래서 하늘의 모양과 땅의 현상과 새와 짐승들의 모양을 본뜨기도 했다. 마치 『창세기』의 천지창조 이야기를 듣는 듯하다. 복희와 『주역』의 팔괘에 관한 이야기는 신화의 한 토막이 되어 이곳저곳에 기록되어 있다. 우선 『주역』 「계사전」의 한 토막을 보자.

이러므로 하늘이 신비로운 물건을 낳으면 성인은 이것을 본뗬고, 천지가 변화하면 성인은 이것을 본뗬고, 하늘이 상象을 드리워 길흉의 징조를 띠우면 성인은 이것을 본뗬고, 하수河水에서 그림[圖]이 나오고 낙수洛水에서 글[書]이 나오면 성인은 이것을 본뗬다.[6]

---

5) 『주역』, 계사전.
6) 위의 책, 같은 곳.

신화시대에서 '하늘'은 높고 귀하며 신비로운 것을 상징했다. 이와 같은 신화가 등장한 시기는 지금으로부터 약 3천 년에서 6천 년을 거슬러 올라간다. 그런데 언젠가 복희가 나라를 다스리고 있을 때 황하黃河에서 길이 8척이 넘는 용마龍馬가 나타났고, 신기하게도 그 용마는 등에 그림을 지니고 나왔다. 이 그림을 우리는 황하에서 나온 그림이라 하여 '하도河圖'라 부른다.

복희는 이 그림으로 역의 팔괘를 만들었다. 또한 하나라의 우禹임금이 나라를 잘 다스리고 있을 때 황하의 지류인 낙수洛水에서 등에 글이 쓰여 있는 신구神龜, 즉 큰 거북이가 나타났다. 사람들은 이 글을 낙수에서 나왔다 하여 '낙서洛書'라 부른다. 우 임금은 이를 가지고 천하를 다스리는 홍범구주洪範九疇를 지었다.[7] 그리하여 낙서 또한 『주역』의 근원이 되었다는 전설이 이어오고 있다. 이 이야기는 『주역』 말고 칠경七經의 하나에 속하는 『위서緯書』에도 들어 있다.[8]

복희가 하도河圖를 본받아 역의 팔괘를 만들었다는 것은 각 괘를 천지만물로 상징화하고 이들을 서로 조합하여 만물이 생성하고 변화하는 모습을 그려 냈다는 뜻이다. 달리 말하여, 그는 팔괘를 가지고 세상이 생성하고 변화하는 모습을 기호화했다.

---

7) '홍범구주洪範九疇'는 '아홉 가지 큰 법'을 뜻한다. 『서경書經』에 들어 있다. 하늘이 하나라의 우 임금에게 큰 규범 아홉 가지를 내렸다는 내용이다. 『서경』 홍범편洪範篇을 보면 기자箕子가 무왕에게 전한 내용이 있다. 어느 날 기자에게 무왕이 물었다. "오! 기자여. 하늘은 몰래 백성들의 삶을 도우시고 화합하게 하시는데 나는 그 일정한 윤리가 베풀어지는 바를 알지 못하고 있소." 이에 기자가 말했다. "우 임금이 나라를 다스리니 하늘은 우 임금에게 큰 규범 아홉 가지를 내리시어 일정한 윤리가 베풀어졌습니다." 우 임금은 홍수를 다스린 전설상의 황제로 하나라를 건국한 인물이다.

8) 칠경七經은 육경六經에 『위서緯書』를 더한 것이다.

팔괘는 천지만물을 상징한다. 건乾☰, 곤坤☷, 간艮☶, 태兌☱, 진震☳, 손巽☴, 감坎☵, 이離☲가 그와 같은 사물들이다. '건乾'은 하늘이고, '곤坤'은 땅이며, '간艮'은 산이고, '태兌'는 못이며, '진震'은 우뢰이고, '손巽'은 바람이며, '감坎'은 물이고, '이離'는 불이다. 따라서 팔괘는 하늘과 땅과 산과 못과 우뢰와 바람과 물과 불로 구성되는 천지만물의 구성 요소들인 셈이다. 팔괘가 신묘한 힘에 의해서 서로 화합하고 변화하여[易], 이로부터 만물이 생성된다고 믿었던 것이다. 팔괘를 낳는 '신묘한 힘'을 '음양의 조화'라고 했다. '음양의 조화'는 좀 더 구체적으로 '음양의 화합과 변화'를 뜻한다.

송대宋代에 이르러 주돈이周敦頤는 상상의 날개를 마음대로 넓히어 음양의 조화를 일으키는 원동력을 찾아 나섰다. 그는 태극太極을 그 원동력으로 삼아 팔괘의 가운데에 넣었다. '태극'은 '큰 법칙' 곧 우주의 기원에 관한 원리이고, 그 안에 음양의 조화를 그려 넣었으니 '태극'과 '음양'은 의미를 달리하는 단어들이 아니다. 그리하여 팔괘는 큰 법칙인 태극에서 발하고 생성되는 것이라고 생각했다. 이것을 하나의 그림으로 표시한 것이 주돈이의 태극도太極圖다. 그러나 '태극'이라는 단어는 이미 『주역』을 주해한 공자의 「계사전」에 나오니, 그것은 주돈이가 만들어 낸 말이 아니다. 그러나 '태극'이 공자의 언어라고 단정 짓기도 어렵다. 왜냐하면, 「계사전」이 어느 한 사람의 작품이라고 보기가 어렵기 때문이다. 하지만 '태극'은 문왕과 주공이 썼다는 『주역』의 경문에는 보이지 않는 단어다. 그것은 오직 한 번 『주역』의 「계사전」에 나올 뿐이다.

'태극'이라는 말이 어떻게 출현했든, 그것은 팔괘, 곧 천지만물이 생기기 전을 말하기 위하여 만들어 낸 것일 수밖에 없다. 마치 서양 철학자들이 천지창조를 말하기 위해 '혼돈chaos'이라는 말을 만들어 '태초에 혼돈이 있었으니……'라고 말하였듯이 말이다. 어떻든 태극도설에 따르면, 천지가 탄생할 때 태극이 있었고, 그것은 다만 시작도 끝도 모양도 일정한 무게도 면적도 냄새도 만질 수도 없는 것이었다. 그래서 아무것도 없는 그 한량없는 것을 '무극無極'이라고 했다. '무극이 태극', 또는 '태극이 무극'이란 말은 이렇게 하여 생겨났다. 모든 것이 처음에는 무극이고 태극이라는 뜻이다. 하지만 이는 후대에 성리학이 나타나서 주로 사용한 용어들이다.

『주역』에서 '음陰'과 '양陽'은 팔괘를 낳는 두 요소다. '음'은 어둡고 고요하고 정지된 상태로서 정靜한 것이며, '양'은 밝고 생기 있고 움직이는 상태로서 동動하는 것이라고 생각했다. 그리하여 정적인 음과 동적인 양의 결합으로 천지만물이 생성된다고 생각했다. 음이 다하면 양이 오고, 양이 다하면 음이 오는 순환 논리는 '역易'의 기본 원리이고, 『주역』의 주제였다. 그리하여 '역'은 우리의 주위에서 일어나는 세상의 변화를 설명하기 위해 만들어진 개념이다.

아닌 게 아니라, 음과 양의 조화는 존재하는 것의 생성과 변화를 상징한다. 음이 다하면 양이 오고, 양이 다하면 음이 오는 이 끊임없는 음과 양의 균형과 조화는 『주역』에서 만물이 생성하고 변화하는 현상을 설명하는 틀이 되었고, 이로써 사람들은 변화무쌍한 세상에서 그 세상을 읽으면서 안심하게 되었다. 이와 같은 이야기가 공자가 썼다는 『주역』의 「계사전」에 있다.

이러므로 역易에 태극이 있으니 이것이 양의兩儀를 낳고 양의는

4상四象을 낳고, 4상은 팔괘를 낳는다. 팔괘는 길하고 흉한 것을 낳고, 길하고 흉한 것은 큰 일[大業], 곧 변화를 낳는다.[9]

태극에서 음과 양이라는 양의兩儀가 나오고, 또 여기에서 4상四象, 곧 태양太陽과 소양少陽과 태음太陰과 소음少陰이 나오고, 또 여기에서 팔괘八卦가 나오며, 그 뒤 그것은 길하고 흉한 것, 또는 선하고 악한 것을 만들어 낸다는 것이다. 여러 가지 인간사도 이렇게 탄생한다는 것이다. 그러나 선인先人들은 태극에서 발하는 음양의 화합과 변화의 원리에 따르는 것을 선하다고 생각했다.

복희는 팔괘를 만들어 세상을 나누었다. 세상을 나누니 하늘[乾]과 땅[坤]과 산[艮]과 연못[兌]이 생겼는가 하면, 우레[震]와 바람[巽]과

화음동정사지에 있는 음정양동도陰靜陽動圖

---

9) 『주역』, 계사전.

물[坎]과 불[離]도 생겼다. 동양에서 '천지창조'는 이렇게 이루어졌다.

그러나 복잡하고 다양한 자연현상이나 인간에 관한 일을 이 팔괘만으로 묘사해 낼 수는 없었다. 그리하여 그들은 팔괘를 다시 제곱해서 64개로 증폭하였다. 64괘는 화합하여 새로운 것들을 생성하였다. 하늘과 땅과 산과 못과 우레와 바람과 물과 불이 서로 결합하여 더욱 다양한 새로운 세상을 만든 것이다. 그리하여 손巽괘와 이離괘, 곧 바람과 불이 결합하여 '가족'을 낳고[風火家人], 건乾괘와 이離괘, 곧 하늘과 불이 결합하여 '사람들의 모임'을 낳고[天火同人], 곤坤괘와 진震괘, 곧 땅과 우레가 결합하여 '돌아옴'을 낳았다[地雷復]. 이는 모두 음양의 변화[易]가 만들어 낸 현상들이다.

선인들은 역의 원리를 따라 살았다. 공자가 인의를 바탕으로 예를 만든 것은 이와 같이 역의 원리에 순응하기 위한 것이었다. 그렇다면 노자가 그랬듯이, 공자를 가리켜 예를 '인위적'으로 만들어 백성을 다스리려 했다고 꾸짖은 것은 다소 성급한 것인지도 모른다. 그것은 적어도 자연의 이치에 어긋나는 불합리한 억지가 아니었으니 말이다. 공자의 이런 생각은 『주역』의 「계사전」에 펼쳐져 있다. 「계사전」은 『주역』의 중심 개념인 '역易'의 의미를 이렇게 풀었다.

음기陰氣로 되기도 하고 양기陽氣로 되기도 하는 것을 '도道'라 한다. 이것을 계속하는 것이 선善이고, 이것을 이룩하는 것이 성性이다. ……낳고 또 낳는 것[生生]을 '역易'이라 하고, 상象이 이루어지는 것을 '건乾'이라 하며, 이 법칙을 본받는 것을 '곤坤'이라 한다. 수리數理를 극진히 하여 미래를 아는 것을 '점占'이라 하고, 변화에 통달하는 것을 '일[事]'이라 하며, 음양을 헤아릴 수 없는

것을 '신神'이라 한다.[10]

　흔히 동양철학자들의 이야기로 '모든 것이 다 여기에 들어 있다.'고 할 수 있는 참으로 아름다운 문장이다. 인간의 생각이 어디까지 미치는지를 한눈에 볼 수 있다. '도'란 음의 기운과 양의 기운이 생겨나 서로 이렇게 저렇게 화합하는 것이라고 한 것이다. 이는 만물이 생성되는 모습을 그린 것이다. 이와 같은 생각을 우리는 얼마든지 할 수는 있다. 비록 그 '도'란 것을 시현示現시키기는 어렵지만 말이다. 그러나 가만히 앉아서 보면 세상은 다 그렇게 돌아간다는 사실[易]을 엿볼 수 있다. 그리고 그것에 '도道'라는 기호를 붙이든 '길'이라는 기호를 붙이든, 그것은 별 문제가 되지 않을 것 같다. 다만, 그런 생각이 그럴듯하면 된다. 세상은 그럴듯한 곳으로 길이 나기 마련이니까 말이다. 그래서 「계사전」도 결국 '음양을 헤아릴 수 없는 것을 신神이라 한다.' 하지 않았는가 싶다.

　다른 한편, 음양의 일어남이 끊이지 않고 서로 바뀌고 계속되는 것을 '선善하다.'고 한 것은 정말 다행이다. 『창세기』도 무엇인가를 만들어 놓고 '좋더라.'라고 했으니, 이 또한 『주역』과 다름이 없어서 좋다. 또한 이렇게 선한 것을 이룩해 나가는 것을 존재하는 것의 '본성[性]'이라 한 것도 참으로 그럴듯하다. 그리스 사람들이 무엇인가가 기능을 제대로 하는 것을 '덕德, areté'이라 하고, 그것을 '선agathos' 한 것이라고 했으니, 인류가 같은 생각을 한다는 데 안심이 된다.

---

10) 앞의 책, 같은 곳. 一陰一陽之謂道 繼之者 善也 成之者 性也 …… 生生之謂易 成象之謂乾 效法之謂坤 極數之來之謂占 通變之謂事 陰陽不測之謂神.

그런데 낳고 또 낳는 것[生生]을 '역易'이라 하고, 상象이 이루어지는 것을 '건乾'이라 한다는 것은 또 무엇을 의미하는가.

> 이러므로 역易이라는 것은 상象이고, '상象'이라는 것은 상像이다. '단彖'이라는 것은 재료[材]다. '효爻'라는 것은 천하의 움직임을 본받는 것이다. 그러므로 좋고 나쁜 일이 생기고 뉘우치고 한탄하는 일이 생겨나게 된다.[11]

'역易'은 '낳고 또 낳는 것'을 일컫는다. 그것이 '역'의 개념이다. 그러므로 세상의 일이 '낳고 또 낳은 것'을 끊임없이 이어 갈 때, 그것을 '좋은 것[善]'이라고 했다. 또 역이 '낳고 또 낳는 것'을 가리킨다면, 그것은 무엇인가가 작용을 하고 있는 것이다. 그 작용을 하는 짓 또는 모습을 '상象[imagination]'이라 하고, 그 결과 어떤 꼴을 취하여 나타나는 것을 '상像[image]'이라 한다는 것이다. 예컨대, '하늘'로써 건乾이나 '땅'으로써 곤坤이 그런 결과로 나타난 상像이 되는 셈이다.

'단彖'은 역易이 빚어 낸 상像들을 가지고 판단하고 설명하는 것을 뜻한다. 단彖을 엮어 낸 것, 즉 단사彖辭 또는 단전彖傳은 『역경』을 쉽게 풀이한 것으로서 십익十翼의 한 부분이다.

단사彖辭에 표현된 공자의 사상은 중요하다. 그것은 하늘의 도[天之道]를 사람의 도[人之道]로 주체화함으로써 하늘의 것을 인간의 것으로 귀환한 것이기 때문이다. 예컨대, 건괘乾卦에 대하여 단사

---

11) 앞의 책, 같은 곳. 易者象也 象也者像也 彖者材也 爻也者 效天下之動者也 是故 吉凶生而悔吝著也.

는 하늘이 어떻게 존재하게 되는지, 그것에서 천지만물이 어떻게 생성되는지, 인간의 본성과 윤리적 언명[性命]이 어떻게 생겨나는 지를 설명하는 문장이다. 결국, 공자가 단사를 쓴 것은 하늘의 도와 사람의 도를 한 줄로 꿰는 틀을 마련하기 위한 것이었다.

'효爻'는 변화, 곧 역易의 작용을 본받는 과정을 설명한 것이다. 이와 같은 말은 난해하게 들릴지 모른다. 하지만 이를 간단히 표현한다면 이렇다. 우리가 흔히 자연현상에서 볼 수 있는 것과 같이, 자연은 변화를 거듭하는데, 그것은 역의 원리가 만들어 내는 것이고, 우리가 그 변화의 원리를 잘 관조하고 그 과정을 본받으면 흉한 것을 피하고 길한 것을 얻게 된다는 것이다. 결국, '효爻'는 만물이 변화하는 원리에서 인간이 좋은 것으로 본받는 원리를 이끌어 낸 것이다.

역의 창안자는 인간이 변화의 원리를 잘 따르면 흉한 것을 피하고 길한 세상을 만들어 나갈 수 있을 것이라고 생각했다. 공자 또한 인간은 이 역이 만들어 내는 온갖 상像을 보고 이해하며, 그 생성원리를 본받아야 한다고 말한 것이다. 이는 군주가 세상을 다스리는 데에도, 백성이 세상을 살아가는 데에도 예외 없이 해당되는 말이다. 그리하여 공자는 『주역』의 가치를 다음과 같이 진술했다.

역易은 지극한 것이다. 대체로 역은 성인聖人이 도덕을 숭상하고, 그 결과로 공적인 일을 효과적으로 해내도록 하기 위해서 만들어진 것이다. 지혜는 높이어 숭상해야 할 것이고, 예법은 몸을 낮추어 따라야 할 것이니, 높이는 것은 하늘을 본받는 것[乾]이고, 낮추는 것은 땅의 법칙을 따르는 것[坤]이다. 하늘과 땅이 자리를 베풀어 놓으면, 역은 그 가운데에서 이루어진다. 인간 본성이 법칙을 따라 이루어진 것을 잘 보존하는 것이 도의 문으로 들어가는 길이다.[12]

역의 의미와 그 중요성을 공자는 이렇게 풀어냈다. 문왕이 그랬든, 다른 누가 그랬든, 역을 세상에 내놓은 것은 군주와 백성이 역의 원리를 따라 살도록 한 것이었다. 그것은 결국 도덕의 숭상이었다. 그리고 이 도덕은 높은 곳에 있는 하늘과 낮은 곳에 있는 땅 사이에서 이루어지는 역의 작용이라는 것이 공자의 생각이었다.

그런데 역의 작용을 저 높은 곳에 있는 하늘과 낮은 곳에 있는 땅 사이에서 이루어지는 것이라고 한 것은, 결국 역의 작용이 인간의 실천적인 삶에서 발하여 하늘의 이론적인 것을 흠모하고 숭상하는 정신작용이라고 말하는 것과 다른 것이 아닐 것이다. 그리고 이 정신작용에 의해서 이루어지는 실천적 삶의 모형을 공자는 인의를 바탕으로 하는 예로 설계해 냈던 것이다. '공자의 인의가 어디에서 왔는가?'라는 물음에 성급히 준비한 답이다.

사람의 도로서 인의의 탄생

'사람으로서 마땅히 따라야 할 도리'라는 뜻을 갖는 인의人義는

---

12) 앞의 책, 같은 곳.

구체적으로 인仁과 의義를 가리킨다. 그렇다면 우리의 질문, '공자의 인의人義는 어디서 왔는가?'라는 질문은 '인의仁義는 어디서 오는가?'라는 질문으로 바꾸어도 될 것이다. 어떻든 '인'과 '의'에 대하여 『주역』 말미에 붙은 「설괘전」은 이렇게 말한다.

> 옛날에 성인聖人이 역易을 지으실 때, 삶(장래의 일)은 성명性命(하늘이 내려주는 이치)에 순응해야 하는 것이라고 했다. 그러므로 하늘의 도를 세워 음과 양이라 하고, 땅의 도를 세워 유柔와 강剛이라 하고, 사람의 도를 세워 인仁과 의義라 했다.[13]

바야흐로 인의仁義의 탄생이다. 하늘에 도道가 있듯이 땅에도 도가 있고, 하늘과 땅에 도가 있듯이, 사람에게도 도가 있게 되었다. 사람의 도를 '인仁'이라 하고 또 '의義'라 했다. 이렇게 하여 성인은 역을 지을 때, 거기에 여섯 자리를 두었다. 음과 양, 유柔와 강剛, 그리고 인仁과 의義다. 또한 음과 양의 화합과 변화를 따라 '하늘의 도[天之道]'를 닦았고, 물리적 세계의 성질, 곧 유함[柔]과 강함[剛]의 성질을 따라 '땅의 도[地之道]'를 닦았으며, 인仁과 의義를 따라 '사람의 도[人之道]'를 닦았다.[14] 이렇게 하여 이 세상에 하늘의 길, 땅의 길, 그리고 사람의 길이 열리게 되었다. 이른바 '삼재지도三才之道'의 출현이다.

우리가 찾고 있는 인의의 근원은 '사람의 도'에 있다. '사람의 도

---

13) 앞의 책, 설괘전.
14) 위의 책, 계사전 및 설괘전.

를 세워 인과 의라 했다.' 했으니 말이다. 『주역』의 세상에서 인의
는 이렇게 생겨났다. 인류의 역사에서 드디어 인간이 추구하는 가
치의 세계가 탄생한 것이다.

그러나 인류의 역사에서 가치는 하도와 팔괘의 조합에서만 탄
생한 것은 아닐 것이다. 그것은 그 이전, 그러니까 인간의 삶이 시
작된 그 순간부터일 것이다. 우리가 역에서 보고 있는 가치의 탄
생은 단순히 가치가 탄생하는 하나의 모형을 그려 낸 것에 지나지
않는다.

『주역』은 '사람의 도'가 '하늘의 도'를 본받는 모형을 그려 낸 작
품이다. 역이 본질적으로는 '하늘의 도'를 말한 것이지만, 그것을
창안한 자의 마음은 결국 그 '하늘의 도'에서 '사람의 도'에 해당되
는 길吉하고 복福된 것, 곧 도덕적 선의 모형을 점쳐 내려고 했던
것이다. 『주역』의 경문에서 괘사卦辭 몇 편을 골라 읽어 보자.

건乾☰이 위에, 감坎☵이 아래에 오는 송괘訟卦는 '하늘과 물은
송사다[天水訟].'라는 괘다. 이 괘는 송사에는 제대로 진행되는
경우도 있고 막히는 일도 있으며, 두려워하여 중도中道를 얻으
면 좋으나, 마침내는 나쁘고, 대인大人을 보는 것은 이로우며,
큰물을 건너는 것은 불리하다고 푼다.

곤坤☷이 위에, 감坎☵이 아래에 오는 사괘師卦는 '땅과 물은 군사
의 동원이다[地水師].'라는 괘다. 이 괘는 군사를 동원하는 일은 명
분이 바르고 덕 있는 어른[丈人]이어야 좋고 허물이 없다고 푼다.

감坎☵이 위에, 곤坤☷이 아래에 오는 비괘比卦는 '물과 땅은 친하게 지낸다[水地比].'라는 괘다. 이 괘는 서로 친하게 지냄은 좋은 일이고, 다시 점을 쳐 크고 길고 곧은 징조면 허물이 없으며, 편안하지 않아야 비로소 찾아오는 자가 있고, 뒤늦으면 굳세더라도 바쁘다고 푼다.[15]

『주역』을 읽어 보면 이처럼 무엇인가 우리에게 다가오는 것이 있다. 그것은 역易의 진술 방식이다. 자연이 변화하는 모습을 본받아 인간이 변화하는 모형을 진술해 내는 방식이다. 예컨대, 하늘과 물의 관계를 보고 '두려워하여 중도中道를 택하면 좋다.'라거나, 땅과 물의 관계를 보고 '군사를 동원하는 일에는 덕 있는 어른이어야 좋고 허물이 없다.'라거나, 물과 땅의 관계를 보고 '서로 친하게 지냄이 좋다.'는 진술 방식이 그렇다. 자연의 변화에서 도덕률을 이끌어 내는 방식이다.

역의 취상작용

『주역』에서 괘를 가지고 역易의 현상을 엮어 낸 목적은 단순히 점을 치기 위한 것만은 아니었을 것이다. 그것은 근본적으로 인간 심정과 인간사를 도덕적 원리로 다듬기 위한 것이었다. 유가에게

---

15) 앞의 책, 경문.

『주역』은 일종의 도덕책이었다. 공자의 글이라는 『주역』의 「계사전」 첫머리를 다시 읽어 보자.

하늘은 높고 땅은 낮으니 건괘乾卦와 곤괘坤卦가 정해지고, 낮은 것과 높은 것이 베풀어지니 귀한 것과 천한 것이 자리를 잡으며, 움직이는 것과 고요한 것이 항상 있게 되고, 강한 것과 유한 것이 나뉜다. 또한 같은 것들을 모으고 사물을 떼별로 나누니, 거기에서 길한 것과 흉한 것이 생겨나게 되었다. 그리하여 하늘에는 형상形相들이 이루어지고, 땅에서는 온갖 현상現像들이 나타나게 되었다.16)

「계사전」의 이 부분은 하늘과 땅, 곧 자연현상이 어떻게 생겨나고 자리를 잡는지를 말한다. 같은 것은 모으고, 다른 것은 나눈다는 것이다. 그리하여 귀한 것과 천한 것, 강한 것과 유한 것, 길한 것과 흉한 것을 나눈다고 말한다. 모으고 나누니 세상이 생겨날 것이다. 그리하여 하늘에는 형상이 이루어지고 땅에는 현상들이 나타난다는 것이다. 또 다른 '천지창조'다.

「계사전」의 첫머리는 불안하고 위험한 세상을 근심하고 걱정하면서 보다 선한 것을 찾는 인간의 정신작용을 표현했다. 그것은 선인들이 관조한 것과 같이, 그리고 역의 작용이 여러 가지 상像을 만들어 내듯이, 인간 삶은 근본적으로 흉함을 피하고 길함을 추구

---

16) 앞의 책, 계사전.

한다는 것을 말하려고 한 것이었다. 『주역』은 자연이 만들어 내는 상像[形也]을 보면서 자연 그대로의 상像을 만들어 내도록 강요하는 것이 아니라, 우리를 인간적 삶의 상像[肖似]을 본뜨는 방식을 취하는 방향으로 수직 이동을 시킨다고 보아야 한다. 『주역』은 상象[imagination]으로써 상像[image]을 본뜬 그림책, 다른 말로 인간 삶의 모형을 그려 낸 일종의 그림책이다.

한 가지 예를 더 들어 보자. 『주역』의 「단사象辭」에 태兌와 곤坤으로 조합을 이룬 췌괘萃卦☱ ☷가 있다.

> 췌괘는 '모임'의 상像을 만드는 작용이다. 순함으로 기뻐하고, 강한 것이 가운데서 응한다. 그러므로 함께 모이는 것이다. 왕이 종묘에 가 있게 되었다 함은 효도로 제사를 드린다는 것이다. 대인을 만나 보는 것이 이롭다 함은 바른 도道로 모인다는 것이다. 큰 희생물을 사용하면 길하고, 갈 데가 있어 이롭다 함은 천명에 순응하는 것이다. 이렇게 모이는 것을 관찰하면, 천지만물의 정情이 어떻게 작용하는지 볼 수 있다.[17)]

이 「단사」에서 우리는 췌괘가 만들어 내는 상象의 작용이 어떤 것이고, 그 상象의 작용으로 어떤 상像이 만들어지는지를 분명하게 읽어 볼 수 있다. 즉, 췌괘를 구성하는 태兌와 곤坤, 즉 못과 땅이 만나 '모임'이라는 것을 만드는 작용을 한다. 이를 취상작용取象作用

---

17) 앞의 책, 단사.

이라고 한다.

역의 눈으로 보면 인간은 이렇게 취상작용에 의해서 삶에 들어 오는 길하고 흉하게 되는 이미지[像]를 그려 내고, 그런 다음에는 흉하게 되는 것을 버리고 길하게 되는 꼴을 만들어 낸다. 그리하 여 '강한 것이 가운데서 응하고', '효도로 제사를 드리며', '바른 도道 로 모이고', '천명에 순응하는' 상像을 만들어 낸다.[18] 이와 같은 상 像은 여러 가지 유형으로 나타난다. 글이나 예절, 그리고 제도와 같은 것들이다. 낙수洛水에서 나온 신구神龜의 등에 쓰여 있었다는 낙서洛書를 가지고 취상작용을 하여 홍범구주洪範九疇를 만든 것이 세상을 다스리는 '다스림의 상像'이 되는 것이라든지, '모임'이라는 상象의 작용이 제사를 올리는 상像으로 나타나는 것도 매한가지다. 인의人義가 내면화된 예가 이와 같은 상像의 일종이다. 모든 예는 상象이 상像을 낳는 꼴이다. 이는 모두 끊임없는 변화, 곧 역의 변 증법적 프로세스에서 이루어진다. 그래서 '역'은 끊임없이 변화하 는 선善을 만들어 나간다.

---

18) 고대사회에서 '효도'는 '제사'와 가장 밀접하게 연관되어 있었다. 『맹자』 이루장구離婁章句에 '불 효'에는 세 가지가 있다고 한 부분이 있다. 후한 말의 조기趙岐는 이 세 가지 불효를 이렇게 열 거했다. 부모가 하자는 대로 하여 부모를 불의不義에 빠트리는 것, 어버이가 연로한데 자식이 녹을 받는 벼슬을 하지 않는 것, 아내를 맞이하지 않아서 아들을 두지 못하여 조상의 제사를 지 낼 수 없게 되는 것이었다.

역이 닦는 사람의 길

『주역』은 만상을 극히 간결하고 질서정연한 체계로 기술해 냄으로써 불완전하고 근심스러운 인간 삶에 위안을 주고 흉한 것을 길한 것으로 바꿔 준다. 그래서 옛 성인들은 불안하고 예측 불가능한 인간사를 이해하려고 역易의 원리에 크게 의존했던 것이다. 공자 자신도 예외가 아니었다. 그가 『역경』을 맨 가죽 끈이 끊어지도록 읽었다는 이유도 여기에 있었을 것이다.

'사람의 도'로써 인의仁義도 '하늘의 도'처럼 항상 이치[理]가 이끈다고 설괘전은 말한다. 그리하여 '하늘의 도'처럼 '화순和順함이 도덕에 있고, 이치가 인의에 있다.'고 말한 것이다. 또한 이 '이치를 잘 따름으로써 본성을 극진히 따르게 되고 결국 천명에 이르게 된다.'고 한다.[19]

하지만 우리가 여기에서 조심할 것이 하나 있다. 그것은 '하늘의 도'가 곧 '사람의 도'라고 생각하는 것은 위험하다는 것이다. 이와 같은 위험을 피하려면 우리는 '하늘의 도'가 있고, '땅의 도'가 있으며, '사람의 도'가 있다는 말에 무관심해서는 안 된다. 이 말은 세 가지 도, 즉 삼재지도三才之道에는 각각에 해당되는 논리적 특성이 있다는 뜻이다. 진실로 이 논리적 특성에 따라 '하늘의 도'와 '땅의 도'와 '사람의 도'는 특질을 달리하는 세 갈래 길로 나뉜다. 그러므로 만약 이 각각의 길이 다르다면 이들을 어느 하나, 예컨대 '하

---

19) 『주역』, 설괘전. 和順於道德而理於義 窮理盡性 以至於命.

늘로 가는 길'에 '사람으로 가는 길'을 환원시키는 것은·논리적으로 불가능하다는 뜻이 된다. 비록 '사람의 길'이 '하늘의 길'을 본받을 수는 있다 하더라도 말이다.

　다시 상기해야 할 것이 있다. 성인이 역을 지을 때, 거기에 여섯 자리를 두었다는 내용이다. 여섯 자리는 음陰과 양陽, 유柔와 강剛, 그리고 인仁과 의義다. 또한 존재론적 특성으로써 음陰과 양陽의 화합과 변화를 따라 '하늘의 도[天之道]'를 세웠고, 물리적 특성으로써 유함[柔]과 강함[剛]의 성질을 따라 '땅의 도[地之道]'를 세웠으며, 도덕적 특질로써 인仁과 의義를 따라 '사람의 도[人之道]'를 세웠다는 내용다.[20] 이렇게 하여 성인이 이 세상에 서로 구분 준거[特質]가 다른 하늘의 길, 땅의 길, 그리고 사람의 길을 닦아 놓았다면, 이 길들을 구분하지 않는다거나 어느 하나를 다른 하나에 환원시키는 것은 원래의 뜻, 즉 구분 준거를 배반하는 일이 된다는 사실도 상기해야 한다. 사람은 사람의 길을 가아지 하늘의 길로 가지 말아아 한다는 뜻이다. 성리학자들이, 노자가 그랬듯이, 적나라한 사람의 길을 벗어나 하늘의 길로 갔다는 것도 기억해 둘 만하다.

　지금 우리가 찾고 있는 인의의 근원은 '사람의 도'에 있음을 확인해야 한다. '사람의 도를 세워 인仁과 의義라 했다.'는 말의 의미 확인 말이다. 인의人義의 요소로서 인의仁義는 성인이 닦아 놓은 사람의 길이었다. 그것은 하늘의 길이나 땅의 길에서 온 것이 아니다.

---

20) 앞의 책, 계사전 및 설괘전.

'삼재지도三才之道'는 각 도가 질적으로 구분되기 때문에 생겨나는 길이다. 이들 도가 이렇게 구분되는 것은 이들 사이에 각각 다른 구분 준거가 존재한다는 뜻이다.[21] 재才, 곧 질質이 다르니, 그 다른 질에 따라 다른 길이 트이게 된다. 이렇게 삼재지도가 구분 준거에 의해서 의미 있게 나뉘는 것이라면, 바로 그 이유 때문에 우리는 '하늘의 도'에서 '사람의 도'가 논리적으로 연역된다거나 '사람의 도'가 '하늘의 도'에 논리적으로 환원된다고 말해서는 안 된다.

그러나 『주역』이 옳게 가르치듯이, 우리는 '하늘의 도'에서 배울 것이 많다. 그것은 거기에서 일어나는 역易의 작용과 그 상象의 작용이 보여 주는 자연의 질서와 신비다. 또한 우리가 깨달아야 할 것은 자연의 현상에 '하늘의 도'가 있듯이 인간의 세상에 '사람의 도'도 있다는 것이고, 자연이 '하늘의 도'를 따르지 않으면 안 되듯이 인간은 '사람의 도'를 따르지 않으면 안 된다는 사실이다.

『주역』의 계사전에 이르기를 "역이란 것은 하나의 짓이고, 짓이란 것은 하나의 꼴이다. ……그러므로 길하고 흉한 것이 생기어 뉘우치고 부끄러운 일이 나타났다."고 했다. 또 이르기를 "역을 지은 사람은 원래 근심과 걱정이 있었을 것이다."라고 했다.[22] 이 글을 지은 사람은 틀림없이 난세에 예민한 사람이었을 테고, 무력한 인간으로서 예측할 수 없는 변화에 대한 두려움이 있었을 것이다. 그뿐 아니라, 이 두려움에서 벗어나기 위해서 인간은 흉한 것을

---

21) 앞의 책, 계사전. '삼재지도三才之道'에서 '재才'는 '질質'과 동의어다.
22) 위의 책, 같은 곳. 是故 吉凶生而悔吝著也 作易者 其有憂患乎.

피하고 길한 것을 추구해야 한다고 역설했을 것이다. 이른바 인의人義의 길인 '사람의 도'는 이렇게 하여 트이게 되었을 것이다. 인간만이 가지고 있는 성찰의 메커니즘에 의해서 말이다. 그러나 이 꺼지지 않는 인간 정신의 메커니즘은, 거기에 내재되어 있는 그칠 줄 모르는 그 변증법적 역동이 만들어 내는 아름다운 역易의 프로세스다.

07

중용으로 세상 보기

김준일 어린이의 습자

이 '中' 자는 김준일 어린이가 4세 때 한학자이자 서예가인 외조부 댁에 갔다가 그의 글씨 쓰기를 흉내 낸 것이다. 어린이의 더없이 맑은 마음에 비친 한자 표준체인 해서체楷書體의 '中' 자를 구김 없이 재구성하여 투사해 낸 그 표현법이 흥미롭다. 이 표현법을 뜯어보면 '입구[ㅁ]' 자와 그 중앙을 위아래로 꿰뚫는 '곤[丨]' 자로 구성된 회의문자會意文字 '中' 자에서 그 중심이 되는 '꿰뚫을 곤[丨]' 자를 살려내어 이미지화 했다. 그뿐만 아니라, 곤[丨] 자의 양옆에 깃발을 달아 놓았는데, 그것은 기원전 16세기 은나라 때 최초로 만든 갑골문胛骨文 '中'의 원형을 닮았다. 갑골문에서 '中'은 상형문자로 사방의 한가운데에 꽂아 놓은 깃발을 그려 낸 것이다. 순수한 어린이의 마음에서 서체 변천의 역사 반복recapitulation이 엿보여 마냥 신기하기만 하다.

갑골문에서 '中'은 깃발이 꽂힌 '사방의 한가운데[四方之央]'를 가리키는 글자가 되었다. 그래서 '中'은 '마음'이라는 뜻도 가진다[心也]. 『사기』에 '정동어중情動於中'이라는 어구가 있다. 인간의 심정은 마음에서 발동한다는 뜻이다. '中'은 '마음'을 가리킨다. '中'은 그래서 올바른 마음으로써 '정덕正德'이라고도 푼다. 『중용』에 '중야자 천하지 대본야中也者 天下之大本也'라는 어구가 있다. '中'을 천하의 근본이라고 한 것이다. 그러나 그 근본은 인간 마음 한가운데에 있다. '中'은 『중용』의 중심개념이다.

예로부터 무력한 인간은 예측할 수 없는 변화[易]를 두려워하고, 흉한 것을 피하고 길한 것을 추구하면서 편안한 세상을 소망했다고 가르친다. 이와 같은 소망을 품게 되는 것은 인간만이 가지고 있는 선을 향한, 그 성찰의 메커니즘 덕이다. 『역경』의 현대판인 『주역』은 고대사회에서 일고 있었던 이 성찰의 메커니즘을 변형하지 않은 채, 우리에게 고스란히 전한다. 역易의 원리다. 역의 원리는 참으로 난해하지만, 공자는 『주역』에 「계사전繫辭傳」을 붙여 그 난해성의 정도를 크게 줄였다.

'역易'은 '낳고 또 낳는 것'을 일컫는 것이었다. '역'은 '변화'이고, 이 변화는 '낳고 또 낳는 것'이 끊이지 않는 것을 의미했다. 그것을 '좋은 것[善]'이라고 했다. '역'이 '낳고 또 낳는 것'을 가리킨다면, 그것은 무엇인가의 작용일 것이다. 그 작용의 짓 또는 모습을 '상象'이라 하고, 그 결과 어떤 꼴을 취하여 나타나는 것을 '상像'이라 했다. 그리고 이 과정을 취상작용取象作用이라 했다.

사람으로서 가장 선한 것을 상상해 내는 취상작용은 인간이 살아가는 데 취할 가장 알맞은 행위를 만들어 취하는 일이다. 인간 세상에는 누가 보아도 인간 행위로써 가장 알맞은 것이 있고, 그렇지 않은 것이 있다. 인간 행위로써 가장 알맞은 것을 상상해 낸다는 것은 우리에게 선한 것이고, 그 결과로 세상은 그런대로 편안한 곳이 된다. 이는 역의 원리 속에 내재한 인간의 소망이었고, 이 소망은 하, 은, 주의 역사이기도 했다. 이 역사 속의 소망이 인간 삶의 실천적 원리로 나타난 것이 중용中庸이다. 중용의 원래 터는 역경易經이었다. 모두 역의 취상작용이 현실화된 것이었다. 중용은 일종의 세상 보기이고, 세상 만들기였다. 예를 실행하여 그런대로 편안한 세상을 만들려면 먼저 중용으로 세상 보기를 하지 않으면 안 되었다.

성군들이 닦아 놓은 중용의 길

신화의 세계를 방불케 하는 고대 중국은 성인聖人들이 다스린 나라였다. 요堯, 순舜, 우禹, 문文, 무武 등이 그들이다. 공자는 이들을 '성왕聖王'으로 불렀다. 요 임금은 참으로 성군聖君이었다. 공자는 그 많은 사적史籍을 모으고, 그 가운데에서 의미 있는 것들만 추려 냈는데, 그것이 고대 중국의 역사서 『서경書經』이었다. 『서경』은 요堯 임금의 덕을 이렇게 높였다.

요堯 임금에 대하여 상세히 고찰해 보건대, 그는 지극한 공을 세우셨으니 공손하고 총명하며 우아하고 신중하며 온유하고 진실로 사양하여 빛을 온 세상에 비추니, 하늘과 땅에 그 빛이 이르지 않은 데가 없었다. 그는 큰 덕[俊德]을 밝히시어 온 집안 대대손손 구족九族을 화목하게 하시니, 백성이 밝게 다스려졌고, 백성이 밝게 다스려지니 온 세상이 평화롭게 되었다. 백성들은

이에 선한 마음을 갖게 되어 화평을 누리게 되었다.[1]

성군으로서 요 임금의 덕은 한 인간이 갖추어야 할 온갖 덕을 아울렀다. 예컨대, '큰 덕을 밝힘'은 수신修身의 덕이고, '구족을 화목하게 함'은 제가齊家의 덕이며, '백성을 밝게 다스림'은 치국治國의 덕이고, '온 세상을 평화롭게 함'은 평천하平天下의 덕이다. 이른바 『대학』의 「대학지도大學之道」에 나오는 「팔조목八條目」의 덕이 한 인격에 망라되었다.

요 임금의 큰 덕에 비겨 순 임금의 덕도 높였다. 『서경』에는 순 임금의 덕이 이렇게 간결하면서도 넓게 진술되어 있다.

순舜 임금에 대하여 상세히 고찰하건대, 그분[重華]의 덕이 요 임금과 같이 깊고 어질고 우아하고 총명했으며, 온화하고 공손하고 진실하고 착실하여 숨은 덕행이 임금님에게까지 알려졌으니 벼슬을 내리게 되었던 것이다.[2]

이렇게 덕이 높은 순에게 요 임금이 왕위를 물려주었다. 요 임금은 9남 2녀의 자식들이 있었지만 자식들에게 세습하지 않고 당대에 가장 덕망이 높은 순舜에게 천하를 물려주었던 것이다. 요 임금이 순에게 임금의 자리를 물려주면서 말했다.

---

1) 『서경』. 우서虞書. 요전堯典.
2) 위의 책. 우서虞書. 순전舜典.

순아! 하늘이 정해 준 임금의 차례가 그대에게 있다. 진실로 그
중中을 잡아라[允執其中].³⁾

요 임금이 순 임금의 덕을 찬양한 것이지만, 이는 또한 그에게
내려 주는 정치의 비결도 들어 있다. 정치를 할 때는 반드시 그 '알
맞음', 곧 그 중정中正을 지키라는 것이었다. '중정을 잡으라는 것'
은 곧 중용을 지키라는 뜻이니, '중용中庸'의 등장이다.
『서경』에는 다시 순 임금이 자신의 자리를 우禹 임금에게 물려
주는 장면이 전개된다. 순 임금이 우 임금에게 전하는 말도 요 임
금이 순 임금에게 전하는 말과 다르지 않았다.

순舜 임금이 우禹에게 말했다. "오라, 우禹여! 장마가 나라를 위
협했으되 두려움을 물리쳐 공을 세웠으니, 오직 그대가 어질기
때문이며, 나라에는 부지런하고 집안에서는 검약하며, 스스로
만족하거나 뽐내지 않았으니 오직 그대가 어질기 때문입니다.
그대는 교만하지 않으나 천하에는 그대와 재능을 다툴 자가 없
으며, 그대는 자랑하지 않으나 천하에는 그대와 공을 겨룰 이가
없습니다. 나는 그대의 덕이 높음을 알아 그대의 그 큰 공을 기
리고 있습니다. 하늘이 내려 주는 운수가 그대에게 와 닿으니,
그대는 마침내 천자[元后]의 자리에 오를 것입니다. 사람의 마음
은 위태롭기만 하고, 도를 지키려는 마음은 극히 희미한 것이

---

3) 『논어』, 요왈.

니, 오로지 정신을 하나로 모아, 진실로 그 중용을 잡아야 합니다[允執厥中].”[4]

이렇게 하여 순 임금의 뒤를 이어 중국 최초의 왕조 국가 하夏나라가 우禹 임금에 의해 시작되었다. 그런데 우 임금 또한 순 임금으로부터 ‘진실로 그 중中을 잡아라[允執厥中].’라는 가르침을 받았다. ‘윤집궐중允執厥中’은 중용의 기본 원리였다. 중용으로 세상을 보는 방법은 이렇게 일찍 역사에 등장했다. 그런데 ‘중中’이란 ‘가장 알맞은 것’, 곧 선한 것이니 이는 선의 모습을 찾는 역易의 취상작용取象作用과 다른 것이 아니었다.

‘진실로 그 가장 알맞은 것을 잡아라[允執厥中].’는 요 임금과 순 임금의 모토였다. 그들은 이 모토를 가지고 백성을 다스렸다. 그들이 백성을 다스린 그 ‘중中’은 요 임금이 갖추었다는 공손하고 총명하며 우아하고 신중하며 온유하고 사양하는 덕이었고, 순 임금이 보여 준 깊고 어질며 우아하고 총명하며 온화하고 공손하며 진실하고 착실한 것이었다. 요 임금이 순 임금에게, 순 임금이 우 임금에게 전한 그 모토, ‘진실로 그 가장 알맞은 것을 잡아라.’는 요 임금과 순 임금의 덕을 가리키는 것이기도 하다.

하夏나라는 왕조의 대가 내려갈수록 혼란해졌다. 임금들의 덕망이 쇠잔해졌기 때문이었다. 이 현상은 걸왕桀王에 이르러 극에 달했다. 이때 이윤伊尹이라는 어진 이가 나와서 덕망이 높은 탕湯을

---

4) 『서경』. 우서.

임금으로 내세웠다. 그리하여 '상尚나라'라고도 불리던 은殷나라가 탄생했다. 좌상左相 중훼仲虺가 탕 임금의 덕을 칭송했다.

임금님께서는 노래와 여색을 멀리하시고 재물과 이익을 불리지 않으셨으며, 덕이 높은 사람에게는 벼슬을 주시고 공이 많은 사람에게는 상을 내리셨으며, 사람을 쓸 때는 자신과 같이 대우하시고 허물을 고치심에는 주저하지 않으셨으며, 관대하고 어지셔서 만백성이 널리 믿고 따르게 되었습니다.[5]

중훼는 이어서 새 임금에게 임금의 길이 어떤 것인지를 아뢰었다.

어진 이를 도우시고, 덕 있는 사람을 돌보시며, 충성심이 있는 사람을 드러내시고, 훌륭한 사람을 끌어올리십시오. 약한 사람은 어우르시고, 어리석은 사람은 내치시며, 세상을 어지럽히는 사람은 잡아 가두시고, 못된 짓을 하는 사람은 욕되게 하십시오. 도를 훼손하는 사람은 제치시고, 도를 살리는 사람은 견고히 하시면 나라가 창성해질 것입니다.
덕이 날로 새로워지면 만방이 따를 것이요, 뜻이 자만심으로 가득 차면 온 집안이 떨어져 나가 멀어질 것이니, 임금께서는 힘써 큰 덕[大德]을 밝히시어 백성들에게 올바름을 세워 주십시오[建中]. 의義로 일을 바로잡으시고[制事], 예禮로 마음을 바로잡으

---

5) 앞의 책. 상서. 仲虺之誥.

212 공자 교육사상. 그런대로 편안한 세상 만들기

시어[制心], 세상을 평화롭고 여유 있게 하십시오. 제가 듣건대, '스스로 스승을 얻을 수 있는 사람은 임금 노릇을 제대로 할 것이요, 남을 자기만 못하다고 말하는 사람은 망할 것이며, 묻기를 좋아하면 넉넉해지고[好問則裕], 자기의 뜻만을 내세우면 작아진다.'고 하였습니다.[6]

탕湯 임금에게 바치는 중훼의 충언이었다. 이 충언은 덕이 날로 새로워지면 모든 백성이 따른다는 것이었다. 그 덕이란 올바름을 바로세우고[建中], 일을 바로잡고[制事], 마음을 바로잡고[制心], 세상을 편안하게 하는 것[平天下]이었다.

은殷나라의 수受 임금이 하늘을 공경하지 않아 백성에게 재앙이 찾아왔다. 술과 여색에 빠지며, 포악한 짓을 감행하고 형벌을 가할 때는 무고한 가족까지 벌하였으며, 유능한 사람을 뽑아 벼슬을 주지 아니하고 세습을 시켰다.

은나라가 패망하고 무왕武王이 주周나라를 세웠다. 무왕이 기자箕子에게 나라를 다스림에 관한 하늘의 도[天道]를 물었다.[7] 기자가 말했다.

제가 듣건대 옛날에 곤鯀이 장마로 흐르는 물을 막아 자연의 법칙인 오행五行의 질서를 어지럽혔습니다. 하느님은 크게 노하시어 그에게 세상을 다스리는 규범[洪範九疇]을 내려 주시지 않았

---

6) 앞의 책, 같은 곳.
7) 『사기』에 의하면, 그 뒤 기자는 조선으로 가서 왕이 되었다 한다.

고, 그 결과 일정한 윤리가 사라졌습니다. 곤은 죽을 때까지 귀양살이를 하게 되고, 우禹가 이에 맞서 일어나니, 하늘은 우에게 홍범구주, 곧 큰 규범 아홉 가지를 내리시어 격을 갖춘 윤리가 널리 베풀어졌습니다.[8]

기자는 무왕에게 그 규범을 제시했다. 홍범구주洪範九疇였다. 홍범구주는 임금이 나라를 다스리는 윤리적 규범이었다. 옛날 하나라의 우禹 임금 때 낙수洛水에서 나온 큰 거북[神龜]이 신비로운 그림을 등에 지고 나왔다. 우 임금은 이 그림의 의미를 풀어 홍범구주를 지어 냈다.

홍범구주의 첫 번째 규범은 자연의 세계가 변화하는 모습이 다섯 가지이니, 곧 수水와 목木과 화火와 토土와 금金이라는 것이었다. 이들 다섯 가지는 자연의 기본 요소일 뿐만 아니라, 자연이 변화하는 모습이라는 것이었다. 이들 다섯의 변화 과정을 '오행五行'이라 하며, 인간도 자연이 변화의 질서를 따르듯 그렇게 변화의 질서를 따라야 한다는 것이었다. 물[水]이 있어 나무[木]가 자라고 생명을 유지하며, 나무가 있어 불[火]이 잘 타고, 나무가 불에 타고 나면 흙[土]이 생기며, 흙 속에서 쇠[金]가 나온다는 것이다. 자연에서 일어나는 순환의 원리다. 자연의 질서가 이렇듯 임금도 백성을 다스릴 때, 인간 사회를 다스리는 모종의 질서를 따라야 한다는 것이다.

두 번째 규범은 세상사를 집약하면 모양[貌]과 말과 보는 일과

---

8) 『서경』, 홍범.

듣는 것과 생각하는 다섯 가지 일, 곧 오사五事로 나뉜다는 것이다. 그런데 이 각각의 일에는 따라야 할 것들이 있다는 것이다. 모양은 공손해야 하고, 말은 이치에 맞아야 하며, 보는 일은 무엇보다도 밝아야 하고, 듣는 일은 분명해야 하며, 생각하는 일은 슬기로워야 한다는 것이다.

세 번째 규범은 팔정八政, 곧 여덟 가지 정사政事에 관한 것이다. 다스리는 사람이 할 일은 백성이 먹고사는 것과 재정에 관한 것과 제사와 토양 관리와 교육과 범죄를 다스리는 것과 접대와 군대의 육성과 관리 등이며, 이들 하나하나에 소홀함이 없어야 한다는 것이다.

네 번째 규범은 오기五紀, 곧 다섯 가지 세월[紀]의 흐름에 관한 내용이다. 그것들은 해歲와 달月과 날日과 별[星晨]과 역수曆數[달력]다. 이와 같은 천문의 변화를 잘 관측하고 세월의 흐름에 잘 맞추어 나라를 다스려야 한다는 것이다.

다섯 번째 규범은 황극皇極에 관련된 것이니, 황극은 우주가 진행하는 세 가지 법칙 가운데 하나다. 세 가지 법칙은 태극太極과 황극皇極과 무극無極이다. '극極'은 법칙을 뜻한다. 우주의 법칙으로써 삼극三極은 태극에서 황극으로 그리고 무극으로 진행된다. 이때 황극은 발전 단계가 가장 활발한 동안의 우주 법칙이다. 그래서 이를 '임금이 따라야 할 법칙'이라는 말로 사용했다. 홍범구주 가운데 핵심이 되는 항목이다. 기자는 무왕에게 백성으로 하여금 편안한 세상에서 살 수 있도록 이 황극을 지켜야 한다고 진언했다. 그 법칙이란 이런 것이다.

치우침이 없고 기울어짐이 없이[無偏無陂] 임금으로서 의를 따르고, 자신이 좋아하는 대로만 하지 말고 임금의 도를 따르며, 나쁜 행동을 하지 말고 임금의 길을 따라야 합니다. 치우침이 없고 기울어짐이 없이[無偏無黨] 임금의 길을 크게 넓히고[王道蕩蕩], 치우침이 없고 기울어짐이 없이[無黨無偏] 임금의 길을 평평하게 하고[王道平平], 거꾸로 가지 않고 치우침이 없이[無反無側] 임금의 길을 바르고 곧게 하고[王道正直], 법칙을 지키는 사람들을 모으면 법칙을 지키는 사람들이 모여들게 될 것입니다.[9]

『서경』의 주서周書 「홍범편洪範篇」에서 가장 아름다운 문장이다. 『서경』의 주서는 주나라의 기록을 모은 부분이다. 주서 「홍범편」에는 '치우침이 없고 기울어짐이 없어야 한다.'는 어구가 네 번이나 리듬을 타고 나타난다. 제중制中[10]의 원리가 이 문장을 확고하게 붙잡는다. 홍범구주에 들이 있는 임금의 도는 제중의 원리를 따르는 것이었다. 그러나 이 원리는 고대 중국의 정치사상을 찬란하게 수놓은 중용이다. 무편무피無偏無陂, 무편무당無偏無黨, 왕도탕탕王道蕩蕩, 무당무편無黨無偏, 왕도평평王道平平, 무반무측無反無側, 왕도정직王道正直은 모두 중용의 기본 원리의 다양한 모습이다. 중국의 고대 정치사를 기술해 놓은 『서경』은 그 첫 장부터 임금이 백성을 다스릴 때, 항상 치우치지 말고 기울어짐이 없이, 가장 떳떳하고 알맞은 중용을 택해야 한다고 가르친다.

---

9) 앞의 책, 같은 곳.
10) '제중制中'은 『예기』 중니연거편에 나오는 단어다.

홍범구주의 여섯 번째 규범은 삼덕三德에 관한 것이다. 임금이 갖추어야 할 세 가지 덕은 바르고 곧은 것[正直]이고, 강함으로써 이기는 것[剛克]이며, 부드러움으로 이기는 것[柔克]이다.

일곱 번째 규범은 계의稽疑다. 백성을 다스리는 사람은 의문이 되는 것이 있으면 묻고, 물어서 안 되면 점이라도 쳐서 알아야 한다는 것이다. 다스리는 사람이 지켜야 할 소중한 규범이다.

임금님에게 큰 의문이 생겨나면 우선 스스로 마음속에서 물어보고, 귀족과 관리들에게 물어보며, 백성에게 물어보고, 거북점과 시초蓍草로 하는 서복筮卜으로 물어보십시오. 그리하여 임금께서 따르고 거북이 따르며, 시초가 따르고 귀족과 관민들이 따르며, 백성이 따르면, 이것을 일컬어 대동大同이라고 하는 것으로서 임금께서는 편안해지고 자손들은 창성하게 되니 길한 것입니다.[11]

스스로에게 묻든, 귀족에게 묻든, 관리에게 묻든, 백성에게 묻든, 심지어 점을 쳐서 묻든, 묻는 것은 백성을 다스리는 군주가 따라야 할 길이라는 것이니, 이는 군주가 끊임없이 성찰해야 한다는 뜻이다. 고금을 막론하고 따라야 할 왕도는 묻는 것이었다. 그렇게 물을 때 모든 백성이 임금을 따르며, 그렇게 될 때 임금과 백성 사이에 소통이 원만하게 이루어지는, 그 대동의 세상은 서로 묻고 물어 따르는 세상이었다.

---

11) 『서경』. 주서. 홍범.

여덟 번째 규범은 서징庶徵, 곧 계절의 징후를 잘 알고 이를 잘 이용하는 지혜에 관한 것이다. 매년, 매달, 매일, 세월이 철따라 변해 가는 것을 살피는 것은 백성이 행복하게 살 수 있도록 하기 위한 것이었다.

아홉 번째 규범은 오복五福과 육극六極에 관한 것이다. 다섯 가지 복은 오래 사는 것, 넉넉하게 사는 것, 편안하게 사는 것, 덕을 닦는 것과 '고종명考終命', 곧 자연스럽게 늙어서 세상을 마치는 것이다. 육극은 인생에 다가오는 여섯 가지 나쁜 징조로써 횡사나 일찍 죽는 것, 병을 앓음, 근심 걱정에 매어 있는 것, 가난한 것, 흉악한 생활을 하는 것, 몸이 약한 것이다. 나라를 다스리는 자는 백성의 오복과 육극을 잘 조정하고 극복하는 데 힘써야 한다는 것이다.

『서경』은 역사를 진술한 것이지만, 이는 단순한 역사적 진술로 그치는 것이 아니었다. 그것은 역대 성군들의 선한 행적을 역사 속에 넣어 둠으로써 후대를 이어 갈 군주들이 본받도록 한 것이었다. 그것은 무엇보다도 가장 알맞은 것이 무엇인지를 저울질하는 실천적 지혜를 군주들에 보여 주려고 한 것이었다. 무엇을 가지고 '가장 알맞다.'고 말하고, 어떻게 적절한 정도를 잡아 알맞음을 택하는지를 말한 것이었다. 『서경』을 기록한 사관들은 이와 같은 것을 성군들의 행적에서 가려냈다. 공자도 육경을 정리할 때 이 점을 놓치지 않았다. 공자에게 '가장 알맞은 것을 찾는 실천적 지혜'는 그가 염려한 난세를 극복하는 요건이었을 뿐만 아니라, 인간이면 마땅히 찾아서 따라야 할 삶의 보편적 원리이기도 했다. 그리고 그것은 본디 유학의 기본 논리로써 『중용』의 밑그림이 되었다.

공자는 '가장 알맞은 것을 찾는 실천적 지혜'를 요堯 임금과 순舜

임금 그리고 우왕, 탕왕, 문왕, 무왕, 주공과 같은 성인들의 행적에서 읽어 냈다. 고대 중국의 사관들이 기록해 놓은 『서경』의 핵심 테마와 공자의 생각으로 점철된 중용의 논리는 공자사상의 한 줄 꿰기에 무리 없이 들게 되었다.

중용의 논리, 윤집궐중

주희는 정자程子가 풀이한 '중용中庸'의 뜻을 자신이 쓴 『중용장구』 첫머리에 옮겨 놓았다.

> 정자程子는 이렇게 말했다. 어느 편으로도 치우치지 않는 것을 '중中'이라 하고, 변함이 없는 것을 '용庸'이라 한다. '중'은 모든 사람들이 따라야 할 올바른 길[道]이고, '용庸'은 모든 사람이 지켜야 할 일정한 원리다.[12]

'중용'에 관한 정자의 뜻풀이에는 별로 나무랄 데가 없다. 어느 편으로도 치우치지 않는 것을 '중中'이라 하고, 변함이 없는 것을 '용庸'이라 한다는 '중용中庸'의 뜻풀이는 우리에게 매우 익숙한 편이다. 그러나 그것이 우리에게 익숙한 표현일지는 몰라도, 그 심층적 깊이를 이해한다는 것은 그렇게 용이하지만은 않다.

---

12) 『중용장구』. 子程子曰 不偏之謂中 不易之謂庸 中者 天下之正道 庸者 天下之定理.

'중용中庸'에서 '용庸'은 우리가 항상 지켜야 할 떳떳한 원리를 가리킨다. 항상 떳떳한 것이기 때문에 선한 것을 가리키는 말이기도 하다. 이와 같은 뜻에서 '용庸'은 인간 삶의 실천적 원리를 가리키는 용어다.

그러나 '중中'은 '용庸'의 용법에 비하여 다소 복잡하다. 특히 '중中'은 공자사상의 핵심 개념이라는 점에서도 그렇다. '중中'은 당연하게도 본디 유학에서 가장 중요한 단어 가운데 하나다.

'중中'은 공자시대보다 훨씬 이전부터 사용했다. 그것은 요순堯舜의 성군聖君들이 백성의 마음을 읽고 그들을 다스리는 원리를 표현한 것이었다. '중中'이 문헌에 나타난 것은 앞에서 살핀 것과 같이 『서경』에서다. 『서경』의 앞부분에는 '윤집궐중允執厥中'이라는 어구가 등장한다. 이 말이 뜻하는 것은 '가장 알맞은 것을 잡아라.'라는 것이다. 이 말은 처음에 요 임금이 새로이 등극하는 순 임금에게 내린 것이었다.

순 임금은 세상을 다스리기 위하여 항상 '집중執中'하는 마음, 곧 알맞은 것을 선택하는 데 힘썼다. 그리고 그와 같은 마음을 그의 자리를 계승하는 우 임금에게 전했다. '윤집궐중'은 요 임금이 처음에 순 임금에게 그리고 순 임금이 우 임금에게 내린 말이 되었다.[13] '윤집궐중'은 고대 중국에서 성군들이 백성을 다스리는 지혜였다. 이는 오늘날 우리가 '중中'의 원초적 의미를 확인하는 데에 중요한 역사적 근원이 되었다.

---

13) 앞의 책, 같은 곳.

'윤집궐중'에서 '중中'은 '가운데'를 뜻하는 말이지만, 그것은 산술 평균이 뜻하는 그 '가운데'를 뜻하는 용어는 아니다. '윤집궐중'에서 '중中'이 대상으로 하는 것은 산술적으로 측정되는 것이 아니기 때문이다. 그것은 근본적으로 인간의 '심정心情'에 관련된 것이다.

'중中'은 양으로 측정할 수 있는 것을 가리키는 용어가 아니다. 그것은 질質을 가리키는 용어다. 예컨대, 심정으로써 '즐거움'에는 떳떳하게 취할 '즐거움'이 있고, 그렇지 못한 '즐거움'이 있을 수 있다. 이와 같은 점에서 '중中'을 단순히 '가운데'라고 말하는 것은 위험할지도 모른다. 따라서 그것을 '가장 알맞은 것', '가장 합당한 것', '가장 선한 것'이라는 말로 대치하는 것이 더 적합할 것이다.

'가장 알맞은 것'은 지나침과 부족함의 어느 쪽도 아니다. 논리적으로 그렇다. 지나침도 부족함도 모두 '가장 알맞은 것'이 아니기 때문이다. 『논어』에서 공자의 말을 잠시 음미해 볼 차례다.

자공이 물었다. "사師와 상商은 누가 더 현명합니까?" 공자께서 대답했다. "사는 재주가 지나치고[過], 상은 미치지 못하네[不及]." 자공이 물었다. "그렇다면 사가 더 났습니까?" 공자가 대답했다. "지나친 것은 모자라는 것과 같네[過猶不及]."[14]

과유불급過猶不及, 즉 그것이 무엇이든 지나친 것은 모자란 것과 다를 바 없다는 것이다. 지나친 것[過]과 미치지 못하는 것[不及], 이

---

14) 『논어』. 선진.

양자는 모두 좋은 것이 아니라는 뜻이다. 타인의 인격을 '존중하는 행위'도 그 밖의 어떤 것도 매한가지다. 어떤 것이든 지나침과 모자람은 양 극단에 해당되고, 그것들은 모두 좋은 것이 아니니, 무엇이든 지나침과 모자람의 그 가운데[中]가 좋다는 뜻이다. 지나침도 아니고 모자람도 아닌 그 가운데의 것, 즉 가장 알맞은 것이 인간이 추구해야 할 덕이고 지극히 선한 것이라는 뜻이다.

'중中'은 결국 선한 것을 찾는 마음의 활동이고 떳떳한 세상을 골라보는 안목이라고 할 수 있다. 그렇기 때문에 그런대로 편안한 세상을 만들어 살려면 이 '중中'의 마음을 획득하고 보존해야 한다는 것이 공자사상의 핵심이었다. 『중용』에는 공자가 가장 알맞은 것을 취하여 그것을 가지고 백성을 다스린 순 임금을 칭송하는 부분이 있다.

순舜은 큰 지혜를 지닌 분이셨구나! 순은 묻기를 좋아하시고, 비근한 말[邇言]도 잘 살피시기를 좋아했으며, 악함은 숨기시고 선함은 드러내셨다. 그리고 선과 악의 양 극단의 가운데를 잡아 그것으로 백성을 다스렸으니, 이것이 순으로 하여금 임금이 되게 한 것이다. [15]

선과 악 양 극단까지도 그 가운데를 취한다는 중용의 논리는 결국 인간이 자신의 실천적 삶 속에서 '가장 알맞은 것'을 찾는 지혜

---

15) 『중용』. 순과 중용.

의 일단이다. 그리고 그 알맞은 것은 선한 것이로되, 그 선은 '지나치지도 않고 부족하지도 않은 상태[過猶不及]'를 의미한다. 그러나 그 '가장 알맞은 것'이란 도대체 무엇을 가리키는 말인가.

황금꽃의 비밀

중용의 논리를 따르다 보면, 어느덧 거기에 감추어져 있는 비밀을 감지하게 될 것이다. 그러나 그 비밀은 어디에 숨어 있는 것일까. 그곳은 다른 곳이 아니라, 세상을 보고 느끼는 우리의 적나라한 마음이라고 보아야 할 것이다. 그러나 그 적나라한 마음에서는 어떤 비밀이 이루어지는가. 그것은 분명 알 수 없는 교리教理를 하늘이 내려 준 도道라고 받아들이거나 맹목적으로 자연의 위력과 그 신비에 인간 행위의 정당성을 붙들어 매는 고답적인 습성이 아니라, 희로애락과 같은 인간이 가지고 태어나는 심정의 소용돌이 속에서 가장 알맞은 것이 무엇인지를 찾는, 참으로 복잡한 줄기의 성찰 과정이라고 해야 할 것이다. 그러나 우리는 우리 마음에서 이루어지고 있는 이 비밀을 감지하지 못한 채, 그것이 마치 하늘에서 내려오는 어떤 힘 있는 존재의 육성인 것으로 착각하면서 그 소리를 들으려고 하늘 바라보기를 한 것이 수천 년이라고 인류의 역사는 기록하고 있다.[16]

---

16) 이 하늘의 소리는 소크라테스의 다이몬이온Daimonion의 소리와도 다르지 않을 것이다.

아닌 게 아니라, 인류는 가장 완전한 것, 참된 것을 오로지 '하늘[天]'에서 구하려고 했다. 그러나 중용의 논리를 자세히 들여다보면, 인류가 찾아 헤맨 참됨과 선함의 발원지는 하늘이 아니라, 순치된 인간 마음이었다.

요堯와 순舜이 그랬듯이, 인류가 '지나치지도 않고 부족하지도 않은 것'이 가장 완전하고 선하다고 생각하는 것은 적나라한 인간의 심정에서 이루어지는 것이었다.

그런데 인간 심정의 소용돌이 속에 감추어져 있는 이 중용의 비밀을 살피면, 그것은 인간의 마음에서 발하는 심정과 이를 가장 알맞은 상태로 유지하여 조화와 균형을 취하려는 알 수 없는 신비로운 작용[氣, dynamics]이었다. 공자 또한 인간의 마음속 깊숙이에서 희로애락과 같은 심정이 발하고, 인간은 그 가운데 알맞은 것을 찾는 중中의 작용에 의하여 이 희로애락이 조화와 균형을 취하는 것을 감지했던 것으로 보인다.

'인간 심정이 중용의 논리를 따라 조화와 균형을 취한다.'는 말은 오로지 인간에게만 고유한 것이다. 그렇기 때문에 중용의 논리는 전적으로 사람의 길에 관한 인문학적 이야기다. 이 이야기는 천문학에 관한 이야기도 사회과학이나 자연과학의 세계에서처럼 우리가 간단히 계량하여 헤아릴 수 있을 만큼의 좁은 범위에 관한 이야기도 아니다. 사람에 관한 인문학적 이야기는 전적으로 마음의 질에 관한 이야기다. 그렇기 때문에 우리가 사람의 길을 이야기하면서 무엇인가를 선택하고 그 최적의 논리를 찾으려고 할 때, 우리는 그것을 알 수 없는 하늘에서 끌어내리지 아니하고, 그 대신 가장 알맞은 상태, 곧 지나침도 부족함도 없는 마음의 상태를 포착해 내려고 하는 것이다.

인간 심정으로써 칠정의 세계는 진실로 느낄 수는 있으나, 그것들을 일일이 열거하거나, 그 요소들 사이를 분명하게 구분할 수는 없다. 예컨대, 기쁨[喜]과 즐거움[樂] 사이, 욕심[欲]과 사랑[愛] 사이에는 수많은 요인이 서로 얽히고설키어 있으면서 갈등을 빚는다. 때로는 조화와 균형을 이루면서 신비로운 역동을 계속한다. '나쁜 마음[惡]'과 '두려움[懼]' 사이도 매한가지다. 이들 역시 인간의 적나라한 두 가지 다른 감정이지만, 인간은 나쁜 마음[惡]이 일면 두려움[懼]이 생기는가 하면, 이 사이에서 심지어 어진 마음[仁]까지 발하여 오히려 그 나쁜 마음[惡]을 증오하거나 그 상태에서 벗어나려고 한다. 인간 심정의 복잡한 역동이다. 칠정의 소용돌이 속에서 발하는, 이와 같은 치환반응은 중(中)을 찾는 인간의 정신작용을 제쳐 놓고 달리 그 원인을 밝히기 어렵다.

인간이 '나쁜 마음'을 가지면 '두려움'이 생기고, 때로는 그것으로부터 '어진 마음[仁]'이 일어나 그 '나쁜 마음'을 증오하고 견제하면서 선한 것을 찾는 것은 인간 마음에서 원래 작용하는 중용의 논리에 의한 것일 게다. 온갖 욕망[欲]을 조절하고 사양하여 가장 알맞은 상태로 절제함은 진실로 중(中)의 작용을 제쳐 놓고 달리 설명할 방법이 없다. 아무것도 우리의 육안에 드러나 보이지 않는, 이와 같은 순수하고 질박한 마음의 작용에서, 예컨대 그 고고한 인(仁)과 의(義)의 마음이 발하는 것은 분명 알 수 없는 마음의 비밀이 아닐 수 없다.

중용의 이야기가 여기에 이르면, 우리는 '인간 심정으로써 희로애락을 절제한다.'는 말이 무슨 뜻이고, '희로애락의 조화와 균형을 꾀한다.'는 말 또한 무슨 뜻이며, '희로애락이 지나치지도 않고 부족하지도 않은 가장 알맞은 상태를 찾아 유지한다.'는 말이 무엇을 가리키는지를 충분히 깨달을 수 있을 것이다. 더욱이 중요한 것은 이와 같은 이야기는 결국 중용의 논리가 항상 가치를 선택하고 창조하는 일종의 인문학적 이야기를 하는 것이라는 점을 깨달을 수 있다는 것이다. 그도 그럴 것이, '지나치지도 않고 부족하지도 않은 가장 알맞은 마음을 찾는 일'은 수학적, 과학적 모형과는 달리, 선善한 것이 무엇인가를 찾는 인문학적 활동에 속할 테니 말이다. 사실의 세계 또는 존재의 세계[is]에서 가치의 세계 또는 당위의 세계[ought]가 탄생하는 신비로운 과정을 우리는 여기에서 관찰하고 있는 셈이다.

지나치지도 않고 부족하지도 않은 가장 알맞은 마음의 상태에 사람들은 이름을 붙였다. 그것을 공자는 '십의+義'라 했고, 공자로부터 100년 뒤 맹자는 십의와 같은 여러 가지 조화로운 마음 가운데 가장 기본적인 것을 골라 '인仁', '의義', '예禮', '지智'라고 불렀다. '사덕四德'이라고 하는 것이다.

> 자공이 공자에게 물었다. "감히 여쭙건대, 장차 무엇을 가지고 인간의 행위가 공경과 공손과 용기에 알맞은 것[中者, 中正]이 되는지를 알 수 있습니까?" 공자가 대답했다. "그것은 예禮가 아니겠느냐? 그것은 곧 예다. 대체로 예란 가장 알맞은 것을 잡는 것[制中]이기 때문이니라."[17]

---

17) 『예기』, 중니연거.

중용의 논리가 잡아내는 '가장 알맞은 것'은 '십의'가 되었고 '사덕'이 되었다. 공자는 그 가운데 예를 '가장 알맞은 것'의 대표적 사례로 꼽았다. 예는 가장 알맞은 것을 잡아 이를 유지하는 것[制中]이라는 뜻이다.

십의와 사덕의 세상은 하늘의 길이라기보다 사람의 길에 해당된다. 이들은 모두 인간의 적나라한 심정에서 발한 것들이기 때문이다. 모두 인류가 염원하는 '그런대로 편안한 세상 만들기'를 위해서 인류가 본뜬 것[像]들이기 때문이다. 그래서 그와 같은 상像들은 '하늘'이 내려 준 것이라기보다 칠정과 같은 천박한 땅에서 피어난 것들이라고 해야 한다. 하지만 그것들이 비록 천박한 땅에서 피어났다 할지라도, 그것들은 오히려 그 이유에 의해서 더없이 아름다운 황금꽃들이 되는 셈이다.

실천이성

중용의 논리는 난세를 헤치고 소강의 세상으로 가기 위한 길이다. 그 길은 인류가 가장 알맞은 것을 찾으러 가면서 낸 길이다. 그 길은 어떤 현상을 설명하는 이론을 추구하면서 낸 길이 아니라, 선한 것을 찾아 그것을 가지고 살아가는 실천적인 활동이 닦은 길이다. 그렇기 때문에 거기에는 인간의 사고 양식 가운데 가장 강력한 실천이성이 작용한다. 아닌 게 아니라, 거기에서 작동하는 이성은 객관적인 대상과 절대적인 진리를 추구하는 것이 아니라, 희로애락과 같은 적나라한 인간 심정 가운데 가장 알맞은 것, 가장 조화로운 마음의 상태를 획득하는 활동을 한다. 중용의 논리는 일사불란한 이론적 사유와 판단을 내리는 데 초점을 두는 것이 아니라, 삶의 과정에서 일어나는 일의 다양한 맥락을 다양한 방법으로 관찰하고 거기에서 일어나는 문제의 해소에 가장 알맞은 것이 무엇인가에 초점을 둔다. 그 맥락이란 대상의 차이와 때와 장소 등 수없이 많은 관련 요인으로 직조되는 삶의 실천적 조화다. 그렇기 때문에 중용의 논리는 실로 헤아릴 수 없이 많은 구성 요소를 가지고 끊임없이 숙고하는 과정으로 이루어진다. 『중용』의 '군자君子의 도道'에 이와 같은 문장이 있다.

중니仲尼께서 말씀을 하셨다. 군자는 중용을 따르고, 소인은 중용을 따르지 않는다. 군자의 중용은 여러 가지 상황을 고려하여 알맞은 것[時中]을 따르고, 소인의 중용은 이것저것 생각하지 않고 거리낌 없이 판단하고 행동하는 것이다. [18]

이 인용문에서 '거리낌 없다.'는 말은 삶의 맥락을 구성하는 여러 요인에 대한 숙고를 거치지 않는다는 뜻이다. 이는 지금 우리가 논의하고 있는 맥락에 따라 말한다면 '가장 알맞은 것이 무엇인지를 고르지 않는다.'는 말이다. 난세란 원래 이와 같이 거리낌 없는 생각들 때문에 일어난다. 아무렇게나 희로애락에 따라 취하고, 어떤 이론이나 원리나 사상이나 교리를 맹목적으로 따르는 행위

---

18) 『중용』, 군자와 중용.

도 여기에 속한다. 난세를 일으키는 사문난적斯文亂賊은 이와 같은 사고 양식을 사회에 만연시킨다. 특정 이론과 사상에 교조화된 사람들의 행태다. 물론, 특정 이론이나 원리나 사상이나 교리는 실천적 판단의 주체자들과는 거리가 멀다. 그것들은 혹자들이 말하는 것과 같이 '하늘'에서 내려오는 것일 수도 있고, 무엇인가 외부의 힘이 강요하는 것일 수도 있고, 합리주의의 외길을 고집스럽게 걷는 자들의 망상일 수도 있다.

하지만 이와는 달리, 중용의 논리로 세상을 보는 사람들은, 공자가 그렇게 주문하고 있듯이, 시의時宜에 맞는 세상 보기를 한다. 『중용』에서는 이와 같은 세상 보기를 '시중時中'이라고 한다. 즉, 그때그때의 사정에 가장 알맞은 실천적인 것을 택한다는 뜻이다. '때'를 뜻하는 '시時'는 '여기', '지금', '여기에 그리고 이때에 적절한'이라는 뜻을 갖는 글자다. '지금', '여기', '이것'은 시간뿐만 아니라, 우리가 대면하고 있는 상황과 그 상황의 각가지 특수한 모든 요소를 가리킨다. '시중'이란 결국, 보편적 또는 일반적인 진리를 찾는 것이 아니라, 지금 이 특수한 실천적 맥락에서 가장 알맞은 것을 잡아내는 마음의 작용을 일컫는다. 그것은 시간성과 상황의 특수성이 부여된 세상 보기에 해당된다. '실제적實際的'이란 단어가 이에 어울릴 것이다. 중용의 논리는 이론적인 것을 추구하는 사고의 틀이 아니라, 실천이성을 따라 실천적인 것을 추구하는 것이라고 하는 이유에서다. 그 한 예를 우리는 『논어』에서도 읽을 수 있다.

어느 날 자로子路가 스승 공자에게 물었다. "좋은 말을 들으면 즉시 행해야 합니까?" 공자가 대답했다. "아버지와 형님이 계시는데 어떻게 네 판단만으로 행할 것인가?" 그때 염유冉有가 물었다. "좋은 말을 들으면 즉시 행해야 합니까?" 이번에 공자는 이렇게 대답했다. "들은 즉시 행하라." 이에 공서화公西華가 아뢰었다. "자로가 '좋은 말을 들으면 즉시 행해야 합니까?'라고 물을 때는 '부모가 계신데'라고 하시더니, 염유가 '좋은 말을 들으면 즉시 행해야 합니까?'라고 물을 때는 '들은 즉시 행하라.'라고 하시니, 저는 망설이지 않을 수 없습니다. 감히 그 이유를 여쭤보고자 합니다." 공자가 대답했다. "염유는 소극적이고 겸손하여 나서려고 하지 않으니 적극적으로 나서서 행하라 한 것이고, 자로는 지나치게 적극적이어서 남의 몫까지 다하려 하니 좀 뒤로 물러서게 한 것이다."[19]

공자와 자로 그리고 염유 사이의 이 대화는 공자가 보여 준 '시중의 논리'에 따른 것이다. 공자는 어떤 무엇에 대하여 판단을 내릴 때, 일사분란하게 한 가지 잣대로 세상을 보고 판단을 내리지 않았다. 그는 고정된 한 가지 원리에 매달리어 그것으로 여러 가지 사실을 판단하지 않은 것이다. 그는 절대주의자가 아니었다. 그는 상황에 따라 각가지 맥락을 골고루 숙고한 다음에 각 상황에 가장 알맞은 것을 선택했다.

시중의 논리를 따르고 있는 공자의 세상 보기는 항상 실제적이었다. 그가 한 말들을 자세히 살펴보면 거기에는 반드시 실천적

---

19) 『논어』, 선진.

맥락이 깔려 있고, 그 안에서 무엇인가 특수한 상황에 가장 알맞은 것을 찾는 중용의 논리가 흐르고 있다.

> 같이 배울 수는 있어도 같이 도를 지켜 나갈 수는 없으며, 같이 도를 지켜 나간다 해도 같이 일을 수립해 나갈 수는 없으며, 같이 일을 수립해 나갈 수 있다 해도 같은 정도로 사물을 저울질하여 대의에 맞게 처리해 나갈 수는 없다.[20]

이 문장은 같이 공부를 했어도 그 배움이 사물을 저울질하여 대의에 맞게 처리해 나가는데 동일하게 작용하는 것이 아니며, 그 결과 또한 동일한 것이 아니라는 뜻이다. 즉, 세상을 한 가지로 보지 말라는 뜻이다. 사물의 현상과 삶의 실제를 저울질하는 실천적 지식으로써 중용의 논리가 어떤 것인지를 보여 주는 한 장면이다.

좀 더 다른 맥락에서 본다면 공자가 추구한 지식은 객관적, 이론적 지식도 아니고, 노자의 것처럼 신비의 세계를 돌아다니는 지혜도 아니었다. 또한 그가 추구한 지식은 서책에 쓰여 있는 문장이나 외우고, 어떤 고정관념을 이해하는 종류의 것도 아니었다.

> 시 삼백 편을 외우되, 정사를 맡겼을 때 처리하지 못하고, 사방에 사신으로 파견되었을 때 혼자 응대하여 일을 처리하지 못한다면 외운 시가 많은들 무슨 소용이 있겠는가.[21]

---

20) 앞의 책. 자한. 可與共學 未可與適道 可與適道 未可與立 可與立 未可與權.
21) 위의 책. 자로.

서책에 쓰여 있는 문장만 외우고 있는 것을 나무라는 말이다. 아마도 '주련柱聯을 걷어치워라.'라는 말을 누군가가 한다면, 그것은 분명 이 인용문을 대신할 수 있는 말일 것이다. 아닌 게 아니라, 조선의 성리학자들은 나가서 실천은 하지 않고 옛 성현들의 경서만 외우는 경향이었다. '주련을 걷어치워라.'라는 말은 아마 공자보다도 노장사상에 깊숙이 들어가 있는 사람들이 더 좋아했을 것이다. 특히 장자와 같은 부류에 속한 사람들 말이다. 장자는 제齊나라 환공桓公이 선현들의 행적을 읽고 있을 때, 그것을 비웃는 「차사편車師扁」의 모습을 『장자』에 실었다. 나라를 다스리는 법을 어찌 선현들의 이야기가 적힌 글을 읽어서 물려받을 수 있겠느냐는 것이었다.

중용의 논리는 단순히 글을 읽어 획득하는 것이 아니었기 때문이다. 그것은 실천적 상황에서 중中의 마음으로 터득하는 것이었으니 말이다. 아무튼 중용의 논리는 인본주의적 특징이 가장 잘 드러난 사고의 양식(논리)이다. 변형된 것이 아닌 본디의 유학은 인간이 주인이 되는 세상을 만드는 논리를 끊임없이 전개해 나가는 특징을 갖는다. 공자가 이렇게 말했다.

사람이 도를 넓히는 것이지 도가 사람을 넓히는 것이 아니다[人能弘道 非道弘人].[22]

---

22) 『논어』, 위령공.

여기에서 '도'란 '사람의 길', 곧 '인문학의 길'이다. 『논어』「위령 공편衛靈公篇」에 나오는 말이다. 이 인용문은 선한 것은 하늘에서 내려 받는 것이 아니라, 오히려 인간에 의해서 만들어진다는 뜻을 함축하는 유명한 문장이다. 인간은 중용의 논리에 의해서 가장 알 맞은 것을 택하여 그가 처한 선[道]의 세계를 넓혀 간다[人能弘道]고 했으니 말이다. '가장 알맞은 것을 택하여 선의 세계를 넓힌다.'는 것은 인간이 주체가 되어 난세를 극복하고 '그런대로 편안한 세상 을 만들어 간다.'는 뜻이 아니겠는가. 그래서 공자의 생각을 근본 적으로 인본주의적이라고 하는 것이다. 하늘에 이미 불변하는 진 리가 있고 그다음에 인간이 이를 따르는 것이 아니라, 인간이 존 재하면서 스스로 선한 것을 만듦으로써 '하늘'에 버금하는 '도道'를 넓혀 간다는 뜻이다. 공자의 사상은 철저히 현실적이고, 실천적이 며, 인간중심적이었다.

공자가 추구했던 현실적, 실천적, 인간중심적, 인본주의적 사상 은 다분히 그의 마음에 배어 있던 인문학적 소양에 의한 것이다. 이 소양은 '군자君子'라 불리던 지성인이 갖추어야 할 덕이었다. 그런데 공자는 이와 같은 덕은 아무나 획득할 수 있는 것이 아니라고 했다.

군자는 천하에 넓게 처하면서 어느 한 가지만을 옳다고 고집하 지 않는다. 반면에 그는 모든 것을 안 된다고 부정하지도 않는 다. 그는 어디까지나 올바른 것을 좇는다.[23]

---

23) 앞의 책. 이인. 君子之於天下也 無適也 無莫也 義之與比.

이는 군자가 갖추어야 할 지적 태도의 한 유형을 말한 것이다. 군자가 가지고 살아가야 할 지적 태도는 오직 한두 가지만을 고집하고 그것만을 좇지 않는 것이고, 한두 가지에 고집스럽게 매달리지 않으면서 천하의 온갖 사물에 임하는 것이다. 군자는 편견을 멀리해야 한다는 뜻이다. 또한 군자는 어떤 특정 신념이나 지적 체계에 몰입되어 다른 지적 체계를 배척하거나 그것에 대하여 부정적인 태도를 취하지 않아야 한다는 것이다. 이와 같은 군자의 지적 태도에는 중용의 논리가 그 핵심에 자리한다. '무편무당無偏無黨'의 마음이다. [24]

'무편무당無偏無黨'은 '중中'의 의미를 가장 잘 드러내는 대표적 어구다. 이 아름다운 어구가 가리키는 마음은 참으로 폭이 넓어서 상충되고 상반되는 것들까지 제거하지 아니하고 포용한다. 그러면서 가장 알맞은 것을 선택할 때 갖추어야 할, 그 '치우침이 없고 [無偏] 기울어짐이 없는[無側] 마음'을 잃지 않는다. '치우침이 없고 기울어짐이 없는 마음'은 중용의 논리에서 알맞음을 찾는 마음이 갖추어야 할 전제 조건이다. 이를 제중制中의 마음이라 한다. '제중制中'이란 중中의 마음을 제어制御하는 평형작용[equilibrium]이다. 그런데 '중中'을 유지하는 이 마음의 제어작용은 끊임없는 성찰의 과정이다. 증자曾子는 이와 같은 마음의 작용을 이렇게 표현했다.

나는 하루에 세 차례 스스로를 반성한다(五日三省吾身). [25]

---

24) 『서경』의 홍범편에 나오는 '왕도탕탕王道蕩蕩', '왕도평평王道平平', '무편무측無偏無側'이라는 어구들도 모두 같은 뜻을 갖는 동의어들이다.

중용의 목표, 택선이고집

시중時中의 논리를 따라 무엇인가를 선택함은 다양한 선택의 요소 가운데 가장 알맞은 것을 택하는 인간의 정신적 활동이다. 인간은 태어날 때부터 가지고 나는 심정 속에서 고통을 겪지만, 그대로 거기에 머물지 않는다. 인간은 본질적으로 난세와 같은 고통을 피하고 행복을 추구한다. 고통을 피하고 행복을 추구하는 것은 결국 보다 선한 것을 지향하는 인간 정신의 본질적 역동이다. 공자가 추구했던 '그런대로 편안한 세상'은 이와 같은 고매한 인간 정신이 만들어 내고자 하는 세상이었다. 이는 결국 선을 추구하는 인간 정신의 한 모형이다.

> 공자가 말했다. "안회顏回의 사람됨은 중용을 택하여 한 가지 선善을 얻으면 그것을 받들어 가슴에 지니고 결코 잃지 않았다."[26]

선은 인간이 중용의 논리를 통하여 스스로 만들어 내는 것이라는 공자의 말이다. 안회는 중용을 통하여 선을 얻은 사람이었고, 그것을 한 번 얻으면 결코 놓지 않고 가지고 산 사람이었다는 것이다. '택선이고집지擇善而固執之'했다는 것이다. 그래서 공자는 안회를 그처럼 아꼈던 모양이다. 안회는 공자가 가장 사랑한 제자였

---

25) 『논어』, 학이.
26) 『중용』, 안회와 중용. 子曰 回之爲人也 擇乎中庸 得一善則拳拳服膺而弗失之矣.

다. 후세 사람들은 안회를 가리켜 '후성後聖', 곧 '공자의 뒤를 따른 성인'이라는 뜻의 칭호를 붙여 주었다.

선은 인간들이 '가장 알맞은 것'을 추구함으로써 얻어지는 것이지만, 이와 같이 '가장 알맞은 것'을 찾는 삶을 일컬어 『중용』은 '정성되게 하려는 것[誠之者]'이라고 했다.

> 정성된 것[誠者]은 하늘의 길[天之道]이요, 정성되게 하려는 것[誠之者]은 사람의 길[人之道]이다. 정성된 것[誠者]은 힘쓰지 않아도 알맞게[中] 되고 생각하지 않아도 얻게 되어 조화롭게 '도에 알맞은 것이 되니 곧 성인聖人이다. 정성되게 하려는 것은 선한 것을 가리어 굳게 잡는 것이다.[27]

'정성된 것'을 뜻하는 '성자誠者'는 우리가 추구해야 할 가치 또는 규범의 세계에 해당된다. 규칙이나 법칙이나 원리 자체는 그 자체로 정성된 것이다. 그것들은 그 자체에서 벗어나지도 흩어지지도 않는다. 이와 같은 이유에서 '정성된 것'은 '하늘의 길'로 분류되어도 별 문제가 없을 것이다.

사람도 사람의 길을 제대로 걸으면 정성된 것에 이를지도 모른다. 아닌 게 아니라, 공자도 이와 같은 경지에 이른 것으로 보인다. 그는 자신의 인생 마지막 단계를 일러 '마음대로 하여도 법도에 어긋나지 않았다.'라고 했다.[28] 법도에 어긋나지 않으려고 힘쓰

---

27) 앞의 책, 성과 도.
28) 『논어』, 위정. 從心所慾不踰矩.

지 않아도 법도에서 벗어나는 행동을 하지 않게 되었고, 뜻을 정하고 그것에 따라 행동하지 않아도 도에서 벗어나지 않았으니 그는 과연 성인聖人이었다. 그러나 이쯤되려면 그 이전에 어찌 '정성되게 하려는 것[誠之者]'을 소홀히 했겠는가 싶다.

여기에서 중요한 것은 '정성되게 하려는 것[誠之者]'이다. 이는 인간이 실천적 상황에서 선한 행동을 하려고 애써 노력하는 것이다. 이런 뜻에서 '정성되게 하려는 것'은 『중용』의 중심 개념인 '중中'의 속성, 곧 가장 알맞은 것을 추구하는 삶과 다른 것이 아니다. 택선이고집擇善而固執의 삶 말이다.

'진실로 복잡한 인간 심정의 소용돌이에서 가장 알맞은 것을 잡아 이를 고집固執함'은 선을 찾아 이를 간직하는 인간 정신의 한 단면이라고 할 수 있다. 그런데 '정성되게 하려는 것'은 구체적으로 어떤 삶인가. 『중용』은 그것을 다음과 같이 밝힌다.

널리 그것을 배우고, 자세히 그것을 물으며, 신중히 그것을 생각하고, 명료하게 그것을 분별하며, 충실하게 그것을 행해야 한다.[29]

여기에서 '그것'이란 '선'을 가리키는 것이니, 박학지博學之, 심문지審問之, 신사지愼思之, 명변지明辯之, 독행지篤行之는 선을 가리어 그것을 굳게 지키는 것을 널리 배우고, 자세히 물으며, 신중하게 생

---

29) 『중용』. 성과 도. 博學之 審問之 愼思之 明辯之 篤行之.

각하고, 명확하게 분별하며, 충실하게 행해야 한다는 뜻이다. '정성되게 하려는 것'은 이와 같이 선에 관해서 많이 배우고 물으며, 신중하게 생각하고 명확하게 분별하며, 충실하게 행동하려는 영혼에게만 허락된다는 것일 게다.

어떻든 '정성되게 하려는 것'은 참으로 아름다운 마음을 가진 사람의 모습일 것이다. 그것은 하늘의 것이 아니라 사람의 것이지만, 궁극적으로는 '하늘'처럼 '정성된 것'이 되려는 것을 목표로 한다. 이런 경우를 일러 '사람의 길'이 '하늘의 길'을 끊임없이 연모[愛]한다고 하면 될지 모르겠다.

'정성되게 하려는 것'은 이렇게 하여 사람이 하늘에 가까워지고 그래서 지선至善에 이를 수 있게 된다고 볼 수 있다. 그리고 그 지선至善에 이르는 길은 분명 선善에 대하여 널리 배우고, 자세히 물으며, 신중히 생각하고, 명료하게 분별하며, 충실하게 행하는 길일 것이다. 그때 비로소 '정성되게 하려는 존재'로서 사람은 '정성된 존재'로서 '하늘'에 닿을 수[天摩]도 있을 것이다.

중용의 겉모습으로서 예

고대 중국의 문화는 중용의 논리를 따라 선을 택했고, 그것을 가지런히 하여 예를 만들었다. 그렇기 때문에 예는 칠정에서 다듬어 낸 선으로 형성되었고, 그 예는 거꾸로 그 칠정을 다시 다스리는 힘을 발하는 것이었으니, 이들 사이에는 묘한 가역적可逆的 역동逆動이 작용된 셈이다. 이 아름다운 가역적 역동은 중용의 논리가 만들어 내는 신비였다. 예와 중용은 이렇게 서로 다른 것이 아니었다. 예는 중용의 겉모습이었다는 말이다. 이는 희로애락과 같은 인간 심정이 조화를 갖춘 예로 나타나는 것으로, 오로지 인간에게만 있는 고유한 현상이었다. 인간 심정은 이렇게 중화中和의 과정을 거쳐 예로 형상화되고, 형상화된 예를 통해서 인간 심정은 다시 다음의 조화를 위한 가역적 역동을 준비하기 마련이다. 『논어』「학이편」에서 공자의 제자 유자有子[30]가 다음과 같이 말했다.

> 예禮를 시행하는 데는 조화[和]가 귀중하다. 선왕들의 예법[道]도 그러하니 이렇게 조화를 갖추는 것은 아름다운 것이다. 크고 작은 일을 실천하다 보면 제대로 되지 않는 경우가 있다. 어떻게 하는 것이 조화롭게 되는지를 알고 그 조화를 취하려고 해도 예에 맞추지 않으면 역시 실천하기가 어렵다.[31]

예를 향한 인간 심정의 조화를 말한 것이다. 이는 선을 택하여 그것을 견고히 하되, 그것을 예에 맞추도록 조절하지 않으면 아무런 쓸모가 없다는 뜻이다. 그런데 그런 경우를 유자는 좀 더 구체적으로 표현했다.

> 신뢰는 의리에 벗어나지 않아야 이루어지는 것이고, 말한 것도 그럴 때 실천에 옮길 수 있다. 공손함도 예에 벗어나지 않아야

---

30) 유자有子는 공자의 제자 유약有若이다.
31) 『논어』, 학이.

진실한 것으로 드러나게 되고, 그럴 때 치욕을 멀리할 수 있다. 따르고자 하는 사람들이 친근감을 잃지 않아야 비로소 우러러볼 만한 사람이 될 수 있다.[32]

이 인용문의 주요 개념인 '의리'와 '예절', '친근감'은 모두 예에 해당되고, '신뢰'와 '공손함', '우러러볼 만함'은 모두 중용의 논리가 잡아낸 덕에 해당된다. 그리고 '신뢰'와 '공손함', '우러러볼 만함'과 같은 덕은 '의리'와 '예절', '친근감'과 같은 예를 따를 때 발휘된다. 보기에 좀 복잡해 보이지만, 이는 중용이 만들어 낸 인간의 덕은 예와 조화를 이룰 때 비로소 충분히 실현된다는 뜻이다. 중용의 완성은 예와의 조화에 있다. 중용과 예, 이 둘 사이에는 원래 서로 나뉨이 없었다.

---

32) 앞의 책, 같은 곳. 信近於義 言可復也 恭近於禮 遠恥辱也 因不失其親 亦可宗也.

08
하늘의 길과 사람의 길

오산 궐리사 성묘聖廟

정조실록에 다음과 같은 전교가 실려 있다. "공씨가 우리나라에 건너와 맨 먼저 수원에 정착한 사실이 읍지에 실려 있는데 일전에 도신道臣으로 하여금 그곳의 형태를 그림으로 그려 올리게 하였다. 그 그림에서 찾아보니 궐리사란 사우[闕里之祠]도 있고, 은행나무도 심어져 있으며, 대대로 눌러 사는 후손들도 있었다. 또 궐리에서 수십 리 떨어진 곳에는 새로 지은 영당이 있다고 하였다. 문헌공의 시호를 내린 뒤로도 조정이 공씨 집안을 우대하는 일은 보통 예와는 달리해야 할 것이니, 도백道伯으로 하여금 궐리 옛터에다 집 한 채를 세워 내각에 있는 성상을 모시게 하고, 영당에 모셨던 진영도 모셔다가 함께 봉안하고서 이름을 궐리사闕里祠라 하라. 사우의 편액은 써서 내리겠다. 봄가을로 지방 수령에게 향과 촉을 내려 제사를 모시게 하고 제사에 쓰이는 제수들은 대략 이성尼城 궐리사의 예대로 시행하되 정갈하고 간략하게 힘쓰도록 하라."

『중용』과『대학』은『예기』의 한 부분이었다. 그러나 지금 이것들은『예기』에서 분리되어 각각 단행본으로 출간된다.『중용』과『대학』이『예기』에서 처음 분리된 시기는 한漢나라 때였다. 이때『중용』이『대학』보다 먼저『예기』에서 분리되었다. 이들이『예기』에서 분리된 것은 그 내용이나 체계가『예기』의 나머지 부분과 차이가 있어 보인다고 생각했기 때문이었을 것이다. 이 차이가 확실한 것인지 아닌지의 여부는 이를 분리한 사람의 몫이다.

처음으로『중용』과『대학』을『예기』에서 분리한 사람은 11세기의 사마광司馬光이었다. 그러나 이렇게 분리된『중용』과『대학』에『논어』와『맹자』를 더하여 이들을 한데 묶어 '사서四書'라는 이름을 붙인 사람은 공자의 시대로부터 16세기가 지난 송나라 때의 주희朱熹였다. 그가『중용』과『대학』을『예기』에서 분리하여 사서四書를 만든 이유는 실천적인『예기』에서『대학』과『중용』을 분리하여 자신의 취향대로 이들을 가지고 불교에 버금하는 관념적 체계를 구축하려고 했던 것으로 보인다. 좀 더 구체적으로 말하면 주희에게『중용』은『예기』의 다른 부분과 달리 예의 원리에 관한 것으로 이해되었고,『대학』또한『예기』의 다른 부분과 달리 예의 마음을 기르는 실천원리로 보았다는 뜻이다. 이로 미루어 보면 주희는 처음부터 실천중심의 원시유학을 편집하여 이론화하려는 의도가 강했던 것으로 보인다. 그 결과는 신유학 또는 성리학의 탄생이었고, 이들은 이론적 모형을 갖추어 다분히 형이상학적 관념적 색채를 강하게 띠게 되었다.

하지만 주희가 『중용』과 『대학』을 『예기』에서 분리하여 『예기』의 별책으로 편집한 것은 많은 문제점을 접어 둔 것이었다. 원래 『중용』과 『대학』은 『예기』의 나머지 부분과 논리적으로 밀접히 연결되어 있었다. 이들 두 경전이 『예기』의 실천원리였다는 뜻이다. 그렇기 때문에 『예기』는 실천원리가 빠진, 그래서 길 잃은 예禮의 잡서라는 오해의 소지를 갖게 되었다. 『예기』에서 『중용』과 『대학』을 분리한 것은 『예기』의 체계를 근본적으로 손상시키는 결과가 되었다.

물론, 다른 각도에서 보면, 『예기』를 그렇게 분리한 것이 원시유학의 체계를 근본적으로 흔든 것은 아니라고 할 수도 있을지 모른다. 아닌 게 아니라, 이 결과를 좀 더 넓게 보면 분리된 경전들도 여전히 유학 안에 남아 있을 테니 말이다. 하지만 이와 같은 피상적인 이유를 넘어, 그 분리 문제를 좀 더 깊이 생각해 보면, 그것은 매우 중요한 문제가 된다. 왜냐하면, 실천중심의 원시유학, 그리고 그 유학의 핵심 경전으로서 『예기』에서 그 밑바탕이 되는 실천원리를 떼어 냄으로써 『예기』에는 실천적 항목들만 남게 되고, 떼어 낸 것들을 유학의 다른 경전들과 연결시켜 실천유학을 관념적인 것으로 흔들어 놓은 셈이 되기 때문이다. 그 결과 공자의 예 중심의 원시유학은 그 색채가 흐려지게 되었고, 그것은 결국 사서를 바탕으로 하는 이론중심의 성리학으로 탈바꿈하게 되었다. 물론, 남아 있는 『예기』는 원리가 빈약한 맹목적인 실천서로 남게 되었고,『중용』과『대학』은 그 구체적 실행과 연결되지 않는 공허한 관념체계로 그 모양이 변형되기에 이르렀다.『예기』가 길을 잃게 된 것이다. 그런데 이 공허한 관념체계란 무엇이고, 이 체계는 유학에 어떤 작용을 했으며, 그 문제는 어떻게 전환되어야 하는가.

세 갈래의 길

『예기』에서 분리된『중용』의 첫 편「도와 중용」은 공자의 손자 자사子思가 썼다고 전한다. 그런데 이 문장만큼 그 의미를 파악하는 데 어려운 문장도 많지는 않을 것이다. 그것은 아마도 자사가 공자의 생각을 모두 이 한 문장에 집약하여 넣은 결과인지도 모른다. 하지만 이 문장이 가지고 있는 그 의미의 심오함과 짜임새의 아름다움에 견줄 만한 문장 또한 많지는 않을 것이다.

> 하늘이 명한 것을 '성性'이라고 하고, 성性을 따르는 것을 '도道'라고 하며, 도道를 닦는 것을 '교敎'라 한다.[1]

『중용』을 읽어 본 사람이라면, 유학의 경전 가운데 이 문장을 읽을 때처럼 그렇게 깊이 매료되었던 적도 많지는 않았을 것이다. 이 유명한 문장은『중용』의 첫 문장이라는 영예에 어울릴 만큼 아

---

1)『중용』, 도와 중용. 天命之謂性 率性之謂道 修道之謂敎.

름답고도 의미가 깊다. 이 문장은『중용』전체의 개요를 한 문장으로 구성해 놓았다. 사실,『중용』의 내용은 이 한 문장으로 족하다. 여기에 다른 문장들을 덧붙인다면 그것은 모두 사족에 불과할지도 모른다. 아마도 자사는 이 문장을 지을 때 요堯 임금과 순舜 임금 시대로부터 내려오는 전통적 사상을 꿰뚫는 데 부단한 노력을 기울였을 것이고, 그것을 한 부분도 놓치지 않고 하나의 문장에 담아내려고 욕심도 충분히 부렸을 것이다. 그는 고대 중국의 성왕들이 나라를 다스리기 위해서 그처럼 고민한 흔적들을 이렇게 간결하면서도 함축적인 문장에 담아 넣는 데 남다른 어려움도 겪었을 것이다. 어디 그뿐이었겠는가. 그는 할아버지가 일생 동안 그린 꿈과 그런대로 편안한 세상을 만들기 위한 모형을 하나도 손상하지 않고 이 한 문장에 담아내려고 고심했을 것이다.

하지만『중용』의 첫 문장은 그 간결성 때문인지, 다의적 해석을 불러들이기로도 정평이 나 있다. 우선 '하늘이 명한 것[天命之]'이란 어구가 그렇다. 특히 이 어구에서 '하늘[天]'의 의미 해석은 우리가『중용』을 읽을 때마다 당면하는 가장 큰 어려움이다. 물론, 오늘날 많은 사람은 다행스럽게도 이 어구의 의미에 대하여 그렇게 어렵게 생각하지 않는 경향도 있다. 그 이유는 '하늘이 명한 것'이라는 어구를 '선천적으로 가지고 타고나는 것' 또는 '사람의 본성'이라는 정형화된 의미로 편리하게 받아들이기 때문이다.

사실, 많은 사람은 '하늘'을 별 의미가 없이 그저 문장을 이끌어 낼 때 사용하는 말로 간주하기도 한다. 무엇인가가 있기는 있으되, 그것이 무엇인지가 명료하지 않을 때, 우리는 흔히 이러한 표현법을 자주 쓴다. 그러나『중용』의 첫 문장으로서 '하늘이 명한 것[天命之]'을 이와 같은 방식으로 이해하는 것은 아쉬움이 적지 않다.

글자 뜻 그대로라면 '천명지天命之'는 '하늘이 명한 것'을 뜻하지만, 이때 '하늘'은 단지 우리가 머리를 들면 보이는 한없이 넓고 높게 전개되는 저 창공을 가리키는 것이 아니다. 그런 것보다 우리는 예로부터 '하늘[天]'은 무엇인가 '보편적인 것', 그래서 거기에는 '모종의 신비로운 질서가 갖추어져 있는 것'을 상징하는 말로 사용하여 왔다. 아닌 게 아니라, 하늘에서 해는 어김없이 매일 동쪽 끝에서 뜨고 서쪽 끝으로 지며, 달은 날이 갈수록 어두운 부분을 밝은 빛으로 채우다가 일정한 날들이 지나면 다시 그 빛이 기운다. 우리는 그런 현상의 뒤에 '변함이 없는 법칙' 또는 '보편적 질서'가 있을 것이라고 믿어 왔다.

'하늘'이 가지고 있는 이 '보편적 질서'는 분명 인간의 마음을 크게 자극하였을 것이다. 그리하여 우리는 무엇인가에 대하여 판단을 할 때 '치우침이 없어야 한다.'든지, 믿음과 주장에는 '항상성이 있어야 한다.'든지, 자기 자신에 대하여서는 물론 타인에 대하여서도 '양심을 따라야 한다.'는 신념들을 가지게 되었을 것이다. 그 결과 우리는 하늘의 질서와 사람의 마음 사이에 유사성이 있다고 믿게도 되었을 것이다. 이렇게 하여 저 높은 곳에는 하늘의 질서로서 천리天理가 있고, 사람의 마음속에는 윤리倫理가 있게 되었으며, 이들 사이에는 모종의 유사성이 있다고 믿게도 되었을 것이다. 현대사회에서도 이와 같은 경우가 없지는 않지만, 고대사회에서 '하늘'이라는 말은 어느덧 인간 마음에까지 영향을 미치게 되었을 것이다.

하늘의 질서, 곧 '천리'를 '하늘의 길'이라 한다면, 사람의 질서, 곧 '윤리'는 '사람의 길'이 되었다. 『주역』의 「설괘전設卦傳」에는 세 갈래의 길[三才之道]이 나 있다. 하늘의 길[天之道]과 땅의 길[地之道]과 사람의 길[人之道]이다. 이들을 '삼재三才'라 한다.[2] '재才'는 '질質'을 의미하니, '삼재三才'란 결국 '질質'이 다른 세 갈래 길'을 가리키는 단어가 되었다.

사람들은 우주의 질서를 다스리는 그 무한의 힘으로써 하늘의 길[三才之道]을 본받으려고 하였을 것이다. '하늘'은 끝없이 펼쳐진 넓고 신비로운 우주로써 항상 인간의 마음에 외경畏敬의 대상이 되었을 테고, 그 우주 공간에서 이루어지는 생성과 변화의 질서는 인간 마음에 엄중한 윤리의 길, 곧 윤리적 질서를 닦아 놓게 되었을 것이다. 그리하여 인간은 늘 하늘을 우러르면서 그 윤리적 양심을 더욱 밝게 닦아 놓았을 것이다. 이와 같은 현상은 결국 하늘의 길이 인간의 마음에 '무엇인가를 어기면 안 된다.'는 '당위當爲'의 길을 터놓는 실마리가 되었을 것이다. 인간의 마음은 하늘의 길과 무관한 것이 아니라는 이야기다.

아닌 게 아니라, 인간의 윤리적 질서는 하늘의 보편적 질서를 닮았다. 그래서 우리는 자주 '차마 어길 수 없는 하늘의 이치가 인간에 내면화內面化 된 것'이 아니냐고 말한다. 하늘의 필연이 인간의 마음에 탑재되어 당위가 되었다는 말이다. 그렇다면 '사람'과 '하늘'은 이제 '차마 어길 수 없는 것'을 서로 나누어 가졌다는 말이 된다. 또한 '하늘의 길[天之道]'에 부응하여 '사람의 길[人之道]'로 더욱

---

2) 『주역』, 설괘전.

굳게 다져졌다는 말도 된다.

하늘의 본질로서 '천심天心'과 사람의 본성으로서 '인심人心'이 '차마 어길 수 없는 것'을 나누어 가졌다는 것은, 언제부터인가 천심과 인심이 서로 가까이 있으면서 왕래하였다는 이야기가 된다. 이렇게 '하늘'과 '사람', '천리天理'와 '윤리倫理', 그리고 '천심天心'과 '인심人心'이 서로 왕래하게 되었다면, 하늘의 길과 사람의 길 사이에 단절이란 있을 수 없을 것이다.

『중용』은 그 밑바탕에 하늘의 길이 사람의 길이 되었다는 가정을 깔아 놓게 되었다. 아닌 게 아니라, 『중용』은 그 첫마디가 하늘이 명한 것[天命之]이 사람의 본성[性]이고, 그 길을 좇는 것이 사람의 길[率性之謂道]이라고 했다.

『주역』은 천명天命, 곧 하늘이 부여한 길을 제시한 글이다. 「설괘전」에 이런 말이 있다. '옛날 성인이 역易을 지으실 때, 사람이 성명性命, 곧 하늘이 준 본성에 순응[率]하도록 했다.'[3] 『중용』의 첫 마디와 다르지 않은 문장이다. 모두 사람의 길을 하늘의 길로 연결하려는 것이었다. 고대 동양사회에 퍼져 있던 일종의 '천명사상天命思想'이었다.

천명사상은 고대 동양사상에서 지배적이었다. 이는 『주역』의 밑바탕에도 깔려 있고, 동양의 각 경전에도 반영되어 있다. 심지어는 오늘날의 일상적 언어 표현에도 영향을 미쳐, '하늘의 뜻에 따르겠다.'라든지, 양심의 작용을 촉진하는 말로 '하늘이 내려다보고

---

3) 앞의 책, 같은 곳.

있다.'라는 표현을 자주 사용한다. 이 같은 내용이 종교에서 말하는 창세創世의 기원에는 물론, 나라를 새로 열고 왕조를 계승하는 역사에도 반영되어 있다.

하늘이 인간에게 부여한 것에 관한 이야기는 『주역』「계사전」에도 등장한다. 복희가 황하의 용마龍馬에게서 얻은 그림, 곧 하도河圖로 역易의 팔괘를 만들어 백성을 다스리고, 하나라의 우 임금이 낙수洛水의 신구神龜에게서 얻은 낙서洛書를 가지고 천하를 다스리는 대법大法을 만들었다는 이야기가 그것이다. 이 대법이 홍범구주洪範九疇다.

하도와 낙서에 관한 해석은 '사람의 길'을 '하늘의 길'로 연결하는 천명사상의 전형적 패러다임이다. 고대사회에서 이와 같은 패러다임은 각 성姓씨의 시조신화라든가, 국가의 탄생신화에 어김없이 전개되어 있다. 사람의 길, 곧 사람이 하려고 하는 일을 하늘의 길로 연결하여 그것을 정당화하면서 위안을 받고 자존심을 높였던 것이다.

『서경』의 이야기도 '사람의 길'을 '하늘의 길'에 연결하는 패러다임을 취한다. 예컨대, 하나라가 은나라로 되는 과정이라든지, 주나라가 은나라를 침략한 것을 합리화하기 위한 경우가 그렇다. 은나라가 쇠잔해졌을 때, 하늘이 덕 있는 사람에게 천명을 내리어 주나라를 세우게 했다는 이야기다. 이때 새로이 왕위에 오른 문왕이 "비록 하늘에 죄를 지은 부족한 사람이지만, 하늘의 뜻이 그러하니, 그 뜻을 받들어 성군이 되겠다."라고 말하였다. 하나라의 우왕, 은나라의 탕왕, 그리고 지금 이야기한 주나라 문왕의 행적이 이와 같은 천명을 따른 것이라고 역사는 대변한다.

천명사상은 고대 중국의 시문학에도 반영되어 있다. 『시경』의

한 구절이다.

하늘이 백성을 낳으시고, 사물마다 따라야 할 법칙이 있게 하셨네.[4]

'하늘이 백성을 낳고, 사물마다 따라야 할 법칙이 있게 했다.'는 『시경』의 한 토막은 천명사상의 전형적 표현이다. 하늘이 인간 세상에 따라야 할 법칙을 주었다 했으니 말이다. 이는 두려움이 가득 찬 세상의 변화를 하늘에 돌림으로써 사람의 마음을 그만큼 달래 준 것이었다.

공자가 살던 시대는 물론, 우리와 멀지 않은 시대에도 사람들은 세상을 이해할 때, 이와 같이 천명사상에 귀의했다. 그와 같은 때는 아직 신화와 종교와 철학이 분리되지 않았고, 과학적 생각과 사실에 대한 감각이 예민하지 못했다. 이와 같은 상황에서 자사가 '하늘이 명한 것'이라는 말로 『중용』의 첫 문장을 시작한 것은 인류 문화의 초창기에서 볼 수 있는 당연한 표현법이었다.

공자 시대의 표현법은 그렇다치고, 현대적 표현으로서 미국의 〈독립선언문〉조차 이 경우에서 예외가 아니다. 거기에 이런 표현이 있다. '모든 인간은 평등하게 태어났고, 창조주는 양도할 수 없는 일정한 권리를 인간에게 부여했으며, 생명권과 자유권과 행복추구권은 모두 이러한 권리에 속한다.' 존 로크의 자연법적 계몽주의 사상을 이어받은 토마스 제퍼슨의 문장이다. 이 문장은 하늘이

---

4) 『시경』. 증민. 天生蒸民 有物有則.

사람에게 명한 권리가 있다고 말한다. 하늘이 부여한 것이니, 이 권리는 아무에게도 양도할 수 없다는 것이다. 이에 대하여 우리는 '왜?'라고 물을 수 없다. 그뿐만 아니다. 최남선이 기초한 우리나라의 〈독립선언서〉에도 이런 문장이 있다. '시是 천天의 명명明命이며, 시대의 대세이며, 전 인류 공존동생권의 정당한 발동이라, 천하 하물何物이던지 차此를 저지 억제치 못할지니라.' 민족의 자주 독립은 하늘의 명령이니, 아무도 이를 저지하거나 억제하지 못한다는 엄중한 명령이다. 이 명령은 '하늘'이 내린 것이니, 이 세상 누구도 그것을 빼앗을 수 없다는 것이다. 3·1독립선언서의 정당성을 '하늘'과 연결한 것이다.

자사가 자신의 시대에 『중용』의 첫 문장을 쓰면서 '하늘이 명한 것을 성性이라 하고'로 시작한 것은 시의적절한 표현이었다. 하늘이 성性을 인간에게 부여한 것이라면, 사람들은 하늘이 부여했다는 그 이유만으로도 성性을 따를 수밖에 없었다. 심지어 태극에서 양과 음이 화합하고, 이로 인하여 천지 만물이 생성되는 것은 '하늘이 명한 것'이니 그 어떤 것도 이를 따르지 않을 수 없듯이, '하늘'이 사람에게 부여한 성性을 그 누가 따르지 않을 수 있겠는가. '하늘[天]'이 사람에게 '성性'을 부여했으니, 그것을 따르는 것이 사람의 '도道'이고, 이 '도道'를 가르치는 것[敎]을 어찌 마땅하다 하지 않겠는가.

『중용』의 첫 문장은 이렇게 '천天', '성性', '도道', '교敎'라는 네 개의 개념으로 구성되었다. 이 개념들은 『중용』의 첫 문장에서 하나의 개념족概念族을 형성하면서 『중용』 전편의 체요體要를 더 이상 줄일 수 없을 만큼 축약했다.

사람과 가상의 세계

사람들은 『중용』을 읽으면서 '하늘이 명한' 그 '성性'이 무엇인지에 대하여 의문을 제기했다. '성'은 본래 애매성을 가진 단어였으니, 의문의 제기는 당연한 일이었다. 그 결과, 예로부터 그 의미에 대한 철학적 토론이 끊이지 않았다. 그 가운데 가장 심각한 토론을 불러일으켰던 사람은 자사의 시대로부터 무려 16세기라는 긴 세월이 흐른 12세기의 주희朱熹였다.

용어의 의미 탐구에 많은 철학자가 관심을 쏟아부었듯이, 주희 또한 '성'의 의미 규정에 매달렸다. 그리고 그 의미 규정에 따라 그는 『대학』, 『논어』, 『맹자』는 물론, 『중용』에 이르기까지 손을 대지 않은 곳이 없었고, 두려움 없이 이들의 체계를 자신이 규정한 '성性'의 의미에 따라 다시 정리하고 자신의 해석을 덧붙였다. 『대학장구』, 『논어집주』, 『맹자집주』, 『중용장구』는 모두 그와 같은 결과로 나온 주희의 작품들이다. 조선의 성리학자들이 읽은 문헌들도 순수한 원시유학의 원전이 아니라, 대부분 주희가 손을 댄 작품들이었다. 이와 같은 이유로 조선조의 그들은 정확히 말해서 공자 본유의 유학자들이라기보다 주자 성리학자들이었던 셈이다.

주희는 『중용장구』에서 하늘이 부여한 '성'의 의미를 규정할 때, 인심人心을 제거하고 도심道心만 남겨 놓았다.[5] 그에게 도심道心은 체體, 곧 형상形相으로서 영적인 것[虛靈]이었고, 인심은 용用, 곧 쓰

---

5) 『중용장구』. 4. 天命率性 則道心之謂也.

임새로서 항상 변하여 믿을 수 없는 지각知覺의 세계였다.[6] 도심은 인의예지仁義禮智를 일컫는 것이었고, 인심은 사람의 지각작용, 즉 이목구비耳目口鼻의 작용과 이로부터 발하는 희로애락이었다. 불가의 반야심경般若心經의 한 대목과 유사하다. 주희는 이 인의예지가 진정으로 하늘이 사람에게 부여한 '성'이라 했고, 이를 인간의 진정한 본성이라 했다. 그는 이와 같은 이야기를 자신의『대학장구서』첫머리에 실어 놓았다.

> 하늘이 사람을 낼 때부터 이미 인의예지仁義禮智의 본성을 사람들에게 부여하지 않음이 없다.[7]

주희는 인의예지를 하늘이 인간에게 부여했는데 그것을 하늘이 부여한 성, 곧 '천명지성天命之性'이라 한 것이다. 그리고 이를『중용장구』에서는 '도심道心'이라 한 것이다[天命率性 則道心之謂也].

> 사람은 형기形氣를 가지지 않은 이가 없기 때문에 비록 가장 지혜로운 사람이라 할지라도 인심人心이 없을 수 없고, 또한 성명性命을 가지지 않은 이가 없기 때문에 비록 가장 어리석은 사람이라 할지라도 도심道心이 없을 수 없다. ……도심道心으로 하여금 늘 한 몸의 주인을 삼으며, 인심人心으로 하여금 늘 주인의 명령을 따르도록 하면, 위태롭던 것이 안정되고 미세했던 것이

---

6) 앞의 책, 2.
7) 위의 책, 1.

뚜렷하여져 행동과 말이 자연히 지나치거나 미치지 못하는 일이 없게 될 것이다.[8]

이 글을 읽다 보면 마치 근대사회에서 발달했다가 사라진 심신이원론心身二元論의 텍스트를 읽는 듯한 느낌이 든다. 데카르트의 것으로 이름난 이 심신이원론은 마음과 몸을 이원화함으로써 많은 철학자들로부터 비판의 초점이 되었다. 하지만 동양에서 주희의 도심과 인심의 이원화는 데카르트의 것보다 훨씬 앞선 12세기에 이루어진 것이었다.[9]

주희는 인간 마음을 도심과 인심으로 나눈 뒤, 도심은 주인의 자리에 앉히고, 인심은 도심의 명령을 따르는 자리에 두었다. 인간 마음을 둘로 나누어 지배와 피지배적 구조로 만든 것이다. 그것은 인간을 마음과 몸으로 나누고 마음이 몸의 주인이 되어 그 몸을 이끈다는 17세기 데카르트의 패러다임과 다른 것이 아니었다. 주희는 전형적인 이원론자였다.

성리학에 내포된 이 이원론의 문제는 참으로 심각하다. 인간에게 도심과 인심이 따로 있어서, 하나가 다른 하나에게 명령을 내리고 다른 하나는 이에 순응한다는 생각은 합리주의자들이 만들어 내는 인간 정신에 대한 심각한 오류다. 인간 정신에 대한 계층화 및 합리주의의 오류는 여러 가지 문제를 야기한다. 그 가운데

---

8) 앞의 책, 2.
9) 데카르트의 심신이원론은 'mind–body problem', 곧 '마음과 몸의 문제'로 오랫동안 서양철학의 논쟁거리가 되었다. 이 설은 '합리주의자들이 저지른 오류'의 한 예가 되었다.

가장 중요한 것은 이원화가 도심과 인심 사이에 격벽隔壁을 설치함으로써, 이들 사이에 다스림과 복종은 있으되 서로 오갈 수 없는 간극을 만들어 놓았다는 점이다. 그 결과 도심은 실제와 동떨어진 형이상학적 공론空論의 세계에 뿌리를 박게 되었고, 인심은 도심의 감시 대상이 되는 수모를 겪게 되었다.

도심과 인심의 이원화에 따라 주희는 도심을 절대적인 것, 또는 우주의 주재자로서 상제上帝로 읽는 구차스런 발상을 하게 되었다. 그리하여 임금이 신하와 백성에게 무엇인가를 하사하듯, 그렇게 상제로서 도심은 인심에게 명령을 내리고, 인심은 그것에 복종한다는, 존재하지도 않는 가상적 정신 체제를 만들었다. 인간 마음에 대한 이 가상적 체제는 결국 도심중심의 절대주의가 만들어 낸 궁여지책이었다. 이는 인간 마음에 대한 심각한 왜곡이지만, 이 일로 성리학 자체는, 마치 노자가 무위의 세상에 들어가 현실의 세계로 돌아오지 않았듯이, 인간 세상과는 거리가 먼 공론의 세계로 빠져들게 되었다. 그뿐만 아니라, '사람'은 이로 인하여 사람으로서 '사람의 길'을 가지 못하고 하늘의 길을 대신 걸어야 하는 참으로 무겁고 고통스러운 발길을 옮겨야 했다. 물론 사람이 사람의 길이 아니라 하늘의 길을 걷는 것은, 사실적 가능성의 여부를 떠나 우선 논리적으로도 성공할 수 없는 일이었다. 주희의 이상론을 닮은 생각들은 자주 역사에 나타나 사람을 참으로 곤혹스럽게 만들었다.

주희에게 '성性'은 결국 인심人心 또는 심정心情과는 관련이 없는 것이 된 셈이다. 이렇게 되어 인간에게서 감성적인 것은 제외되거나 약화되거나 경시되기에 이르렀다. 인심의 고유한 질은 상실되고 천심의 지배 속에 들어가는 이상한 일이 일어나게 된 것이다.

주희에게 중요한 것은 하늘의 이치, 곧 천리天理였다. '천리' 또는 '이理'의 개념은 주희가 정이程頤로부터 물려받은 것이었다. 주희는 그것을 가지고 성즉리性卽理, 곧 '성性은 이理'라는 등식을 만들어 냈고, 이 등식에서 '인심'과 '심정'은 보이지 않게 되었다.

주희가 '성性'의 의미를 '이理'로 규정한 데에는 그럴 만한 이유가 있었을 것이다. 자사가 '하늘이 명한 것'을 그저 '성'이라고만 했으니, 주희에게 그 의미는 애매하기 그지없었을 것이다. 그리고 이 애매성을 푸는 과정에서 '이理'로 '성性'의 의미를 규정하는 형이상학적 가정을 떠나지 못했을 것이다. 그러나 그렇다손 치더라도, 그가 피할 수 없는 질문은 여전히 남아 있다. 그것은 도대체 그 '이理'가 어디에서 왔느냐는 것이다. 그는 이에 대한 분명한 답을 가지고 올 처지에 있지는 않았다. 그는 자신의 학문에 대한 엄격한 철학적 검증을 등한시한 셈이다. 아닌 게 아니라, 인간의 본성에 관한 학문을 하면서 그는 '인심'을 제쳐 놓고 '천심'에만 매달리는 이유를 분명히 하지 않았다. 그 결과, 그의 학문은 한 가닥 이데올로기에 불과하다는 비판으로부터 자유로울 수 없게 되었다.

주희에게 '성性'은 곧 '이理'였다. 그런데 '성性'과 '이理' 사이에 등호를 끼워 넣은 그의 문장, 즉 '성즉리性卽理'는 주희 자신뿐만 아니라 그를 따르는 사람들에게 『중용』을 읽는 기본공식이 되었고, 천지자연을 이해하고 그것을 설명하는 조회체제照會體制가 되었다. 일종의 거대담론이 된 것이다. 이로써 주희의 학문은 기존의 유학, 즉 원시유학의 실천적 담론에서 멀어지게 되었다. 하지만 그의 학문을 원시유학에 조금이라도 가깝게 두고자 하는 뜻에서 말하면, 그것은 유학의 단순한 변모變貌라고 이해하면 될 터이고, 멀리 두고자 하는 마음에서 말하면, 그것은 그 본디의 유학으로부터 완전한 일탈이라고 말하면 될 것이다.

'성즉리性卽理'는 성리학의 기본 명제가 되었다. '이'가 '성'의 중심에 자리하고 그 밖의 것은 변두리 아니면 그 밖으로 밀려 나갔다. 주희는 합리주의자가 되어 목소리를 높였다. "도심道心으로 하여금 늘 한몸의 주인으로 삼고, 인심人心으로 하여금 늘 주인의 명령을 따르는 하수인이 되며……."라고 말이다.[10]

'성즉리'를 모토로 삼은 주희의 학문은 세상을 보는 조회체제를 원시유학에서는 찾아볼 수 없는 '주리론主理論'으로 갑작스럽게 변장시켰다. 성리학을 읽을 때 이 점을 간과해서는 안 된다. 그리하여 실천윤리를 바탕으로 하는 원시유학으로서는 주리론을 기본 입장으로 삼은 성리학이 낯선 것이 될 수밖에 없었다. 아닌 게 아니라, 주리론을 근간으로 하는 주희의 학문에는 논리적으로 공자의 인본주의사상이 들어갈 틈바구니조차 찾을 수 없게 되었다. 이 것은 주희가 좋아하든 싫어하든 주희의 성리학을 공자사상의 한 줄 꿰기에 넣지 못하는 이유다.

주리론의 옷으로 갈아입게 된 주희의 학문은 새롭게 태어난 형이상학이 되었고, 사람들은 이에 새로운 이름표를 붙여 주지 않을 수 없었다. 이른바 '신유학新儒學'이다. 신유학은 '성性'을 '이理'로 규정했다는 이유로 '성리학性理學'이라는 이름을 별도로 얻었다.

---

10) 「중용장구」 2.

주희는 극단적으로 이理 편향적이었다. 그렇기 때문에 그의 사상을 '성리사상性理思想'이라고 한다. 그 결과 '도심'과 '인심'의 사이에는 지배와 종속을 가르는 경계선이 그어지게 되었다. 자연히 '도심'은 비인간적인 천리의 세계에 갇히고, '인심'은 변화무상하고 불완전하며 욕정이 가득한 것으로 폄하되었다. 이렇게 되어 그의 성리사상은 학문적 소박성을 벗어나 불행하게도 정치적 지배 이데올로기와 사회적 계층론에 편승하게 되었고, 학문적으로도 그 모태인 원시유학으로부터 멀어지게 되어 구체적, 현실적, 실천적 세계를 떠나 지상과 멀어지게 되었다.

주희는 이렇게 하여 유학으로부터 멀어진 뒤, 그리고 이 세상에 사회적 계층을 만들고 정치적 이데올로기의 흔적을 짙게 남긴 뒤, 자신이 만든 주리론을 따라 참으로 넓고 신비로운 형이상학적 세계로 미끄러져 들어갔다. 학문도 진화하면 하늘의 길에서 사람의 길로 내려오는 법인데, 거꾸로 주자 성리학은 사람의 길을 두고 가공의 세계를 만들어 그곳으로 올라갔다.

사람과 사람의 길

『중용』의 처음으로 다시 돌아갈 차례다. 『중용』의 첫 문장은 서론에 해당되지만, 그것은 단순히 『중용』을 시작하기 위한 머리글이 아니다. 그것은 『중용』 전체의 체요體要를 다듬고 다듬어 몇 개의 개념만으로 간결하게 축약해 놓은 『중용』의 처음이고 마지막이다.

하늘[天]이 명命한 것을 성性이라고 하고, 성性을 따르는 것을 도
道라고 하며, 도道를 닦는 것을 교敎라고 한다.[11]

참으로 간명한 문장이다. 『중용』뿐만 아니라, 유학의 여러 경전
에서 이처럼 간단하고 명료하며 아름다운 문장을 찾기도 힘들 것
이다. 더욱이 이 문장은 『중용』 전체를 묶어 한 문장으로 말하고
있으니, 이 짧은 하나의 문장으로 『중용』 전체를 꿰뚫었다 하여도
무리가 아닐 것이다. 그리하여 이 문장을 제대로 이해한다는 것은
그만큼 용이한 일이 아닐 것이다.

『중용』의 첫 문장을 읽을 때 우리가 다시 부닥치는 어려움은 성性
의 개념 파악이다. 이 개념만 제대로 파악하면, 좀 지나친 표현이
되겠지만, 『중용』의 이해는 그것으로 완성이다.

『중용』에서 말하는 '성性'의 개념 파악에 얽힌 문제는 역사적으
로 꽤 오랫동안 진행되었다. 그것은 학문의 분파 문제로까지 비화
되었다. 이 문제를 가지고 가장 심각한 논쟁을 일으켰던 사람은
송나라 때 주희였음은 주지의 사실이다. 주희는 '성性'의 의미를
'이理'로 규정했다. '이'는 태극설이 그렇게 말하듯이 우주의 탄생과
그 보편적 질서를 가리키는 천리天理였다.

주희를 따르는 사람들은 '이'의 의미에 대하여 매우 낭만적이었
다. 그들은 '이'를 태극설이나 음양론의 모델로서 '천리'와 동일시
하는 경향이 있었다. 진실로 거대담론이란 이와 같은 것을 두고

---

11) 『중용』, 도와 중용.

하는 말이다. 그뿐만 아니었다. 그들은 이 '이'를 '천리'에 붙들어 맨 채, 그 용도를 확대했다. 일[事]의 이치[理]를 들어 '사리事理'라 일컫고, 물질의 이치를 들어 '물리物理'라 일컬으며, 마음의 이치를 들어 '심리心理'라 일컫고, 사람다운 행실의 이치를 들어 '윤리倫理'라 일컬으며, 생각과 말의 이치를 들어 '논리論理'라 일컫고, 수數의 이치를 들어 '수리數理'라 일컬으며, 글을 깨우치는 이치를 들어 '문리文理'라 하면서 이들을 모두 그 보편적 '이理'의 아류로 삼았다.

하지만 좀 더 논리적인 안목으로 보면, '이理'에 관한 이와 같은 이해는 매우 위험스럽다. 두 가지 이유 때문이다. 한 가지는 모든 종류의 이치[理]가 각각 다른 질적 특수성을 가지고 있음에도 불구하고, 그들을 한사코 여러 이치 가운데 한 가지인 천리天理에 붙들어 매는 이유가 무엇인지를 정당화할 수 없기 때문이다. 예컨대, 심리心理도 있고 윤리倫理도 있고 수리數理도 있는데 왜 하필이면 천리天理인가. 다른 한 가지는 '이理'의 종류를 심리나 윤리나 수리처럼 여러 특수한 '이理'로 열거할 수 있다면, 이와 같이 특수한 것이 아닌 '이理'란 도대체 무엇인가. 만약 그것을 성리학자들처럼 보편적인 '이理'라고 명명한다면, 왜 그것은 심리나 윤리나 수리처럼 개별로 존재하지 않는가. 보편적인 '이理'가 더 이상 개별로 존재할 수 없는 사유가 있다면, 그 사유란 무엇인가. 하지만 일단 그와 같은 '이理'가 존재한다고 양보해 보자. 그렇다면 이때의 '이理'는 비실재적인 공空 개념概念이 되는데 이 공 개념으로서 '이理'는 과연 무엇인가. 신인가, 아니면 그 밖의 무엇인가? 그런데 그것이 신이든 무엇이든, 더 이상 설명할 수 없는 것이라는 데 그 문제와 위험성이 있다. 주자 성리학자들은 이 난점을 피하기 위해서 그들의 학문을 형이상학이라고 대변함으로써 정당화의 난점을 피하고자 할지도 모른다. 그러나 무엇보다도 주자학의 위험성은 그와 같은 좋지 않은 형이상학의 유형을 세상에 남기는 일이다.

아닌 게 아니라, 우리가 지금 논의하고 있는 인간의 본성도, 그것이 인간에게 고유한 특성을 가지고 있음에도 불구하고, 성리학자들처럼 그것을 특수성이 배제된 그 보편적 이치인 '이理'에 매어놓는다고 가정해 보자. 그리고 이에 의거하여 인간의 본성을 푼다고 가정해 보자. 만약 그렇게 된다면, 인간의 그 고유한 본성은 어떻게 될 것인가.

우리는 여기에서 다시 몇 가지를 확인하지 않으면 안 된다. 그것은 우선 『중용』의 핵심 개념으로서 '성性'의 속성을 인간의 주체적 판단과 선택이 배제되는 보편적 '이理'로 규정하기가 어렵다는 점이다. 하늘이 명한 '성性'은 주희의 '이理'보다 훨씬 넓은 의미를 가진 '자연적, 생래적 소여所與'로 이해되어야 할 것이다. 좀 더 구체적으로 표현하자면, 하늘이 인간에게 부여한 성性을 성리학자들처럼 답답하고 협소하고 비실재적인 '이理'에 가두어 둘 것이 아니라, 사람이 본디 가지고 태어나는 덕德, 다른 말로 표현하여, '인심人心'이나 '심정心情'에 내포된 자연적이고 포괄적인 '능력areté'으로 이해하는 것이 훨씬 합당할 것으로 보인다. [12]

『중용』의 '성性'은 무엇보다도 인간에게 고유한 것이어야 한다. 그것을 혹시 '윤리倫理'라면 몰라도 보편적 개념으로서 '이理'나, 예

---

12) '덕'은 그리스어로 areté이고, 영어로는 virtue다. 그런데 areté는 virtue보다 function에 더 가깝다.

컨대 질적 특성이 다른 '천리天理'로 이해하는 것은 위험하다. 더욱이 '성性'이 인간에게 고유한 것이라면, 그것은 다른 동물들이 가지고 태어나는 것과도 같지 아니하고, 가정하여 인간 밖의 거대하고 신비한 존재가 만들어 인간에게 건네는 것과도 같지 않다. 그것은 성리학자들처럼 천지자연의 신비하고 미묘한 현상에서 상상해 낼 수 있는 것도 아니고, 천지자연의 이치에서 곧바로 추론해 낼 수 있는 것도 아니다. 그런 것이 아니라, 『중용』의 '성性'은 인간의 힘으로 선한 것을 찾아 이를 실행하는 실천적 능력에 해당된다. 이와 같이 인간의 힘으로 선한 것을 찾아 이를 실행하는 실천적 능력이 『중용』의 '성性'이라 한다면, 그것은 분명 '이理'를 바탕으로 하는 성리학설과는 차별성을 갖는 것일 수밖에 없다. 물론, 성리학의 그 보편적 '이理'와 차별성을 갖는 이성을 우리가 찾는다면, 그것은 철학적 분류에서 실천이성일 것이다.

공자가 유학의 기반을 확립할 때, 그는 그 일을 실천적 카테고리의 도덕적, 윤리적 바탕 위에서 시작했다. 아닌 게 아니라, 유학의 밑바탕에는 선善을 지향하는 인본주의적 색채가 짙게 깔려 있다. 그 구체적 사례를 우리는 『주역』의 십익十翼과 『중용』, 『예기』 등에서 찾아볼 수 있다. 우리는 이들 경전의 여기저기에서 윤리적 선을 추구하는 공자의 인간중심 사상을 어려움 없이 읽어 낼 수 있다.

이번에는 '하늘이 명한 성'의 의미에 대하여 좀 더 결정적인 이야기를 펼칠 차례다. 『중용』은 그 첫 문장 '하늘[天]이 명命한 것을 성性이라고 하고, 성性을 따르는 것을 도道라고 하며, 도道를 닦는 것을 교教라고 한다.'는 문장에서 '성'을 '도'와 연결하여 놓았다. 그렇다면 '성'이 사람의 본성이고, '성'을 '도'와 연결하여 놓았으니, 여기의 '도'는 '하늘의 길[天之道]'이 아니라 '사람의 길[人之道]'이 될 수밖에 없다. 『중용』은 이 사람의 길에 대하여 다음과 같이 설명했다.

> 도라는 것은 잠시도 떠날 수가 없다. 떠날 수 있다면 그것은 이미 도가 아니다. 그러므로 군자는 사람들에게 보이지 않는 곳에 있을 때라도 도를 떠나게 될까 삼가고, 말소리가 들리지 않는 곳에 있을 때라도 도를 떠나게 될까 두려워해야 한다.
> 숨은 것보다 더 잘 드러나는 것이 없고, 미세한 것보다 더 크게 나타나는 것도 없다. 그러므로 군자는 그가 홀로 있음을 삼가야 한다[慎其獨也]. [13)]

이 문장을 읽다 보니 마치 노자의 『도덕경』을 다시 읽는 느낌이 든다. 이 문장은 분명 자사의 글이지만, 노자의 글솜씨를 닮았으니 말이다. 특히 '도는 언제 어디서나 변함없이 존재한다.'는 생각이 그렇다. 그런데도 이 문장은 노자의 것과는 근본적으로 다르다. 노자가 싫어하는 그 도덕적, 윤리적 색깔을 문장에 짙게 칠해 놓았기 때문이다. 군자는 언제 어디서나 도와 함께 있어야 한다든가, 타인이 보지 않을 때에도 행동을 삼가야 한다든가, 옆에 귀 기울여 듣는 사람이 안 보인다 하더라도 말하는 것을 누가 들을까 봐 두려워해야 한다든가, 그러니 아예 홀로 있기를 삼가야 한다[慎

---

13) 앞의 책, 같은 곳.

獨]는 것 등이 그렇다. '홀로 있기를 삼가야 한다.'는 '신독愼獨'은 참으로 어려운 도덕률이다. 이 문장은 '도'의 실체에 대한 언급이기도 하지만, 매우 강한 도덕적, 윤리적 권고이기도 하다. 그리하여 여기에서의 '도'는 엄격히 '천도天道'와 구별된다고 하면 성리학자들이 뭐라고 할지 의문이다. 그러나 '천도'가 '하늘의 길'이라면, 도덕적, 윤리적 의미가 짙게 깔린 자사의 이 '도道'는 분명 '인도人道', 곧 '사람의 길'일 것이다.

『중용』의 저자는 주희와 달리 사람의 길로서 '도道'를 '이理'가 아니라, '중中'과 연결하는 재기를 발휘했다. 그는 '성'과 '도'를 잇고, 다시 '도'와 '중'을 이어 놓았으니, 그는 분명 '도'를 '이'가 아니라, '중'으로 설명하려는 것이었다. 그렇다면 우리는 흥미롭게도 주희의 '성즉리'의 대칭으로 '성즉제중性卽制中'이라는 새로운 명제를 자사의 이름으로 만들어 낼 수 있지 않을까 한다. 이 새로운 명제의 의미는 이렇게도 풀 수 있을 것이다. '성즉제중性卽制中', 즉 '성性은 곧 중中을 지키는 것이다.'라고 말이다. 좀 더 다른 표현으로는 '사람의 성性은 보다 알맞은 것[中]을 찾으려는 성향[德]이다.'라고 풀어 말할 수 있을 것이다. 그런데『중용』은 '성性'의 속성으로서 '중中'에 대하여 이렇게 말한다.

희로애락喜怒哀樂이 발하지 않는 것, 그것을 일컬어 '중中'이라 한다.[14]

---

14) 앞의 책, 같은 곳. 喜怒哀樂之未發 謂之中.

희로애락이 발하면 우리의 마음이 어떻게 그 '중中'의 자리를 지키겠는가. 바람이 불면 나는 화살이 어떻게 목표를 관중하겠는가. 마음이 동요하면 어떻게 편견에서 벗어나겠는가. 화살이 과녁을 명중하려면, 물리적 동요가 일지 않아야 한다. 마음이 무편무당無偏無黨하려면, 심리적 동요가 일지 않아야 한다. 그래서 『중용』은 '중中'을 '희로애락이 발하지 않은 것'이라고 한 것이다. 이는 마음이 무편무피無偏無陂, 무편무당無偏無黨해야 된다는 뜻이다. 따라서 '희로애락이 발하지 않은 것'이 '중中'이라고 한 것을 '중中'이 희로애락과 무관하다는 뜻으로 이해해서는 안 된다. 『중용』이 '중中'을 가리켜 그것은 '성性이 보다 알맞은 것[中]을 찾으려는 성향[德]'이라고 한 것은 그것을 희로애락의 맥락에서 설명한 것이라고 보아야 한다.

　그런데 『중용』에서 '희로애락이 발하지 않는 것, 그것을 일컬어 중中이라 한다.'고 말한 것을 잘못 읽으면, 이는 마치 깊은 산속의 수행자들이 자주 하는 말처럼 '중中'을 '희로애락을 걷어 낸 청정한 마음자리'로 오해할 수도 있을 것 같다. 더욱이 유학이 학문적 깊이를 잃어 가고 있을 때, 그것이 불교와 도교를 닮으려는 유혹도 있었으니, 불자들의 표현법을 흉내 내어 그와 같은 오해를 할 가능성도 없지는 않다. 그러나 그렇지 않다. 인간 심정心情으로서 희로애락을 걷어 낸 마음자리, 곧 감정과 정서에서 벗어난 상태로서 마음가짐이란 초자연주의자들이 상정하는 또 다른 가공의 세상일 뿐, 그것은 적나라한 인간의 본성을 이해하는 데는 별로 도움이 되지 않는 허구에 불과하다. 사실, 수행자들이 자주 사용하는 마음의 어떤 것을 '걷어 낸다.'는 말은 종교적인 입장에서는 매우 그럴듯하게 들릴지 모른다. 그들은 그와 같은 허구의 세상을 청정의 세상이라고까지 말하니 말이다. 순수한 형식적 논리 안에서는 그렇지 않을 수 없을 것이다. 하지만 냉정하게 말하여 그런 경우는 순수한 관념의 세계에서만 존재할 뿐, 실제의 세계에는 존재할 수 없다. 수행자들이 조심해야 할 사항이다. '성性'에서 희로애락을 걸어 낸다면, 그것은 인간 세상과는 관계가 없는, 인간 심정이 제거된 공허한 관념의 세계 또는 현실과는 타협이 없는 이데올로기의 세계에 불과할 것이다.

원래의 문제로 돌아가 보자. 『중용』의 저자가 '희로애락이 발하지 않는 것, 그것을 일컬어 중中이라 한다.'고 말한 것은 '중中'이 무엇인가를 보여 주기 위한 방편일 뿐이다. 『중용』은 결코 희로애락을 '중中'의 설명에서 걸어 내려고 하지 않았다. 오히려 그것은 '중中'을 희로애락과 관련지어 말하고 있다. '중中'은 희로애락이라는 실제를 전제로 하는 개념이라는 것이다. 예컨대, 마음이 무편무피無偏無陂하고 무편무당無偏無黨한 경지에 도달되어 희로애락이 동요를 일으키지 않는 상태에 이르렀을 때 '중中'이라 한다는 것이다. 이렇게 되면 '희喜'나 '로怒' 또는 '애哀'나 '락樂'의 어느 하나 그리고 더 나아가 '애愛'나 '구懼'나 '오惡'나 '욕欲'에 휘둘리지 않고, 즉 무편無偏 무피無陂 무당無黨하게 그 '가장 알맞은 것'을 선택하고 균형을 유지하게 된다는 것이다. 다시 『중용』의 첫 편 끝 부분으로 돌아가 보자.

희로애락이 발하지 않은 것을 일컬어 '중中'이라 하고, 발하여 모두 절도에 맞는 것을 '화和'라고 한다. '중'이라는 것은 천하의 대본大本이고, '화'라는 것은 천하의 달도達道다. 중과 화에 이르게 되면 천지가 자리를 잡아 만물이 화육化育한다.[15]

『중용』의 저자는 이렇게 '성'을 설명하는 과정에서 인간 심정으로서의 '희로애락'을 버리지 않았다. 그렇기 때문에 우리는『중용』의 지자가 "희로애락이 발하지 않는 것을 일컬어 중中이라 한다[喜怒哀樂之未發 謂之中]."고 말한 것을, 중中의 개념을 이론적으로 설명하기 위한 것이었다고 이해해야 한다.

'중中'은 하늘이나 땅의 세계 또는 수의 세계에서는 정확하게 측정될 수 있을지 모른다. 그러나 인간의 세계에서 그것은 자연적 대상을 측정하여 한가운데를 정확하게 측정하는 것과 같지 않다. 인간의 세계에서 '가장 알맞은 것'으로서의 '중中'은 사람이 마음으로 가장 알맞은 행위의 절도 또는 법도를 찾아 정하는 것이기 때문이다. 그런데 자연현상에서 어느 한가운데를 측정할 때와는 달리, 인간의 세계에서 절도와 법도에 가장 알맞은 것을 정하는 과정에서 마음은 늘 어느 한쪽으로 치우치거나 기울기 마련이다. 그렇기 때문에 이론적으로 가장 완전한 상태의 '중中'은 '한쪽으로 치우치거나 기울어짐이 없는 무편무피의 자리', '치우칠 편도 없고 무리지울 무리도 없는 무편무당의 자리'이어야 한다.

그렇다. 이론적으로 말하면, '중中'이 가장 완전한 자리를 잡을 때 희로애락에 의해 좌우되지 않아야 한다. 그렇기 때문에『중용』

---

15) 앞의 책, 같은 곳.

의 저자는 '희로애락이 발하지 않는 자리'를 '중中'이라 한 것이고, 또 '중中이라는 것은 천하의 대본[中也者 天下之大本]'이라고 한 것이다. '알맞음의 이론적 표본'이라는 뜻이다.

그러나 천하의 대본으로서 '중中'은 어디까지나 '대본'일 뿐, 인간이 실제적으로 도달할 수는 있는 자리는 아니다. 중中은 오로지 현실적이고 실제적으로 희로애락이 발한 가운데 가장 알맞은 상태로 되는 방향이고 길잡이라는 뜻이다. 그래서 실제적 의미로서 중中은 이론적 의미로서의 중中의 언저리에 늘 머문다고 말할 수밖에 없다.

정확히 말하여 우리의 마음은 중中을 겨냥하되, 그 중中의 자리는 산술 평균과 같이 절대적인 것으로 정해져 있지 않다. 예컨대, '인仁'의 중中과 '의義'의 중中이 그렇다. 그러므로 '중中'의 자리는 항상 열려 있다. 그리고 거기에 인간의 주체적 결정과 선택이 개입한다. 본질적으로 인간의 문제는 인본주의적이다. 그렇기 때문에 우리가 말하는 '인仁'이나 '의義'도 인간의 주관적 판단에 의해 '인仁'의 중中이니 '의義'의 중中이라 할 수 있게 되는 것이다. 이와 같이 '중中'은 실제의 역학 관계에 따라 그때그때마다 정해진다.

『중용』이 이론적 의미의 중中을 언급한 것은 실제적 의미의 중中을 설명하기 위한 방편이다. 만약 그런 것이 아니고, 실제적 의미의 중中을 부정하면서 관념론자들처럼 이론적 의미의 중中을 중요하게 생각했다면, 그것은 참으로 곤란한 지경에 처할 것이다. 왜냐하면, 그와 같은 중中은 현실적으로 존재하지 않으니 말이다. 그리하여 『중용』의 저자는 말한다. "발하여 모두 절도에 맞는 것을 화[發而皆中節 謂之和]라 한다."[16] 이렇게 희로애락이 발하여 모두 절도에 맞는다 했으니, 이때의 '절도에 맞는 것'은 희로애락이 발하는 실제에서 이루어지는, 그 실제적 중中을 두고 하는 말이다. 『중용』의 저자는 이를 실제에서 이루어지는 또는 희로애락 속에서 이루어지는 '화和'라 했다.

'화和'는 실제적 의미의 '중中'을 두고 하는 말이다. '화和'가 실제적 의미의 '중中'이라는 말은 적나라한 인간의 심정心情으로서 희로애락이 발하고, 그런 가운데 스스로 사회문화적인 절도와 법도에 가장 알맞은 상태로 조화를 이루었다는 뜻이다. 『중용』의 저자는 다시 말한다. "화和는 천하의 달도[和也者 天下之達道]다."[17] 인간의 심정이 바야흐로 천하의 모든 사람이 공유하는 도道를 얻게 되었다[達道]는 뜻이다.

사람의 본성으로서 '성性'이 무엇인지에 대한 고뇌의 여정이 종착역에 이르렀다. 지 높은 하늘에 매달았던 인간의 본성에 대한 우리의 안목이 하늘의 단계에서 한 단계 한 단계 내려와 최종으로 여기 인간의 세계에 이른 것이다. 이 단계에 이르러 우리는 사람의 길이 무엇이고, 그것이 왜 사람의 본성으로서 '성性'을 '이理'에서 구하지 아니하고, '중中'에서 구하게 되었는지를 확인하게 된 셈이다. 그뿐만 아니라, 인간의 심정에서 발하는 희로애락은 버려야할 것이 아니라, 그것의 조화[和]를 추구해야 한다는, 이른바 새로지은 이름으로서 '실천적 중中'에 이르는 '사람의 길'을 닦아야 한다

---

16) 앞의 책, 같은 곳.
17) 위의 책, 같은 곳.

는 뜻도 분명해진 셈이다. 『중용』의 저자는 이와 같이 인간 심정이 조화를 갖추어 천하의 대본으로서 중中에 근접했을 때, 비로소 인간 세상이 제대로 자리 잡게 된다[均衡]고 한 것이다. 그런대로 편안한 세상 말이다. 그리하여 말했다.

중中과 화和에 이르게 되면 천지가 자리 잡히고 만물이 화육化育하게 되는 것이다.[18)

_____

18) 앞의 책, 같은 곳.

09

지신에 이르는 가르침과 배움

대성전

공자의 고향인 중국 곡부曲阜에 있는 대성전大成殿이다. 곡부에는 공자의 사당 공묘孔廟
가 있고 공孔씨들의 가족묘지라고 할 수 있는 공림孔林이 있다. 70대에 걸친 후손들
의 무덤 10만 기가 있다 한다.

대성전은 공묘에 있다. 대성전 중앙에는 공자의 영정이 모셔져 있고 양옆에는 제자
들인 안회, 증자, 자사, 맹자의 상이 모셔져 있다. 공자의 사당은 문묘文廟라고 한
다. 대성전의 지붕은 황금색이고 자금성 황궁 다음으로 큰 건물이다.

　'하늘의 길'이 아닌 '사람의 길'로서 중용의 논리를 따라가려면 우리는 어떻게 해야 하는가. 『중용』의 핵심이 되는 질문이었다. 『중용』에서 '정성된 것[誠者]'은 사실의 세계가 아니라, 관념의 세계, 이론의 세계, 곧 '하늘의 세계'였다. 그래서 그것은 '하늘의 길'인 반면, '정성되려 하는 것[誠之者]'은 '사람의 길', 곧 인간의 실천적 마음을 가리키는 것이었다.

　'사람의 길'은 '정성되려 하는 것'이고, 그것은 중용의 논리로서 선善을 택하여 이를 굳건히 지켜 나가는 것[擇善固執]을 뜻하는 것이었다. 그런데 선을 택하여 그것을 굳건히 지키는 삶은 '선함[善]'이 무엇인지를 널리 배우고[博學之], 자세히 물으며[審問之], 신중히 생각하고[愼思之], 명료하게 분별하며[明辯之], 충실하게 실행해야 하는 것[篤行之]이었다.[1] 이는 『중용』에 실려 있는 내용이지만, 그 구체적인 과정은 『대학』이 보여 주고 있는 가르침과 배움의 내용으로 이어져 있다. 『대학』에는 선善에 이르는 독특한 가르침과 배움의 길이 나 있다.

---

1) 『중용』, 성과 도.

가르침과 배움의 원리로서 『대학』

논리적으로 말하면, 『중용』과 『대학』은 짝을 이루는 경전이다. 세상을 보고 이해하며 올바른 길을 찾아가는 방식이 『중용』의 내용이라면, 그와 같은 방식을 활용할 수 있는 기본적 능력을 갖추는 것이 『대학』의 내용이다. 이런 뜻에서 『대학』의 내용은 『중용』이 가리키는 사람의 길을 가는 필요조건이다.

『중용』의 논리에 따르려면 먼저 『대학』을 공부해야 한다. 주희가 『대학』을 통달해야 비로소 다른 책을 읽을 수 있다고 말한 것도 같은 맥락에서일 것이다. 주희가 말하기를, "『대학』이 학문의 처음과 끝을 말한 것이라면, 『중용』은 보다 근본적으로 인간의 세상 보기를 다루었다."라고 했다.[2] 정이천程伊川도 같은 말을 했다.

정이천에 의하면, 『대학』은 공자가 남긴 글이다. 그러나 주희에 따르면, 『대학』의 앞부분인 경經 1장은 공자의 제자이며 자사의 스승인 증자曾子가 공자의 말씀을 기술한 것이고, 뒷부분 전傳은 증자의 뜻을 그의 문인들이 기록해 놓은 것이다.[3] 아닌 게 아니라, 『중용』과 『대학』의 저자에 관한 의견은 분분하다. 후한의 정현鄭玄은 『예기』의 목록에 주석을 달면서 『중용』은 자사의 글이라고 했지만, 『대학』의 저자에 관해서는 아무런 언급도 하지 않았다.

경전으로서 『대학』은 유가 최고의 교육이념을 논한 것으로, 그

---

2) 『독대학법』.

3) 『대학』의 전문傳文은 『대학』의 내용 가운데 한 부분을 일컫는다. 『대학』은 크게 '대학지도'와 '수기치인'으로 구성되는 총론과 8조목을 상세하게 논한 각론으로 구성되는데, 총론을 주희는 '경문經文', 각론을 '전문傳文'이라고 나누어 불렀다.

것은 처음에 『예기』에 들어 있었다. 그러나 11세기에 사마광司馬光이 처음으로 『대학』을 『예기』에서 떼어 내어 『대학광의大學廣義』를 펴냈다. 그 뒤 1세기가 지나 분리된 『대학』과 『중용』에 『논어』와 『맹자』를 더한 뒤, 이들을 '사서四書'라 불렀다. 주희에 의해서였다.

『대학』의 명칭은 어디에서 왔는가. 논자들은 '대학'의 기원을 세 가지로 말한다. 첫 번째는 교육기관의 이름이었다는 것이다. 중국의 최고학부를 가리킨 것이라는 것이다. 주희는 『대학장구서』에서 "『대학』이라는 책은 옛날 대학에서 사람들을 가르치는 법을 다룬 것이다."4)라고 했다. 그러나 교육제도로서 대학이 생겨난 것은 한나라 이후의 일이니, 그렇게 단정하기도 쉽지는 않다. 두 번째는 그저 책 이름으로 붙인 것이라는 견해다. 그 내용이 '큰 가르침과 배움[大學]'을 뜻하는 것이어서 그렇게 이름을 붙였다는 설이다. 세 번째는 주로 주희의 해석이다. 주희는 '대학'이 '온전한 덕을 갖춘 대인大人이 배워야 할 학문'이라는 뜻의 '대인지학大人之學'을 줄인 말이라고 주장했다. 아마도 『대학』의 첫머리에 나오는 문장 '대학지도大學之道'가 공자의 언어라면, '대학'의 기원에 관한 가장 타당한 설은 아마도 이 세 번째의 것이 아닐까 한다.

---

4) 『대학장구서』. 古之大學所以教人之法也.

대학의 길

공자에게 이상적인 인간 모습은 군자君子였다. '군자'는 단순히 지식을 많이 소유한 사람을 가리키는 것이 아니라, 지성을 가지고 실천하는 사람, 그래서 아는 것과 행하는 것이 일치하는 사람을 가리키는 용어였다. 군자는 지덕知德을 겸비한 실천적인 삶을 영위하는 사람이었다. '군자'에 대하여 공자는 다음과 같이 말했다.

> 군자는 인의仁義로써 바탕을 삼고, 의례로써 행하며, 공손하게 말하고, 신의로써 성취하니 참으로 군자로다. [5]

군자의 됨됨이를 가리키는 말이다. 그 '됨됨이'란 인의와 의례, 겸손과 신뢰를 가지고 살아가는 사람의 품성[質]을 일컫는다. 공자에게는 이와 같은 사람이 군자였고, 군주였다. 공자는 참된 군주를 찾아 제국을 편력했고, 결국에는 빈손으로 고향에 돌아가 후학을 가르치는 데 힘썼다. 그가 가르친 것은 육경六經이었지만, 그 가르침의 목적과 내용은『대학』에 깔끔하게 정리되어 있다.

『대학』에서 교육의 목적과 목표는 '대학지도大學之道'와 '수기치인修己治人' 두 장으로 나뉘어 있다. 대학지도는 교육의 목적에 관한 것으로 짜여 있고, 수기치인은 그 목적을 성취하기 위한 구체적 목표로 구성되어 있다.

---

5) 『논어』. 위령공. 君子義以爲質 禮以行之 孫而出之 信而成之 君子哉.

'대학지도'는 '군자가 따라야 할 배움의 길'을 뜻하지만, 그것은 일반적으로 '가르침 또는 교육이란 무엇인가.'에 관한 진술이다. 거기에 이렇게 쓰여 있다.

대학의 길은 사람들로 하여금 올바른 덕[明德]을 밝힘에 있고, 백성을 사랑함에 있으며, 지극한 선善에 다가가 머무름에 있다.[6]

이 문장을 좀 더 풀어쓰면 이렇게 될 것이다. '군자를 위한 큰 가르침과 배움이 추구해야 할 목적은 인간으로서 갖추어야 할 올바른 덕을 계발함에 있고, 백성을 친히 보살피는 능력을 획득함에 있으며, 그 결과로 마음이 최고로 발달된 경지에 이르러 거기에 살도록 함에 있다.'

공자가 당시에 염두에 두었던 교육은 나라를 다스리는 군주들이 난세를 극복하여 나라를 화평하게 하고, 백성이 예를 숭상하는 나라가 될 수 있도록 가르치는 것이었다. 공자는 각 나라의 군주들에게 이 점을 깨우치고 자신의 신념을 받아들여 예를 세우도록 하기 위해 제국을 주유했다. 그러나 결국 그는 실의에 휩싸인 채 고향으로 돌아와 여생을 군자를 위한 교육에 몰두했다.

'대학지도'를 구성하는 교육의 목적을 주희는 일부러 '삼강령三綱領'이라 했다. 세 개의 큰 지침이라는 뜻이다. 첫 번째 강령은 '올바른 덕을 밝힘에 있다[在明明德].'이고, 두 번째는 '백성을 사랑함에 있다[在親

---

6) 『대학』, 대학지도. 大學之道 在明明德 在親民 在止於至善.

民].'이며, 세 번째는 '지극한 선에 이르러 머무름에 있다[在止於至善].'다.

'대학지도'의 첫째 강령에서 사람들은 '명덕明德'을 '밝은 덕'으로 번역한다. '명明'이 '밝다'를 의미하기 때문이다. 은나라 군주 태갑太甲에게 재상 이윤伊尹이 왕위를 전하면서 아뢰는 말씀에 '선왕께서는 하늘의 밝은 명[天之明命]을 받드시어……'라고 했다.[7] 하늘이 준 것을 '밝은 것'이라 표현한 것이다. 그런데 '밝은 것'은 '선한 것'의 은유적 표현이다. 그러므로 여기에서 말하는 '명덕明德'은 그냥 '덕'이 아니라, '밝음', '선함', '올바름' 등의 수식어 '명明'이 붙은 '명덕明德'이다. '명덕明德'은 '선한 덕', '올바른 덕'을 의미한다. 그렇다면 이 말은 논리적으로 '명明'이 수식하지 않은 '덕'이 있을 수 있고, 그와 같은 '덕'은 항상 선한 것도, 항상 올바른 것도 아니라는 뜻이 된다.

왕부지王夫之의 입장도 이와 다르지 않다. 그는 『대학』이 '덕'에 '명明'을 붙여 '명덕明德'이라 한 이유를 이렇게 설명했다.

> 명덕明德은 오직 사람만이 가지고 있으므로, 그것은 전적으로 사람에게 속하는 덕이다. 사람에게 속해 있으므로 단지 '성性'이라고 말해서는 안 된다. '성'이란 하늘과 인간이 주고받는 것을 모두 일컫는 이름이기 때문이다.[8]

왕부지의 분석은 참으로 예리하고 중요하다. 명덕明德은 사람만

---

7) 앞의 책, 명덕. 『서경』, 상서, 태갑상.

8) 왕부지(1975), 『독사서대전상』, 대학편. 明德唯人有之 則已專屬之人 屬之人 則不可復名爲性 性者 天人接受之總名也.

이 가지고 있고 '성'은 사람과 더불어 세상 모든 것이 가지고 있다는 것이다. '성'은 음양오행이 묘합妙合하고 응집해서 이루어지는 것이고, 하늘이 사람에게 부여한 모든 것을 통틀어 가리키는 이름이다. 그리하여 그것은 일반적인 본성으로서 '덕德'과 같다. 그 결과 왕부지는 하늘이 사람에게 부여한 마음을 갈고 닦아서 얻게 되는 것을 따로 '명덕明德'이라고 한 것이다. '명덕'은 인간에게 고유한 것이라는 뜻이다.

『대학』은 이와 같이 '덕'과 인간이 획득해야 할 '선한 덕'을 구분하기 위하여 '명덕'이라는 단어를 골라 사용하게 된 것이다. 군주와 군자를 위한 가르침은 그냥 '덕'이 아니라, 선한 덕 또는 올바른 덕으로서 '명덕明德'이다. '명덕'은 오직 사람만이 가지는 덕이다. 선하고, 아름다운 덕은 사람에게 고유한 것이니, 당연한 이야기다.

또한 동사로 쓰이는 '명明'은 '밝힌다'는 뜻을 가진다. 『서경』 우서虞書에 '큰 덕을 샅샅이 밝히시어[克明俊德]'라는 말이 있고,9) 주서周書에는 성왕成王이 강숙康叔을 위나라 제후로 봉하면서 그에게 '아버지 문왕께서는 덕을 샅샅이 밝히시고 벌을 삼가셨다[克明德慎罰].'고 한 말이 있다.10) '명明'은 덕을 닦아 '밝힌다'는 뜻으로 사용된다. 이는 인간의 마음에 잠재되어 있는 능력을 밖으로 드러낸다는 뜻이니, '밝힌다'를 '계발啓發한다'로 바꾸어 씀이 더 적절할 것으로 보인다.

두 번째 강령 '재친민在親民'은 '백성을 사랑하고 가까이 함'을 뜻

---

9) 『서경』. 우서. 요전.
10) 위의 책. 주서. 강고. 『대학』. 명덕.

한다. 그런데 '재친민在親民'을 '재신민在新民'으로 읽는 사람들도 있다. '재신민在新民'으로 읽을 경우는 '백성의 마음을 새롭게 발달시킴에 있으며'라는 뜻이다.

고본古本의 '친민親民'을 '신민新民'으로 읽은 사람들은 정호程顥와 정이程頤였다. 주희 또한 이들을 따랐다. 이들은 『대학』의 전문 「명덕편明德篇」과 『서경』의 주서周書 「강고편康誥篇」을 따른 것이다. 공자의 생각이 기록된 부분이라는 『대학』의 경문에는 '친민'으로 되어 있다. 그러나 경문에 대한 해설을 붙인 증자曾子의 전문에는 '신민'으로 되어 있다. 어떻든 『대학』의 전문도 그렇거니와 『서경』의 주서 「강고편」에도 '오직 임금을 도와 하늘의 명을 받고[宅天命], 새로이 백성을 만들어라[作新民].'[11]라는 문장이 있어, 고본의 '재친민在親民'을 '재신민在新民'으로 읽는 경우가 발생하게 되었다.

그러나 '큰 가르침과 배움[大人之學]'의 목적으로서 제1강령인 '명명덕明明德'과 변별력을 갖춘 제2강령이 되려면, 그것은 '백성을 새롭게 한다.'는 뜻의 '신민新民'보다는 '백성을 사랑한다.'는 의미의 '친민親民'이 더 적합할 것으로 보인다. 왜냐하면, 백성을 새롭게 한다는 '신민新民'의 뜻은 이미 '명명덕明明德'에 내포되어 있어, 그것은 '명명덕'과 의미의 변별력이 없는 단순한 연장에 불과할 뿐이기 때문이다. 아닌 게 아니라, 밝은 덕[明德]은 이미 계발되었으니, 그다음은 타인을 배려하는 덕으로서 친민親民의 덕을 닦아야 한다는 것이 교육목적의 체계에서는 더욱 그럴듯하다. 더욱이 '백성을 새롭

---

11) 성왕이 강숙을 위나라 제후로 봉하면서 강숙에게 한 말이다. 『대학』, 명덕. 『서경』, 주서, 강고.

게 한다.'는 뜻으로서 '신민新民'은 지배적인 위치에서 백성의 구태적인 삶을 혁신시킨다[革其舊]는 다소 강압적이고 전제적인 색깔이 짙어 교육목적으로서 적절성의 문제도 없지 않다.

그뿐만 아니다. '신민新民'보다 '친민親民'이 큰 가르침과 배움의 두 번째 강령이 되어야 하는 보다 근본적인 이유가 있다. 그것은 『대학』이 군주와 군자를 위한 교육이고, '군주나 군자가 백성에 대하여 무엇을 할 것인가.'를 끊임없이 성찰하도록 하는 교육이라면, 그리고 공자의 생각이 '사랑', 곧 인仁을 바탕으로 하는 철저한 인본주의 사상으로 점철되어 있다는 점을 놓치지 않는다면, 이 두 번째의 강령은 필연적으로 '신민新民'보다 '친민親民'이 더 어울린다는 점이다.

또 있다. 『대학』에는 각 강령을 성취하기 위한 여덟 가지 조목이 있는데 이 조목들 가운데, 두 번째 강령을 성취하기 위한 조목들, 예컨대 '제가齊家'와 '치국治國'과 '평천하平天下'를 보면, 이들 역시 강령으로서 문제가 되는 '신민新民'보다 '친민親民'에 더 잘 어울린다는 점을 다시 확인할 수 있다. 아닌 게 아니라, 『대학』의 전문 「평천하편平天下篇」에 이와 같은 문장이 있다.

『시경』에 이르기를 '즐거워라, 군자님이시여, 백성의 부모시라.' 하였으니, 백성이 좋아하는 것을 좋아하며, 백성이 싫어하는 것을 싫어하는 것이다. 이래서 백성의 부모라 말한 것이다.[12]

---

12) 『대학』, 평천하.

군자나 군주는 백성의 부모이니, 그 백성을 가까이하고 아끼며 사랑해야 한다는 것이다. 군자와 군주는 신민新民보다 친민親民을 해야 한다는 뜻이 더 뚜렷한 문장이다. 또한 같은 곳에 백성의 부모로서 군주가 어떻게 백성을 사랑하고 가까이해야 하는지에 관한 내용도 실려 있다.

끝으로 대학지도의 장은 마지막을 '지극한 선에 이른다[在止於至善].'[13)]는 말로 맺는다. 이는 올바른 덕을 계발하고, 백성을 사랑하여 가까이함으로써 얻게 되는 큰 가르침과 배움의 궁극적 목적에 해당된다. 이렇게 최고선에 이르면 그 가르침과 배움이 종점에 이르렀다고 볼 수 있지만, 물론 그것은 단순히 길 가던 사람이 그 길의 종점에 이르러 더 갈 필요가 없어 멈추는 것과 같은 것은 아니다. 그런 것이 아니라, 공부가 최고선에 이르렀다는 것은 마음이 어떤 특정한 상태로 발달되었다는 것을 의미한다. 그 마음이란 어떤 상태의 마음인가?

> 멈추어야 할 지경에 이르렀음을 안 뒤에 안정됨[定]이 있고, 안정됨이 있은 뒤에 고요함[靜]이 있고, 고요한 뒤에 편안함[安]이 있고, 편안한 뒤에 생각함[慮]이 있고, 생각함이 있은 뒤에 진실로 얻음[得]이 있다.[14)]

'마음이 무엇에 다다라 멈추어야 할 지경에 이르렀음을 안다는

---

13) '최고선'은 영어에서 'the highest good'이고, 라틴어로는 'summum bonum'이다.
14) 『대학』. 대학지도. 知止而后有定 定而后能靜 靜而后能安 安而后能慮 慮而后能得.

것[知止]'이 무엇을 의미하는지를 말한 중요한 문장이다. 이 문장이 내포하고 있는 의미를 세밀히 들여다보면, 멈추어야 할 지경에 이른 마음이 어떤 상태인지를 어렵지 않게 파악할 수 있다. 이 문장은 우선 '다다라 멈추어야 할 지경의 마음'을 가리키는 말로 '지止' 자를 사용한다. '지止'는 '마음이 편안한 상태[心安]에 이르다.'는 뜻을 갖는 글자다. 앞의 인용문은 '편안한 상태의 마음'이 어떤 상태인지를 다시 자세히 설명한다. 마음이 멈추어야 할 지경에 이르렀음을 알게 되면, 그 마음이 일정한 틀을 갖추게 되고[定], 흔들림 없이 고요한 상태를 유지하며[靜], 부족함이 없으니 마음이 균형을 취하여 편안하고[安], 사물을 제대로 인식하고 판단할 줄 알며[慮], 모든 일을 알맞게 조절할 수 있는 능력을 얻게 되는[得] 상태가 된다고 말이다. 마음이 이와 같이 된다면 그것은 참으로 조화롭게 발달된 상태일 것이다. 그런데 이와 같은 상태는 분명히 마음이 최고의 수준으로 조화롭게 발달되는 상태이니, 이를 가리켜 더 이상 갈 수 없는, 그래서 멈추어야 할 '최고로 선한 것', 곧 '지선至善'이라고 하지 않았겠는가 싶다.

『대학』 전문은 마음이 발달하여 이르게 된 '지선'의 상태를 『시경』 위풍衛風을 빌려 이렇게 읊었다.

저 기수淇水의 물굽이 바라보니
푸른 대가 우거져 있네.
의젓하신 군자여
깎은 듯 다듬은 듯하며
쪼고 간 듯하네.

점잖고도 위엄 있으시며
훤하고도 뚜렷하시니
의젓하신 군자여
끝내 잊을 수 없도다.[15]

'지선'이 무엇인지를 보여 주는 예를 의젓한 군자의 자세로 들었다. 큰 가르침과 배움의 목적으로서 최고선에 '멈춘다'는 것이 무엇인지를 『대학』은 다시 『시경』에 의지하여 이렇게 말한다.

'훌륭하신 문왕이여, 아! 끊임없이 공경하셨네.'라 하였으니, 임금이 되어서는 인仁에 머무셨고, 신하가 되어서는 경敬에 머무셨고, 자식이 되어서는 효孝에 머무셨고, 아비가 되어서는 자慈에 머무셨고, 백성과 사귐에는 신信에 머무셨네.[16]

『시경』과 『대학』은 문왕의 덕을 인仁과 경敬, 효孝, 자慈, 신信으로 일컬어 칭송했다. 임금과 신하와 자식과 아비가 되어 따른 덕이었다. 모두 명분에 걸맞은, 문왕이 도달한 지선의 경지를 이른 말이다.

문왕은 지선에 이르러 마음이 편안한 상태에 머물러[止] 살았다. '지止'는 '머물러 삶'의 경지를 이른 말이다. 문왕이 임금이 되어서는 어짊에 머무셨고[止於仁], 신하가 되어서는 공경에 머무셨고[止於敬], 자식이 되어서는 효도에 머무셨고[止於孝], 아비가 되어서는 자

---

15) 『시경』, 위풍.
16) 위의 책, 대아편 문왕지습文王之什. 『대학』, 명덕.

비에 머무셨고[止於慈], 백성과 사귐에는 믿음에 머무셨다[止於信]다. 이렇게 '지선'은 임금의 마음과 신하의 마음, 자식의 마음, 아비의 마음, 백성의 마음이 그 최고에 이르러 '멈추는[止]' 경지를 이른다.

공자는 지선에 이르러 멈추는 것을 스스로 보여 주었다. 그는 스스로 큰 가르침과 배움의 길을 걸었다. 『논어』「위정편」에는 공자가 나이 칠십이 되었을 때 마음이 이끄는 대로 아무렇게나 해도 그것이 법도에 어긋나지 않았다[從心所欲 不踰矩]는 글이 있다.[17] 아무리 마음대로 행해도 그것이 법도를 거스르지 않았다는 것은 가장 높은 선의 경지에 이르렀음을 뜻하는 것이다. 그는 이 경지에 이르기 전, 법도를 헤아려 그것에서 벗어나지 않으려는 혈구지도絜矩之道를 끊임없이 닦았을 것이다. 그런데 그는 나이 칠십에 이르러 보니 더 이상 그 혈구지도를 닦을 필요가 없어졌을 것이다. 그는 어느덧 그 지선의 경지에 다다라 멈추어 있었던 것이다.

수기의 길

박세당朴世堂에 따르면, 『대학』이 추구하는 큰 가르침과 배움의 목적은 우선 명덕明德과 친민親民의 덕을 닦음에 있다. 그리고 이 두 가지를 추구하되 이들이 성취되면 최고선에 이르러 멈추게 된다[止於至善]고 했다. 그는 이와 같은 뜻에서 '지어지선止於至善'을 굳

---

17) 『논어』. 위정.

이 세 번째가 되는 강령綱領이라고 할 필요가 없다고 말한다. [18] '지어지선止於至善'은 하나의 독자적인 강령이 아니라, '명덕'과 '친민'의 두 강령을 충실하게 실행하면 그 결과로 얻게 되는 것이라는 뜻이다. 주희가 『대학』의 교육목적을 '강령綱領'이라 부르고, 이를 셋으로 나눈 것에 대한 반론이다.

박세당이 대학지도의 강령이 셋이 아니라, 둘이라고 주장하는 데는 또 다른 이유가 있다. 그것은 『대학』에서 대학지도의 장은 수기치인修己治人의 장으로 이어지는데, 이 수기치인의 장에는 '명덕'과 '친민'의 두 강령을 성취하는 데 따르는 구체적인 조목들은 나열되어 있지만, '지선至善'을 위한 조목은 따로 존재하지 않는다는 것이다. 이로 미루어 보아 '지선'은 '명덕'과 '친민' 두 강령만을 성취함으로써 이르게 되는 궁극적 목적에 불과하다는 것이다. 우선 그 8조목에 관한 문장을 읽어 보자.

> 사물에 맞닥뜨려 이치를 궁구한[格物] 뒤에 앎에 이르고[致知], 앎에 이르게 된 뒤에 뜻하는 것을 잘 따르고[誠意], 뜻하는 것을 잘 따른 뒤에 올바른 마음을 갖고[正心], 올바른 마음을 가진 뒤에 행동을 가지런히 하고[修身], 행동을 가지런히 한 뒤에 집안을 잘 다스리고[齊家], 집안을 잘 다스린 뒤에 나라를 잘 다스리고[治國], 나라를 잘 다스린 뒤에 천하를 평화롭게 한다[平天下]. [19]

---

18) 박세당(2007). 『사변록』. 17.
19) 『대학』. 수기치인.

공자의 큰 가르침과 배움의 길, 곧 '대학지도'의 두 강령 '명덕'과 '친민'의 길은 이렇게 격물格物, 치지致知, 성의誠意, 정심正心, 수신修身, 제가齊家, 치국治國, 평천하平天下의 여덟 가지 조목條目들로 구성되었다. 이 조목들은 원래 『서경』의 요전堯典에 그 모습을 처음으로 드러냈다. 옛날 요 임금에 대한 이야기에서다.

(요 임금께서) 큰 덕을 넓게 밝히시어 구족九族을 화목하게 하셨고, 구족을 화목하게 하시니 백성을 다 같이 밝게 다스리게 되었고, 백성이 밝아지니 온 세상이 서로 도와 평화롭게 되었고, 백성은 이에 선하게 되어 화평을 누리게 되었다.[20]

요 임금의 덕치에 관한 칭송이다. '큰 덕을 넓게 밝히셨다.' 함은 '수신'을 말한 것이고, '구족을 화목하게 하셨다.' 함은 '제가'에 관한 것이며, '백성을 다 같이 밝게 다스렸다.' 함은 '치국'에 관한 것이고, '온 세상을 평화롭게 했다.' 함은 '평천하'에 관한 것이다.

그런데 박세당에 따르면 수기치인의 여덟 가지 조목 가운데 앞의 다섯 가지, 곧 격물格物, 치지致知, 성의誠意, 정심正心, 수신修身은 명덕明德을 계발하는 과정의 목표이고, 뒤의 세 가지, 곧 제가齊家, 치국治國, 평천하平天下는 친민親民을 위한 과정에서 성취하는 목표라는 것이다. 그리고 이들 여덟 가지 목표를 성취하면 결국에는 참으로 선한 경지[至善]에 이르게 된다는 것이다. 다시 말하면 지선

---

20) 『서경』, 우서, 요전. 克明俊德 以親九 九族旣睦 平章百姓 百姓昭明 協和萬邦 黎民 於變時雍.

至善을 계발하는 목표들이 따로 없다는 것이다. 주희가 강령을 셋으로 나눈 것에 대한 박세당의 비판은 옳아 보인다.

공자는 명덕明德을 계발하는 과정을 심신心身을 연마하는 내용으로 꾸몄다. 이를 위해서 그는 우선 '격물格物'을 그 출발점으로 삼았다. 그 뒤 주희는 격물의 의미를 이렇게 풀었다. '격물이라는 것은 사물의 극진한 이치에 이르지 않음이 없는 것이다.'[21] 이 표현을 좀 더 간결하게 하면, 이렇게 될 것이다. 즉, '격물은 사물의 이치를 깊이 깨우치는 일이다.'라고 말이다. 하지만 주희가 풀은 '격물'의 의미는 애매할 뿐만 아니라, 지나치게 협소하지나 않을까 염려스럽다. 그는 인간의 본성을 '이理'로 해석해 냈으니 그는 분명 '격물'의 의미를 주지주의적主知主義的 관점에서 풀어 나갔을 것이다.

'격물'이 의미하는 것이 어떤 행위로 나타나는지는 온전히 '격格'의 의미에 달려 있다. '격格'은 인간이 어떤 문제에(를)'당면하다[敵也]', '이르다[至也]', '궁구하다[窮究]', '감응하다[感通]', '새롭게 고치다[變革]', '바르게 하다[正也]'는 뜻을 갖는다. 그런데 이와 같은 여러 가지 뜻 가운데 가장 적절한 것을 선택하는 일은 우선 공자의 사상과 행적에 비추어 이루어지지 않으면 안 된다.

사실, '격물'의 의미는 공자의 사상과 행적에 밀접히 연관되어 있다. 그는 난세에 직면하여 그 문제의 심각성에 깊이 빠져 있었고, 그 국면을 새롭게 고치는 실천적이고 현실적인 교육을 궁구하였다. 그의 생애는 사실 진정한 의미의 '격물'의 과정이었다.

---

21) 『대학장구』. 物格者 物理之極處 無不到也.

'격格'은 '사물'을 뜻하는 '물物'과 결합되어 곤란감을 가진 문제를 해결하거나 그 문제의 원인을 탐구하는 경험적 활동을 의미하는 글자다. 물론 '격물格物'의 의미는 다분히 실천적이다. 그것은 간단히 표현하여 '문제 사태에 직면하여 무엇인가를 경험하는 것'을 의미한다. 이와 같은 뜻을 갖는 '격물'과 짝을 이루는 어휘를 영어에서 찾아본다면 그것은 분명 '경험'이라는 뜻을 갖는 'experience'가 제격일 것이다. 이와 같은 뜻에서 본다면 경험주의 철학자 존 듀이John Dewey의 사상은 어쩌면 공자의 사상적 환생일지도 모른다는 엉뚱한 생각이 든다.

인지적 발달과정에서 '격물格物'은 '앎에 이른다.'는 뜻을 갖는 '치지致知'로 이어진다. 문제 사태에 직면[格物]하여 무엇인가를 알게 되는 상태[致知]가 된다는 것은 인간의 지적 발달과정에서 정상적인 순서다. 공자가 『대학』의 수기치인에서 '사물을 구명究明한 뒤에 앎에 이른다[格物而后知至].'라고 한 것이나, '앎에 이르게 됨은 사물을 구명함에 있다[致知在格物].'고 한 것도 이와 같은 발달 순서에서다.

그런데 주희가 해석한 '치지致知'의 의미는 매우 넓고도 깊다. 그는 '치지致知'를 '내 마음에서 안다고 하는 것은 극진하지 않음이 없는 것이다.'라고 했다. 22) 이는 '앎에는 다함 아닌 것이 없어야 한다.'는 뜻으로 표현한 말이지만, 일상적 표현으로는 '앎은 의심하고 의심해도 의심할 수 없을 정도로 참이어야 한다.'는 뜻이다.

---

22) 앞의 책. 吾心之所知 無不盡也.

'지지知至'라고 하는 것은 내 마음의 아는 바가 극진하지 아니함이 없는 것이니, 아는 것이 이미 극진하게 되었은즉, 뜻이 능히 성실해질 것이요, 뜻이 이미 성실하게 되었은즉, 마음이 능히 바르게 될 것이다. [23]

주희에게 '앎'은 '궁극적인 것, 더 이상 마음의 다함[盡]을 의심할 수 없는 지경의 것'이어야 한다. 그런데 한 가지 특이한 점은 그에게서 앎은 하늘의 것, 절대적인 것이라는 의미로 정립되어 있다. 그가 '아는 바가 극진하지 아니함이 없다[無不盡也].'고 한 것은 앎이 하늘의 이치에 버금할 만큼 극진해야 한다는 뜻이다. 또한 그가 '아는 것이 이미 극진하게 되었은즉, 뜻이 능히 성실하게 된 것이다.'라고 했을 때, 그가 말하는 '성실誠實'은 앎이 하늘의 명命에 맞닿아 있음을 뜻한다. 결국, 주희에게 앎은 '하늘의 도를 안다.'는 것을 의미한다.

주희에게 '하늘의 도'는 원래 그렇게 존재하는 것이고, 그렇기 때문에 다하지 않음이 없는 것[無不盡也]이었다. 그래서 주희는 인간의 앎이 '하늘의 도'에 맞닿을 때 극진해졌다고 말한 것이다. 인간의 마음이 하늘의 명을 따르고, 그래서 '하늘의 도'에 맞닿아 있을 때 앎이 극진해진다는 생각은 매우 그럴듯해 보인다. 그러나 오늘날의 철학적 세상 보기로는 그저 대견스러울 뿐 참으로 이해하기 어려운 생각이다. 하지만 그렇다고 하여 주희가 앎이 극진해야 한다

---

23) 앞의 책. 知至者 吾心之所知 無不盡也 知旣盡則意可得而實矣 意旣實則心可得而正矣.

고 한 표현은 그저 내버릴 것은 아니다. 왜냐하면 그와 같은 표현은 오늘날의 인식론에서처럼 앎이 보다 정확하고 확실한 것이어야 한다는 점을 강조한 것이고, 인간 마음이 이성을 틀림없이 따라야 한다는 것을 말한 것으로 받아들이면 되는 것이기 때문이다. 공자 또한 『논어』 「위정편」에서 '안다'는 말을 하려면 그것은 극진한 것이어야 한다고 했다. '극진하다'는 것은 앎이 '스스로 속이는 일이 없음[毋自欺也]'을 뜻하는 것이다.[24] 공자는 이렇게 말했다.

> 유由야, 네게 '안다'는 것이 무엇인지에 대하여 가르쳐 주마. 아는 것을 '안다'고 말하고 모르는 것을 '모른다'고 말하는 것, 이것이 참으로 안다는 것이다.[25]

유由는 공자의 제자 중유仲由를 가리킨다. 중유의 자字는 자로子路다. 이 인용문이 우리에게 전달해 주는 것은 '모르는 것[不知]'을 '안다'고 속이지 말라는 경고다. 그리고 보니 '스스로를 속이지 말라[毋自欺].'는 것은 '앎에 극진하라.'는 말과 다르지 않다. 사실, 우리는 '알지 못하면서'도 '안다'고 말함으로써 타인뿐 아니라 스스로를 속이는 경우가 참으로 많다.

그런데 우리는 어느 때 '알지 못하면서도 안다.'고 말하는가. 논리적으로 말하면, 그것은 '안다'고 말하면서 그 '안다'가 성립될 수 있는 조건을 충족시키지 못할 때를 가리킨다. 예컨대, 어느 누가

---

24) 『대학』. 성의.
25) 『논어』. 위정. 誨女知之乎 知之爲知之 不知爲不知 是知也.

무엇인가를 '안다'고 말하면서 그 앎이 진리로 성립되는 근거를 밝히지 못하는 경우 말이다. 이는 논리학이나 자연과학의 경우에서 말하는 앎의 인식론적 요구에 해당된다. 하지만 지금 우리가 여기에서 논의하고 있는 공자의 그 '극진한 앎의 의미'는 단순히 엄격한 논리적, 과학적, 인식론적 차원을 말하고 있는 것은 아니다.

공자에게 '앎[知]'이 극진한 지경에 이르렀음[至]'은 인식론적 차원의 충족이 아니다. 그의 '앎'은 '행함[行]'과 연결되어 있다. 그는 사실 '지知'보다 '행行'을 앞세웠던 사람이었다. 그는 『논어』「학이편」에서 이렇게 말했다.

> 제자는 안에서 효도하고[孝] 밖에 나가서 공경하며[弟], 행동이 참되고 신중하고 변함이 없고[謹] 신의를 지키며[信], 넓게 여러 사람을 사랑하되[愛] 더욱 어진 자를 가까이 할 것이니라[仁]. 이렇게 하고도 여력이 있으면 비로소 선왕의 글을 배워라[學].[26]

공자가 여기에서 언급하고 있는 '효孝'와 '제弟', '근謹', '신信', '애愛', '인仁'은 모두 실천적 용어다. 그는 지식 가운데 실천적인 것을 앞세운 사람이었다. 공자가 가르치고자 한 지식은 실천적인 것이었다. 이는 원시유학의 핵심사상 가운데 하나다. 『논어』「술이편」에는 이 실천적 지식을 선호하는 공자의 사상이 두드러지게 나타난다. 거기에서 보면 공자는 주로 네 가지를 가르쳤다고 한다. 문文과 행行,

---

26) 앞의 책, 학이.

충忠, 신信이다. 이는 학문과 덕행과 충성심과 신의에 관한 것들이다.27) 문文을 제외하면 그 나머지가 모두 실천적 지식에 속한다.

공자는 『논어』의 첫 문장에서 이렇게 말했다. "배우고 그 배움과 관련되는 때마다 배운 대로 실행하니, 또한 즐겁지 아니한가."28) '배우고 그 배움과 관련되는 일과 마주치면 아는 대로 실행한다.'는 말은 공자에게 '배움[學]'이 '지知'와 '행行'을 겸한 것이라는 것을 뜻한다. 이와 같은 뜻에서 이해한다면 사실 '학이시습지學而時習之'에서 배움을 의미하는 '학學'과 실행을 의미하는 '습習'은 서로 짝을 이루는 개념이다. '학學'과 '습習'은 이질적인 것도, 이들 사이에 시간적 간극이 있는 것도 아니다. 공자에게 '지知'와 '행行'은 동반적 개념이다. '동반적 개념'이란 두 개념 이상이 함께 작용하여, 그 가운데 하나가 존재하면 다른 하나도 따라서 존재하고, 이와 반대로 그 가운데 하나가 존재하지 않으면 다른 하나도 따라서 존재하지 않는다는 뜻이다.

'치지致知'에 관한 공자의 생각은 그 뒤 맹자에게도 그대로 전해졌다. 맹자는 앎이 극진할 때, 그 앎을 일컬어 '양지良知'라 했으니 말이다. 『맹자』「진심장구」에는 '사람이 생각하지 않고서도 아는 것, 그것이 가장 잘 아는 것이다.'라는 말이 있다.29) '가장 잘 아는 것[良知]'은 결국 아는 것이 극진하다[知至]는 것을 뜻한다. '양지良知'의 '양良'은 '심하다[甚也]', '선하다[善也]', '극진하다[劇也]'는 뜻을 갖는

---

27) 앞의 책. 술이.
28) 위의 책. 학이. 學而時習之 不亦說乎.
29) 『맹자』. 진심장구 상. 人之所不慮而知者 其良知也.

다. 그러므로 공자의 '치지致知'나 맹자의 '양지良知'는 모두 '앎이 극진하다.'는 뜻을 갖는 동의어인 셈이다. 물론, 이 두 '앎'은 '지知'와 '행行'이 분리되지 않는다는 점에서도 서로 다르지 않다.

공자의 '극진한 앎', 곧 '치지致知'는 이론적 지식과 큰 차이를 가진다. 이론적 지식이 가치에 관한 언급을 배제하는 데 비하여 '치지致知'는 근본적으로 '선善'을 추구하는 지식이라는 이유에서다. '치지致知'를 실천적 지식으로 분류하는 근거다. 『중용』은 이와 같은 실천적 지식의 종류를 핵심으로 한다. 『중용』의 그 특색 있는 문장을 읽어 보는 것이 좋을 듯하다.

정성되게 하려는 것은 선善을 가리어 그것을 굳게 지키는 것이다.[30]

짧지만 매우 의미 있는 문장이다. 여기에서 우리의 관심을 끄는 것은 '정성되게 하려는 것'이라는 어구다. '성지자誠之者', 곧 '정성되게 하려는 것'이라는 이 어구는 실천적 지식의 특성이 어떤 것인지를 잘 보여 준다. 인용문에서 '그것'이란 '선善'을 가리킨다. 그렇기 때문에 '정성되게 하려는 것'은 '선을 따르는 데 힘쓴다는 것'을 뜻한다. 물론, 선善을 택하는 일은 순수하여 거짓이 없어야 하며, 그렇게 되어야 그 선택이 선한 것이 된다. 결국, 『중용』의 '성지자誠之者', 곧 '정성되게 하려는 것'은 선을 택하고 이를 잘 붙들어 삶의 길로 삼는 것을 의미한다. 이는 실천적 지식의 전형으로서 공자가

---

30) 『중용』, 성과 도. 誠之者 擇善而固執之者.

말하는 '극진한 앎[致知]'의 한 본보기다.

'실천적 지식'은 '택선擇善'의 과정을 필요로 한다. 그렇지 않으면 우리는 그것을 '실천적 지식'이라 하지 않는다. 그런데 '선을 택하는 일'은 인간이 하는 것이니, '정성되게 하려는 것[誠之者]'은 하늘의 길이 아니라, 사람의 것이라고 말해야 할 것이다. 물론, '정성되게 하려는 것'이 아니라, '정성된 것'은 관념의 세계, 이론의 세계를 가리키는 것이니, 이는 하늘의 것에 관한 것이라고 말해도 좋을 것이다. '사람의 길'로서 '정성되게 하려는 것'이 '하늘의 길'로서 '정성된 것[誠者]'을 연모하니 말이다.

그런데 앎이 극진하게 되려면 어떻게 해야 하는가. 『중용』은 그 답을 아주 그럴듯하게 제시했다.

> 널리 그것을 배우고, 자세히 그것을 물으며, 신중히 그것을 생각하고, 밝게 그것을 분별하며, 두터이 그것을 행해야 한다.[31]

여기 '박학지博學之'에서 '그것'을 뜻하는 '지之'는 '택선이고집지擇善而固執之', 곧 '택선擇善을 하여 그것[之]을 고집한다.'고 할 때의 '그것[之]'을 의미하니, '그것'은 곧 '선善'을 가리킨다. 그리하여 이 인용문을 다시 쓴다면, '널리 그 선한 것을 배우고, 자세히 그 선한 것을 물으며, 신중히 그 선한 것을 생각하고, 밝게 그 선한 것을 분별하며, 두터이 그 선한 것을 행해야 한다.'가 된다. 참으로 아름

---

31) 앞의 책, 같은 곳. 博學之 審問之 愼思之 明辨之 篤行之.

다운 문장이다. 공자에게 앎의 추구가 이와 같다면, 어찌 그 앎을 극진하다 하지 않을 수 있겠는가 싶다. 또한 그 앎이 어찌 '정성되게 하려는 것'이 아니라고 할 수 있겠는가 싶다. 더욱이, 궁극적으로 선善을 추구하는 그 극진한 지식을 우리가 어찌 '실천적 지식'이라고 하지 않을 수 있겠는가도 싶다.

공자의 '극진한 앎[致知]'은 실천적 지식을 가리키는 말이다. 극진한 앎에 이르려면 널리 배우고[博學], 자세히 물으며[審問], 신중히 생각하고[慎思], 밝게 분별하며[明辨], 두터이 행해야[篤行] 하는데, 이와 같은 특성이야말로 실천적 지식이 가지는 특성이다. 이 특성들은 그저 형성되는 것이 아니다. 그것들은 인간의 실천적 삶의 요구에 따른 것이다. 이는 철학적 인식론자들, 그리고 교육에 종사하는 전문가들이 깊이 있게 생각해 보아야 할 사안이다. 왜냐하면, 그와 같은 유형의 지식이 아니면, 우리는 인간 삶의 실제를 극진하게 파악해 낼 수 없고, 그와 같이 극진하게 파악하지 못하는 지식이라면, 그것은 인간이 그런대로 편안한 세상을 사는 데 아무런 쓸모가 없기 때문이다.

이제 우리가 여기에서 다시 확인할 수 있는 것은 그 극진한 앎[致知]이 선善을 택하고 그것을 놓지 않는 '택선이고집擇善而固執'이나 '윤집궐중允執厥中'과 같은 중용의 논리적 속성을 그대로 반영하고 있다는 사실이다. 선을 택하여 그것을 놓지 않는 일과 가장 알맞은 것을 잡아 놓지 않는 일은 극진한 앎의 과정 없이는 이루어질 수 없기 때문이다. 『대학』의 극진한 앎[致知]과 중용의 논리가 '공자 사상의 한 줄 꿰기'에 함께 드는 신비한 모습이다.

논리적 맥락에서 본다면, '성의誠意'는 지금까지 다소 길게 논의

한 '치지致知'의 의미가 좀 더 확장되고 발달된 것이다. '치지'가 앎이 극진한 것에 이른 것이라면 '성의'는 그와 같은 앎이 인격화된 단계를 의미하는 것이기 때문이다. 물론, '치지'도 단순한 앎에 그치는 것이 아니지만, '성의'는 '지'와 '행'이 둘이 아닐 만큼 인격적으로 확고하게 통합된 단계를 가리키는 말이다. 이와 같은 의미는 '성의誠意'에서 '정성'을 뜻하는 '성誠'에 이미 내포되어 있다. '성誠'은 순수하여 거짓이 없는 것[純一無僞], 스스로를 속이지 않는 것[毋自欺也], 그래서 '지'와 '행'이 둘이 아니라 하나로 된 인격을 의미하니 말이다. 아닌 게 아니라, 증자曾子가 풀이했다는 『대학』의 전문은 '성의'가 의미하는 것을 우리에게 이렇게 전한다.

> 이른바 그 뜻을 정성되게 한다는 것은 스스로를 속이지 않는 것이니, 이는 나쁜 냄새를 싫어함과 같고 좋은 색을 좋아함과 같다. 이를 일컬어 스스로 기꺼이 따르는 것이라 한다.[32]

'스스로를 속이지 않는다는 것'은 나쁜 냄새를 싫어하고, 좋은 색을 좋아함과 같다는 것이다. 나쁜 냄새를 싫어하고, 좋은 색을 좋아함에 어디 속임이 있겠는가. 나쁜 냄새를 싫어함은 속이지 않는 것이고, 좋은 색을 좋아함 또한 속이지 않는 것이다.

그런데 우리는 나쁜 냄새를 알아 피하고, 좋은 색을 알아 다가가지만, 선한 것이 무엇인지를 알면서도 행하지 않는다. 더욱이

---

32) 『대학』. 성의. 所謂誠其意者 毋自欺也 如惡惡臭 如好好色 此之謂自謙.

무엇인가가 악한 것임을 알면서도 그것을 행하는 경우도 없지 않다. 그렇다면 선함을 알고 좋아함은 좋은 색을 보고 좋아함과 같지 않은 것이 아닌가. 그렇다면 선함을 알고 좋아함과 좋은 색을 보고 좋아함 사이에는 분명 모종의 차이가 있다는 말이 아닌가. 그리하여 공자는 단순하게 알고 무의식적으로 좋아함과는 다른 지식으로서 '치지'뿐 아니라, 그다음의 과정으로서 '성의'를 8조목에 넣은 것으로 보인다.

'성의'는 선을 거역하지 않고 기꺼이 받아들여, 스스로를 속이지 않는 겸양의 자세를 일컫는 말이다. 이를 다시 반복하여 말하면, '뜻[意]'을 거역하지 않는 또는 이치를 거역하지 않는 성실한 마음[誠]'이고, '뜻[意]'에 순응하는 마음[誠]'이다. 그리하여 '성의'는 마음이 발달하여 '지知'와 '행行'이 어긋나지 않는 마음을 가리킨다.

'성의'의 마음에서 '앎'과 '행함'은 순일무위純一無僞, 곧 분리될 수 없는 하나이고, 그래서 이들 사이에는 거짓이 없다. 아닌 게 아니라, '성誠'은 지知와 행行의 일치를 그 뜻으로 머금고 있는 글자다. 『대학』에 담겨 있는 공자의 중심사상이다. 거기에서는 '지'와 '행'이 어긋나지 않기 위해서 반드시 홀로 있는 것을 삼가야 한다[必愼其獨也]고 가르친다.[33] 홀로 있으면 나태하여 아는 대로 행하지 않는 경우가 생기기 때문일 것이다. 『대학』은 소인들은 한가할 때 선하지 못한 행동을 하는 경우가 있다고 경고한다.[34] 같은 곳에서 증자는 다시 이렇게 더욱 엄정히 경고한다. "열 눈이 보는 바이며,

---

33) 앞의 책, 같은 곳. 예학의 대가 김집金集의 호 '신독재愼獨齋'는 여기에서 가져온 것으로 보인다.
34) 위의 책, 같은 곳.

열 손이 가리키는 바이니, 그 엄정한 두려움이여!"라고 말이다.

'성의誠意'에는 '정심正心'이 따른다. '정심'은 '마음을 바르게 함'을 뜻한다. '지知'와 '행行'이 괴리되지 않은 마음, 곧 '성의'가 최고선에 이르면 마음을 속이지 않게 되니, 그것으로 마음은 그 정형을 획득하게 될 것이다. 그래서 『대학』의 경문 '수기치인'은 '의성이후심정意誠而后心正', 곧 '뜻이 정성되면 마음이 바르게 된다.'고 한 것이다.[35] 한편 『대학』의 「정심수기편」에서 증자曾子는 이 '바른 마음'의 속성을, 비록 부정적인 문장을 사용하여 표현했지만, 다음과 같이 정의했다.

> 자신에게 노여워하는 마음[忿]이 있으면 곧 그 바름[正]을 얻지 못하고, 두려워하는 마음[恐]이 있으면 곧 그 바름을 얻지 못하고, 향락하는 마음[樂]이 있으면 곧 그 바름을 얻지 못하고, 걱정하는 마음[憂]이 있으면 곧 그 바름을 얻지 못한다.[36]

분노[忿]와 공포[恐]와 향락[樂]과 근심[憂]이 있으면 마음의 바름을 얻지 못한다고 한 것이다. 마음이 안정되지 않아 혼란스럽게 되기 때문일 것이다. 마음이 혼란스러우면 바른 마음을 얻지 못할 뿐만 아니라, 아예 마음을 얻었다고 말하기도 어려울 것이다. 분노와 공포, 향락, 근심은 칠정의 희로애락喜怒哀樂과 같다. 『중용』에서는 이 희로애락이 동요하지 않는 마음의 상태를 '중中'이라 했으니, 분노, 공포, 향락, 근심이 발하지 않은 상태로서 '정심正心'은 '중中'과 다르

---

35) 앞의 책, 같은 곳.
36) 위의 책, 정심수기.

지 않다는 뜻이다. 『대학』과 『중용』은 참으로 인연이 깊다.

'정심正心' 다음에 오는 조목은 '수신修身'이다. '수신修身'의 직역은 '몸을 닦는다.'는 뜻이다. 하지만 그 의미를 올바로 이해하는 데에 드는 어려움은 '격물格物', '치지致知', '성의誠意', '정심正心'의 뜻을 이해하는 데 드는 어려움보다 더하면 더했지 결코 덜하지는 않을 것이다. '수修'는 '올바르다[正也]'를 뜻하기도 하고, '칙궁飭躬', 곧 자신의 몸을 바르게 하고 삼감을 뜻하기도 한다. 게다가 '칙飭'은 '닦는다'는 뜻이니 '칙飭'과 '수修'는 같은 의미로 쓰인다. '신身'은 '몸소 행한다.'는 뜻으로 '친행親行'을 의미하니, 결국 '수신修身'은 '행실을 바르게 한다.'는 뜻으로 풀이된다. 그러나 바른 행실은 결국 바른 판단, 즉 선을 택하여[擇善] 그 알맞은 것[中]을 잡는 것과 통하니, 이 또한 중용의 논리와 함께 이루어진다고 할 수 있다. '수신'의 뜻이 실제로 어떤 것을 가리키는지는 『대학』의 전문이 잘 예시해 주고 있다.

> 사람은 대개 친하고 사랑하는 것에 기울게 되며, 천하게 여기고
> 미워하는 것에 기울게 되며, 두려워하고 공경하는 것에 기울게
> 되며, 애처롭고 불쌍히 여기는 것에 기울게 되며, 오만하게 대하
> 고 게을리하는 것에 기울게 된다. 그러므로 좋아함 속의 악함을
> 알며, 미워함 속의 아름다움을 아는 사람은 천하에 많지 않다. [37]

마음의 편견에 관한 이야기다. 사람의 마음은 대개가 한쪽으로

---

37) 앞의 책. 수신제가.

기울게 되는데, 그 기욺의 그릇됨과 올바름을 제대로 보는 사람은 많지 않다는 것이다. 그런데 행실을 바르게 한다는 것은 친하고 사랑하는 것, 천하게 여기고 미워하는 것, 두려워하고 공경하는 것, 애처롭고 불쌍히 여기는 것, 오만하고 게을리하는 것에 기울지 말라는 것이다. 알맞은 것을 잡지 못하고 어느 한쪽에 기울면 행실이 바르지 못하니 말이다. 알고 보면, 이 또한 철저히 중용의 논리에 따른 이야기다.

여기까지가 '격물格物', '치지致知', '성의誠意', '정심正心', '수신修身'의 다섯 가지 조목이다. 이들은 모두 '명덕明德'을 성취하기 위한 것들이다. 그런데 여기 '명덕明德'에 속하는 조목들은 개별적인 자기 수양에 관한 것, 즉 '수기修己'를 위한 것인 반면, 그 나머지 조목들, 즉 '제가齊家', '치국治國', '평천하平天下'는 '친민親民'의 목적을 위한 것들로서 백성을 다스리는 일에 관한, 즉 '치인治人'을 위한 것이라고 볼 수 있다.

치인의 길

친민의 목적을 성취하기 위한 조목들은 제가, 치국, 평천하다. '제가齊家'는 집안을 다스린다는 뜻이다. 그런데 '제가'는 한 집안을 위해서도 가치 있는 일이지만, 나라를 다스리는 '치국治國'의 기반이 된다는 점에서도 중요하다. 제가만 잘해도 치국을 하는 셈이 된다는 말이 있다.

『대학』의 전문에서 증자는 군자가 집에서 효孝를 다하면, 그것이 곧 임금을 섬기는 것이 되고, 아우가 형에게 순종하는 제弟를 다하면, 그것이 곧 어른을 섬기는 일이 되며, 어버이가 자식을 사랑하는 자慈[愛]를 다하면, 그것이 곧 백성을 다스리는 일이 된다고 했다.[38] '효孝', '제弟', '자慈[愛]'는 집안을 다스리는 덕행이었다. 부모는 자식에게 사랑을 베풀고, 자식은 부모에게 효도하며, 아우는 형에게 순종하는 것이었다. 모두 사람을 사랑하는 일, 곧 '친민親民'의 첫걸음이다. 그리고 이렇게 집안을 잘 다스리면 그것이 곧 '치국治國'이 되지 않을 리 없을 것이다. 『대학』의 전문에서 증자의 말이다.

> 한 집안이 어질면 한 나라에 어짊이 일고, 한 집안이 사양하면 한 나라에 사양함이 일어나며, 한 사람이 자신의 이익만을 탐하면 한 나라가 어지러워지니, 이것이 모든 일의 근원이다. 이래서 한마디의 말이 일을 그르칠 수도 있고 한 사람이 나라를 안정시킬 수도 있게 된다.[39]

증자는 이렇게 '제가齊家'가 따라야 할 도를 어짊[仁]과 사양[讓]의 바탕 위에 닦았다. '효孝', '제弟', '자慈[愛]'는 모두 '인仁', 곧 '사랑'의 개념에 들고, 이 '사랑'으로 '제가齊家'를 이루어 간다. 그뿐만 아니라, '제가'는 군자와 군주 들이 큰 가르침과 배움을 통하여 길러야 할 '친민親民'을 위한 참으로 적절한 조목이 된다. 그 이유는 우선 '효孝', '제弟', '자慈[愛]'가 '인仁'을 행하는 마음이라는 점에서이고, 이

---

38) 앞의 책, 제가치국.
39) 위의 책, 같은 곳.

들 마음의 요소들이 집안을 가지런히 하는 구체적인 요소들이라는 점에서다. 이와 같은 뜻에서 이 요소들로 구성되는 '제가齊家'는 '신민新民'이라는 이름의 강령보다 '친민親民'이라는 이름의 강령에 더 적절한 요소들이라고 볼 수 있다. 사실, 요堯 임금과 순舜 임금도 천하를 다스릴 때 '인仁'으로 하였으니, 그들 또한 마땅히 '신민新民'을 했다고 하기보다 '친민親民'을 했다고 해야 할 것이다.

'집안을 다스리는 일', 곧 '제가齊家'는 당연히 '나라를 다스리는 일' 곧 '치국治國'으로 연결될 수 있을 것이다. 『대학』 전문에 '한 집안이 어질면 한 나라에 어짊이 일고, 한 집안이 사양하면 한 나라에 사양함이 인다.'고 한 말도 같은 뜻이다. 또한 '나라를 다스리는 일'은 당연히 '천하를 평화롭게 하는 일', 곧 '평천하平天下'로 이어질 수 있을 것이다. 이와 같은 뜻에서인지 『대학』의 전문에서 증자는 '치국'과 '평천하'를 한 개의 장章으로 묶었다.

> 이른바 천하를 평화롭게 함[平天下]이 나라를 다스림에 있다[治國]는 것은 임금이 노인을 노인으로서 대접하면 백성에게는 효도하는 마음이 생길 것이고, 임금이 어른을 어른으로서 대접하면 백성에게는 애휼愛恤하는 마음이 생길 것이며, 임금이 외로운 이들을 불쌍히 여기면 백성에게는 서로 배반하지 않는 마음이 생길 것이다. 이러므로 군자에게는 법도에 비추어 헤아리는 노[絜矩之道]를 지니게 된다. [40]

---

40) 앞의 책, 치국평천하.

'평천하平天下'를 '치국治國'의 연장이라고 말한 것이다. 그리고 임금의 그 '치국'을 일러 헤아림의 도道, 곧 '혈구지도絜矩之道'로 설명한 것이다. 임금이 노인을 노인으로서 대접하고, 어른을 어른으로서 대접하며, 외로운 이들을 불쌍히 여기면, 효도가 일어나고 애휼함이 일어나며 신뢰가 다져질 것이라는 것이다. 그리고 그렇게 되면 마땅히 '치국'은 물론, '평천하'가 이루어질 것이라는 것이다.

그런데 알고 보면 '제가', '치국', '평천하'는 본디 '선을 택하여 그것을 놓지 않는다.'는 '택선이고집擇善而固執'의 논리 위에서 이루어지는 것들이다. 아닌 게 아니라, 큰 가르침과 배움의 핵심은 인간 삶의 순간순간에 요구되는 헤아림[熟議]의 미학이다. 이는 서책을 읽어 기억하는 것이 아니라, 행하는 가운데 터득하는 실천적 지혜에 해당되는 덕이고, 최고선에 오르는 중용의 사다리다. 그것을 『대학』의 전문은 다시 다음과 같이 풀어 말했다.

윗사람이 싫어하는 것을 아랫사람에게 시키지 말 것이며, 아랫사람이 싫어하는 것을 윗사람에게 바라지 말고, 앞사람이 싫어하는 것을 뒷사람이 먼저 하기를 바라지 말 것이며, 뒷사람이 싫어하는 것을 앞사람이 따라 하길 바라지 말고, 오른편에서 싫어하는 것을 왼편에 건네주지 말며, 왼편에서 싫어하는 것을 오른편에 건네주지 말 것이다. 이런 것을 '혈구지도絜矩之道'라 한다.[41]

---

41) 앞의 책, 같은 곳.

헤아림의 도, 곧 '혈구지도'를 공자는 '그런대로 편안한 세상 만들기'의 원리로 택했다. 공자의 '혈구지도'는 '끊임없이 이루어지는 숙고', 영어 표현으로는 'deliberation'에 가깝다. 아닌 게 아니라, 인간 삶의 실제praxis가 요구하는 최상의 것은, 그래서 '최고선'의 경지에 오를 수 있는 것은, 이와 같이 숙고에 숙고를 거듭하는 실천적 지혜를 제쳐 놓고 과연 어떤 것이 또 있을 수 있겠는지 의문이다. 실천적 지혜는 결국 공자가 '수기修己'와 '치인治人'의 과정을 통해서 길러 내려는 것이었고, 그것은 그가 꾸며 놓은 큰 가르침과 배움이 추구하는 실천철학의 극치가 아니었나 싶다.

10
아는 대로 행하면
천하가 화평하게 된다

오산 궐리사 행단

'행단杏壇'은 은행나무 밑의 강단이란 뜻이다. 공자가 은행나무 아래에서 3천 제자들에게 강학을 했는데 이를 기념하기 위해서 세운 건물이다. 오산 궐리사闕里詞에 지은 행단의 원형은 중국 곡부에 있다. 그런데 공자가 3천 제자에게 강학을 한 곳은 은행나무 밑이 아니라, 살구나무 밑이라는 설도 있다.

『중용』이 사람의 길을 닦는 이야기라면, 『대학』은 그 사람의 길을 가는 방법에 관한 이야기다. 그 방법은 여덟 가지 조목條目으로 제작된 사다리를 타고 오르는 것이었다.

배움의 구체적 이야기는『대학』의 여덟 가지 조목에 따라 펼쳐진다. 그 조목들은 군자가 '자신의 인격을 수양하고[修己]', 더 나아가 '백성을 다스리는[治人]' 능력을 쌓는 과정이다. 이를 합하여 수기치인修己治人의 과정이라 했다.

그런데 수기치인의 과정에는 우리가 물어야 할 몇 가지 궁극적인 질문이 내포되어 있다. 그 질문이란『대학』의 8조목을 통하여 이루어지는 그 '배움'이란 도대체 무엇이고, 그 배움은 또한 공자가 염원했던 그 실천적인 세상과 어떻게 관련되느냐에 관한 것이다. 『논어』는 이 질문들의 답으로 가득 차 있다.

배움이란 무엇인가

공자는 배움에 철저했다. 그가 배움에 철저했다는 것은 앎의 의미를 철저히 따랐다는 뜻이다. 공자는 앎의 의미를 천착하는 데 심혈을 기울인 사람이었다. 그는 '아는 것[可知]'과 '알지 못하는 것

[不可知]' 사이를 엄격히 구분했다. 어느 날 공자가 제자 자로子路에게 말했다.

> 유由야, 네게 '안다'는 것이 무엇인지 가르쳐 주마. 아는 것을 안다고 말하고, 알지 못하는 것을 알지 못한다고 말하는 것, 이것이 참으로 '안다'는 것이다.[1]

얼핏 듣기에 이는 지적 양심에 관한 말처럼 들린다. 사람들은 알지 못하면서도 양심을 속여서 '안다'고 말하는데, 그렇게 되면 안 된다는 것이니 말이다. 알면 '안다'고 말하고, 알지 못하면 '알지 못한다'고 말하라는 충고였다. 그러나 그것은 단순히 지적 양심에 관한 문제만은 아니었다. 그것은 오히려 '앎'의 의미에 충실히 하라는 권고였다.

공자에게 '아는 것'과 '알지 못하는 것' 사이에는 분명 넘나들 수 없는 의미론적 간극이 있다. 그런데 공자는 뭇사람들이 이 차이를 제대로 구분하지도 않은 채, '아는 것'과 '알지 못하는 것' 사이를 혼동하여, 알지 못하면서도 '안다'고 말하는 사람들을 자주 목격했다. 이 점에서는 공자나 소크라테스 사이에 별다른 차이가 없어 보인다. 아마도 철학은 그 시작에서 이와 같은 앎의 문제에서 출발하지 않았나 싶다.

아닌 게 아니라, 사람들은 알지 못하면서도 '안다'고 말하는 경

---

1) 『논어』, 술이. 誨女知之乎 知之爲知之 不知爲不知 是知也.

향이 있다. 이는 예나 지금이나 매한가지다. 공자의 시대에도 고작 경전을 암송하고 기억하는 것을 앎이라고 생각했던 것이다. 그와 같은 의미의 '앎'은 입신양명立身揚名의 수단이었고, 그 결과 안타깝게도 '배움'이란 것이 무엇을 위한 수단으로 사용되었다. 공자는 이 점을 놓치지 않고 예리하게 관찰했다.

> 옛날에 공부하던 사람들은 자기의 수양을 위해서 했으나, 지금 공부하는 사람들은 남에게 알리기 위해서 한다.[2]

공자의 시대에도 물론이었지만, 지금 우리에게도 앎의 의미와 배움의 문제는 공자가 그 시대에 관찰한 것과 조금도 차이가 없다.

이제 우리의 관심은 공자가 '아는 것'과 '알지 못하는 것' 사이를 구분하였을 때, 그 구분의 준거가 무엇인가에 있다. 그런데 다른 데서라면 몰라도 철학적 인식론에서라면 그것은 간단한 문제가 아니다. 그것은 아직도 풀리지 않은 철학적 문제로 남아 있으니 말이다.[3] 하지만 공자가 『논어』에서 '아는 것'과 '알지 못하는 것' 사이를 구분하는 문제는 철학적 인식론의 문제에 국한되지 않는다. 공자가 어느 날 말했다.

> 학문에 있어서는 나도 남만 못하겠는가. 그러나 군자답게 실천

---

[2] 앞의 책. 헌문. 古之學者爲己 今之學者爲人.

[3] 오늘날 과학 또는 일반적으로 학문에서 '안다'고 말할 때는 오직 진리인 명제를 진리로 믿을 뿐만 아니라, 그것이 진리임을 스스로 밝힐 줄 알 때다. 이는 플라톤 이래 서양철학에서 말하는 '안다'의 의미다.

하는 데는 아직 충분한 경지에 이르지 못했다.[4]

공자는 많은 것을 알고 있으나 아직 자신의 학문이 충분한 경지에 이르렀다고는 생각하지 않았다. '군자답게 실천하는 데'까지는 아직 미치지 못했다는 것이다. 그러니 어찌 '안다'고 말할 수 있겠느냐는 것이었다.

공자에게 '배움'의 의미는 오늘날 학교교육에서와 같이 단순히 지식의 획득만을 추구하는 것이 아니었다. 그런 것이 아니라, 그에게 '배움'이란, 『논어』의 첫 문장이 가르치듯, '배우고 그리고 때와 상황에 맞게 실행하는 것[學而時習之]'이었다. 결국, 『대학』에서 8조목의 체계적 과정, 즉 수기치인修己治人의 과정도 공자의 '배움'의 의미에 따른 것이었다.

『논어』의 첫 어구 '학이시습지學而時習之'를 보면, 공자는 '같음'을 뜻하는 '이而'를 '학學'과 '습習' 사이에 넣어 이 둘을 이음으로써 '배움'의 의미를 '실행'으로까지 확장했다. 오늘날도 그렇지만 공자가 살던 그때에도 '배움'은 '실행'으로 이어지지 않았던 모양이다. 공자는 경전만 읽고 암송하는 '배움'이 '실행'으로 이어지지 않는 것을 크게 염려했다. 『논어』의 「자로편」에 있는 그의 염려다.

시 3백 편을 외우되, 정치를 맡겨도 처리하지 못하고, 사방에 사신으로 파견되어도 그 일을 맡아서 대응하지 못한다면, 외운

---

4) 「논어」. 술이.

시가 많은들 무슨 소용이 있겠는가.[5]

'배움'이 '실행'으로 이어지지 않는 것은 '아는 것이 곧 행하는 것이 되는 세상'을 바란 공자로서는 간과할 수 없는 현상이었다. '배우고 또 때와 상황에 맞게 실행하면學而時習之'이라는 공자의 주문은 인류 지성사에서 문제되는 '아는 것'과 '행하는 것'의 비연계성을 치유하기 위한 처방이었다.

그렇다면 공자가 '배움'의 의미를 '실행'으로 확장하면서 거기에 더하고자 한 것은 무엇이었는가. 예컨대, 시 3백 편을 외우되 그것이 소용이 있어야 한다는 것이었다. 아무리 시를 많이 읽고 그것들을 외우는 사람이 많다 하더라도, 그들이 그 시에 함축되어 있는 정서를 체득하지도, 그 시가 말하는 세상 보기를 제대로 하지도, 그 시에 묻어 있는 고고한 인품을 갖추지도, 그 시에 내포된 심미적 이미지를 세상에 널리 펴지도, 지식인으로서 정치를 포함하여 세상일을 그 시정詩情에 따라 제대로 하지도 못한다면, 누가 그를 가리켜 시 3백 편을 '배웠다'고 할 수 있겠느냐는 뜻이었다. 또한 글을 많이 짓고 읽었다 하더라도, 그 글이 암시하고 있는 삶을 제대로 영위하지 못한다면, 그것을 가지고 어찌 글을 짓고 배웠다고 말할 수 있겠느냐는 것이었다. 공자에게 '배움'은 단순히 시를 많이 읽고 외우는 것만을 가리키는 것이 아니었다. 그에게 '배움'은 단순히 경전을 읽고 외우고 시문을 짓는 것보다,

---

5) 앞의 책, 자로.

그것이 실행으로 드러나야 한다는 더 깊고 넓은 의미를 가진 것이었다.

공자의 배움은 단순히 학문을 도모하는 것으로 그치는 것이 아니었다. 학문은 그것이 동반하는 '무엇'이 있어야 했다. 그리고 이 '무엇'을 충족시킬 때, 오직 그럴 때, 비로소 '아는 것'이 제대로 이루어졌다고 말할 수 있다는 것이었다. 물론, 그 '무엇'의 충족은 '실행하는 것'이었다.

> 제자는 안에서 효도하고 나가서 자애로우며, 근직하고 신의를 지키며, 넓게 여러 사람을 사랑하되 어진 사람을 가까이할 것이다. 이렇게 하고도 여력이 있으면 그때 비로소 글을 배워라.[6]

효도하고 자애로우며 근직하고 신의를 지키며 사랑하고 가까이하고도 남은 힘이 있다면, 그때 비로소 글을 읽으라는 것이었다. 공자는 '행하는 것[行]'을 '아는 것[知]'에 앞세웠다.

공자는 네 가지를 가르쳤다. 학문[文]과 덕행[行]과 충성심[忠]과 신의[信]였다.[7] 그러나 그는 항상 학문보다 덕행과 충성심, 그리고 신의를 더 중요하게 생각했다. 그렇다고 하여 그가 학문의 중요성을 간과한 것은 아니었다. 그는 다만 지식이나 학문보다 실천적 삶에 더 관심을 두었던 것이다. 그의 사상체계에는 '알되 행하지 않는 것'이 조금이라도 비집고 들어갈 틈이 없었다.

---

6) 앞의 책. 위정. 弟子入則孝 出則弟 謹而信 汎愛衆 而親仁 行有餘力 則而學文.
7) 위의 책. 술이.

자공子貢이 어느 날 공자에게 군자가 갖추어야 할 품성에 대하여 물었다. 공자가 대답했다.

말하고자 하는 바를 먼저 행하고, 그 뒤에 말해야 하느니라.[8]

공자의 실천 우위적 사상을 표현한 문장이다. 여기에서 '말'은 학문과 지식을 가리키는 것이니, 공자에게 '아는 것'은 항상 '행하는 것'을 전제로 하는 것이었다. '지행의 일치' 또는 '언행의 일치'는 공자사상의 기치를 높이는 모토였다.

공자에게 '배움'은 참으로 독특한 의미를 갖는다. '배움'은 글만 읽는 것이 아니었다. 그것은 군자답게 사는 것이었다. 글보다 먼저 올바로 행하는 것이었다. 같은 뜻의 말이 『논어』「이인편里仁篇」에도 있다. 거기에서 공자는 군자들의 말이 느리고 신중한 것까지도 그 말을 실행에 옮기지 못할까 염려하기 때문이라고 했다.

옛사람들이 말을 함부로 하지 않았던 것은 그 말에 실행이 따르지 못할까 두려워했기 때문이다.[9]

같은 곳에 또 같은 말이 보인다.

군자는 말을 신중히 하기 위해 느리게 하려고 하시만, 행동은

---

8) 앞의 책, 위정. 先行其言 而後從之.
9) 위의 책, 이인.

민첩하게 하고자 한다.[10]

또 같은 말이 보인다.

군자는 자신의 말이 행동보다 지나친 것을 부끄러워한다.[11]

이번에는 공자가 자로에 대하여 한 말이다.

자로는 한 번 가르침을 듣고, 그것을 미처 실행하지 못했으면 또 다른 가르침을 듣기에 두려워했다.[12]

공자의 이와 같은 말들은 그의 '배움'이 무엇을 의미하는지를 명료하게 보여 주는 사례들이다. 공자에게 배움은 실행을 위한 것이었다. 이로써 그가 배움을 통해서 얻고자 했던 것이 실천적 지식이었다는 점을 명백하게 보여 주고 있다. 『논어』에서 만나는 첫 글자 '학學'은 이렇게 그 의미가 '습習'으로까지 확장되면서 『논어』의 중심 테마가 되었다.

---

10) 앞의 책, 이인.
11) 위의 책, 헌문.
12) 위의 책, 공야장.

배움의 즐거움

『논어』를 시작하는 단어 '학學'은 공자가 의미하는 '배움'이 무엇인지를, 또한 그의 학문적 성향이 어떤 것인가를 상징하는 글자가되었다. 아닌 게 아니라, '학學'으로 시작하는 『논어』의 첫머리는 공자의 학문적 태도를 참으로 아름답게 그려 냈다.

> 배우고 실행하면 즐겁지 아니한가. 같이 공부할 사람들이 멀리
> 에서 찾아오니 기쁘지 아니한가. 남이 알아 주지 않아도 섭섭해
> 하지 않으니 군자가 아니겠는가.[13]

공자는 배움을 즐거워했다. 그는 배움을 '즐거운 일[悅]'로 여겼고, 배우기 위해서 사람들이 찾아오는 것을 '기쁜 일[樂]'로 생각했으며, 자신의 배움을 사람들이 알아 주지 않아도 섭섭해하지 않고 군자답게 의젓했다.

공자만큼 배움을 즐거워했던 사람을 찾는 것도 쉽지는 않을 것이다. 그래서 우리는 다시 한 번 '공자의 닉네임'이라 할 수 있는 이 말을 기억해도 좋을 것이다. '아침에 도를 들으면, 저녁에 죽어

---

13) 앞의 책, 학이. 學而時習之 不亦悅乎 有朋 自遠方來 不亦樂乎 人不知而不溫 不亦君子乎. '학이시습지學而時習之 불역열호不亦悅乎'를 사람들은 '배우고 때로 익히면 기쁘지 아니한가.'라고 번역한다. 그러나 배움과 실행이 동시에 일어나는 것은 '기쁜 일'이기도 하겠지만, 그것은 공부하는 사람들에게는 마음속에서 일어나는 '즐거운 일[悅]'에 속한다. 매한가지로 '유붕有朋 자원방래自遠方來 불역낙호不亦樂乎'를 '같이 공부할 사람들이 멀리에서 찾아오니 또한 즐겁지 아니한가.'로 번역하지만, 그것은 마음속에서 일어나는 '즐거운 일'이라기보다 오히려 표정으로 나타나는 '기쁜 일'에 속한다는 것이 우리의 일상 어법이다. 그리하여 이 책에서는 '열悅'을 마음속의 '즐거운 일'로, '낙樂'을 겉으로 나타나는 '기쁨'으로 고집하여 번역했다.

도 좋으니라.'14) 도를 듣는다는 것은 배운다는 것을 의미한다. 그에게 배우는 것만큼 즐거운 일은 따로 없었다.

공자는 배움을 참으로 좋아하고 즐거워했다. 그래서인지 그는 『논어』「옹야편雍也篇」에 이런 말을 남겼다.

> 알기만 하는 사람은 좋아하는 사람만 못하고, 좋아하는 사람은 즐기는 사람만 못하다.15)

공자는 스스로를 배움을 즐기는 사람으로 분류했다. 어느 날 섭공葉公이 자로子路에게 공자의 사람됨을 물었다. 그러나 자로는 아무 말이 없었다. 이를 알아차린 공자가 자로에게 말했다.

> 자네는 왜 대답을 하지 않았는가. 이렇게 대답할 것이지 그랬나. '그의 사람됨은 학문에 한번 발분하면 식사를 잊고, 학문을 즐김에 걱정을 잊으며, 늙어 가는 것조차 알지 못한다.'고 말일세.16)

공자는 자신을 가리켜 '학문을 즐김에 걱정을 잊으며, 늙어 가는 것조차 알지 못하는 사람'이라고 하였으니, 이는 그가 배움을 얼마나 즐거워했는지를 숨김없이 말해 주는 장면이다. 그는 '배움'

---

14) 앞의 책. 이인. 朝聞道 夕死 可矣.
15) 위의 책. 옹야. 知之者 不如好之者 好之者 不如樂之者.
16) 위의 책. 술이.

앞에 참으로 겸손한 사람이었다. 그런데도 이렇게 자신이 느끼는 배움의 즐거움을 감추지 못했다.

그러하니 우리가 어찌 공자의 지적 겸손을 의심하겠는가. 그는 실제로 많은 것을 알면서도, 그것은 자신이 가지고 타고난 보기 드문 재주가 아니라, 배움에 정진하면서 가까스로 얻은 지식에 불과하다고 겸손해했다.

나는 나면서부터 저절로 잘 아는 사람이 아니다. 나는 오로지 옛것을 좋아하여 부지런히 찾아 얻었을 뿐이다.[17]

공자는 '나면서부터 저절로 아는 사람[生而知之者]'이 아니라, '배워서 아는 사람[學而知之者]'에 불과하다고 말함으로써 자신의 지적 겸손을 더 이상 의심받지 않을 정도로 충분히 드러냈다.[18] 겸손한 학문적 태도와 함께 고고했던 그의 학문적 엄격성도 솔직하게 토로했다. 부지런히 학문에 정진하지 않으면, 세월이 학문을 기다리지 않는다고 하면서 말이다.

학문을 뒤쫓지 못할까 염려되니 서둘러야 한다. 때를 놓칠까 염려된다.[19]

---

17) 앞의 책, 같은 곳.
18) 위의 책, 계씨. 孔子曰 生而知之者 上也 學而知之者 次也 困而學之 又其次也 困而不學 民斯爲 下矣. 이에 따라 공자는 인간의 재능을 네 가지로 나누었다. 생지生知, 학지學知, 곤지困知, 하우 下愚다.
19) 위의 책, 태백. 學如不及 猶恐失之.

학문에 얼마나 성실했는지를 공자 스스로 보여 주는 말이다. 그러나 공자의 학문적 성실성은 그의 순수한 학문적 즐거움의 발로에 지나지 않는 것이었을 것이다.

학문을 하면서 즐거움을 느낀다는 것은 매우 중요한 일이다. 이는 배움을 무엇을 위한 수단으로 삼지 않았다는 이야기다. 그는 결코 자신을 과시하기 위하여 배움의 길을 택한 것이 아니었다. 그렇기 때문에 그는 『논어』「학이편」에서 자신의 박학함을 '남이 알아주지 않아도 섭섭해하지 않았다.'고 할 수 있었다. 배움에 대한 공자의 태도는 '배움'을 입신양명立身揚名을 위한 수단으로 삼는 오늘날의 행태와는 크게 달랐다. 그는 이와 같은 걱정도 빼놓지 않았다.

> 3년이나 학문을 했는데도, 벼슬에 뜻을 두지 않고 있는 사람을 보는 것은 쉬운 일이 아니다.[20]

배움을 벼슬을 위한 수단으로 삼는 행태에 대한 힐책이다. 지금은 말할 필요도 없지만, 공자의 시대에도 배움을 벼슬을 위한 것, 즉 외재적外在的 목적의 성취를 위한 수단으로 삼는 것이 일쑤였다.

공자가 '배움'을 '즐거운 것'이라고 말한 것은 '배움'을 무엇을 위한 수단으로가 아니라, '배움' 그 자체를 가치 있게 여겼다는 뜻이다. 학문의 즐거움이다. 학문의 즐거움은 배움 그 자체에 가치를

---

20) 앞의 책, 같은 곳.

두었을 때 느낀다는 뜻이다. 그가 '배움' 그 자체를 가치 있게 여겼으니, 거기에 싫증이 날 리 없고, 어려움도 있을 리 없었을 것이다. 그래서 그랬는지 그는 다음과 같은 말을 마치 추억담처럼 남겼다.

> 묵묵히 새겨 두었고, 배우기에 물리지 않았으며, 남을 깨우치기에 지치지도 않았다. 이런 일들은 나에게 어렵지 않은 일이었다.[21)

'학문의 즐거움'은 공자의 '배움'에 대한 태도를 두고 하는 말이었다. 하지만 공자가 배움을 즐겁다고 말한 그 '즐거움[悅]'은 '배움'을 무엇을 위한 수단이 아니라, '배움' 그 자체를 가치 있게 여긴 데서 오는 즐거움이었다. 그런데 '배움' 그 자체를 가치 있게 여겼다는 것은 무슨 뜻인가.

공자가 배우고 상황에 알맞게 실행하니[學而時習之] 즐겁지 아니한가[不亦悅乎]라고 했을 때의 이 '즐거움'은 우선 '배움'이 완전하게 성취되었을 때 느끼는 즐거움이었다. 그런데 배움이 완전하게 성취되었을 때란 또 무엇을 가리키는 말인가. 그것은 지금까지의 논의에 비추어 보면 '학學'과 '습習', 곧 배움과 실행이 완전하게 이어지는 것을 가리키는 말이었다. 공자사상에서 '배움'의 개념은 단순하게 무엇인가를 기억하고 이해하는 것으로 완성되는 것이 아니

---

21) 앞의 책, 술이. 黙而識之 學而不厭 誨人不倦.

었다. 그것은 실행으로 이어져야 하는 것이었다.

'배움'과 '실행'이 이어지는 그 '배움'은 공자에게 특유한 것이었다. 공자는 배움이 실행으로 이어지는 것을 즐겁게 여겼다. 아닌 게 아니라, '배움'과 '실행'이 완벽하게 이어지면 '즐거움[悅]'을 낳는다. 그때가 '배움'의 완성이다. 공자사상에서 읽을 수 있는 배움의 가치다.

공자가 의미하는 '배움'은 이렇게 '실행'으로 확장되는 것인데, 우리에게는 배워서 그것을 실행하는 일이 결코 용이하지만은 않다. 아닌 게 아니라, 우리는 배움이 실행에 옮겨지지 않는 것을 수없이 체험했을 뿐만 아니라, 타인의 경우에서도 헤아릴 수 없이 그 광경을 목격했다. 그 이유가 무엇인지에 대하여도 항상 궁금하게 생각했으며, 늘 자신의 배움을 자책하거나 타인의 그것을 나무라면서 '배움' 그 자체에 대한 철학적 회의에 깊이 빠져들기도 했다. 사실 공자의 '배움'은 우리가 그 뜻을 충족하기에 쉽지만은 않은 개념이다. 하지만 그 개념은 진정한 배움이 좇아야 할 것임에 틀림없다.

학과 습의 동시성

공자에게 배움의 '즐거움'은 배움을 실행하는 데서 오는 것이었다. 그것은 '학學'과 '습習', 즉 배움과 실행의 동시성同時性에 내재된 즐거움이었다. 이를 배움의 '내재적 가치'라고 한다.

배움과 실행의 동시성은 '배움'과 '실행' 사이에 간극이 없음을 뜻한다. '배움'과 '실행'의 동시성을 언급하기 위하여 잠시 비유의 세계에 들어야겠다. 그러나 이 비유는 멀리 가지 않고 '날개 우羽' 자를 머리에 단 '습習' 자에 관련된 이야기로 충분할 것이다.

'실행'을 뜻하는 한자의 '습習'은 새가 나는 모습을 그린 글자다. 그런데 새가 나는 모습의 이 문자는 '익힌다'는 뜻을 갖는다. '새끼 새가 수없이 나는 것을 배워 익히는 것[學習鳥數飛]'이라는 어구에서 볼 수 있듯이 말이다. 『예기』「월령편月令篇」에 '습習'이 보인다. 그 것은 '따뜻한 바람이 비로소 불어오고[溫風始至] 새매의 새끼가 날기 를 배우고 익히며[鷹乃學習]'라는 글 속에서다.

알에서 깨어난 새끼 새는 어미 새가 나는 모습을 보면서 나는 것을 반복하여 익히고, 마침내 둥지를 떠나 창공을 향해 본연의 그 아름다운 비상을 시작한다. 그리하여 새끼 새들은 한없는 즐거 움[悅]을 맛본다. 자연 속에서 이루어지는 배우고 익히는[學習] 과정 의 모형이다.

조류의 세계에서는 배움과 실행 사이에 간극이 없다. 만약 거기 에서 배움과 실행 사이에 간극이 있다면 참으로 괴이한 일들이 벌 어질 것이다. 만일 그렇다면 그들의 세계에서도 인간의 세계에서 처럼 알면서 행하지 않는 경우가 발생할 것이고, 배움과 실행이 이어지지 않아 영원히 날지 못하는 새들이 생겨날지도 모르기 때 문이다. 그러나 그들에게 아무런 신체적 결함이 없다면 그들에게 는 인간의 세계에서와 같은 불행한 일은 일어나지 않을 것이다. 그들의 세계에서는 배움과 실행 사이에 간극이 없기 때문이다. 그 리하여 날기를 시작하는 새끼 새들에게 배움은 곧 실행이고 실행 또한 배움이라고 말해야 한다. '배움'과 '실행'의 동시성이다.

배움과 실행의 동시성에 관한 이야기를 하다 보니, 『벽암록碧巖

錄』의 '줄탁동시啐啄同時' 이야기를 지나칠 수 없다. '줄탁동시啐啄同時'에서 '줄啐'은 병아리가 알에서 깨어나 밖으로 나오기 위해 부리로 껍데기를 쪼는 것을 일컫는 글자이고, '탁啄'은 어미 닭이 병아리가 알 속에서 쪼는 소리를 듣고 밖에서 도와주기 위하여 알을 쪼는 것을 일컫는 글자다. 그렇기 때문에 줄탁동시는 병아리가 알 속에서 쪼고 어미 닭이 밖에서 쪼는 행동이 동시에 발생함으로써 병아리가 알에서 깨어 나온다는 뜻을 갖는다. 줄탁동시는 이렇게 '줄啐'과 '탁啄'이 동시에 이루지지만 이는 의도적인 것이 아니라, 자연적이고 본능적인 것이다. 말하자면 이는 하늘의 길에서나 일어나는 불변의 법칙에 속한다.

새끼 새들이 날기를 배우고[學] 익히는 것[習]은 동시에 이루어지는 본능적 활동이다. 이들의 세계에서는 배움과 실행 사이를 잇는 어려움도 없고, 애씀도 없으며, 실패도 없다. 게으름이나 부지런함도 없다. 거기에는 『중용』이 말하는 것과 같이, 오직 배움과 실행이 자연스럽게 이루어져 '힘쓰지 않아도 알맞게 되고[不勉而中]' '생각함이 없어도 얻게 되는[不思而得]' 오묘함만이 존재할 뿐이다.[22]

그러나 배움과 실행 사이의 관계가 인간의 세계로 옮겨져 오면 사정은 매우 달라진다. 인간의 세계에서는 조류의 세계에서 일어나는 그 동시성이 쉽게 작동하지 않는다. 그 결과 힘쓰지 않아도 알맞게 되거나, 생각함이 없어도 얻게 되는 그 오묘한 현상도 기대하기 어렵다. 자세히 관찰하지 않아도 인간의 세계에서 배움과

---

22) 『중용』, 성과 도.

실행 사이의 간극은 한없이 넓고 깊어, 그 간극을 쉽게 메우지 못하는 사람들을 많이 볼 수 있다.

조류의 세계와 인간의 세계 사이의 이 엄청난 차이를 우리는 어떻게 이해할 것인가. 그리고 어떻게 메울 것인가. 그런데 이와 같은 차이가 있음에도 인간의 세상에서 이 차이가 조금이라도 극복되는 것은 과연 무엇에 의한 것인가.

성지자의 찬가

인간 세계에서 배움과 실행 사이의 간극 문제는 심각하다. 이는 인류의 역사 속에 깃들어 있는 고뇌 가운데 고뇌였다. 소크라테스도 이 문제를 가지고 일생을 번뇌했고, 공자 또한 평생을 그랬다. 그러나 뜻밖에도 공자사상 안에서 배움과 실행 사이의 간극 문제는 자족적自足的으로 해결될 수 있는 여지를 가진다.

넓디넓은 공자사상 안에서 '배움'과 '실행'이 한 줄 꿰기에 들려면 '배움'과 '실행'이 개념적으로 괴리되지 않아야 한다. 아닌 게 아니라, 공자사상에서 '아는 것[知]'과 '행하는 것[行]'은 이미 다른 것이 아닌 것으로 상정되어 왔다. 공자는 '배움'의 의미를 '실행'으로까지 확장했으니 말이다. 그렇다면 적어도 공자사상 안에서 '배움'과 '실행' 사이의 개념적 간극은 사라지고, 이들의 관계는 결국 조류鳥類의 세계에서처럼 '배움[學]'이 '실행[習]'이 되고, '실행'이 '배움'이 되는 그 가역적 관계를 보여 주고 있는 셈이다.

하지만 아무리 그렇다손 치더라도 '배움'과 '실행'의 개념적 관계가 삶의 실제에서도 그대로 반영되느냐의 문제는 별도의 문제다. 그것은 사실에 물어보아야 하는 사항이기 때문이다. 참으로 염려되는 사항이다. 공자도 그렇지만 우리는 '배움'이 '실행'에까지 이어지지 않는 경우를 자주 목격한다. 공자는 이 점을 크게 염려하여 '배움'과 '실행' 사이에 별도의 장치를 끼워 넣었다. 공자가 고안한 그 별도의 장치란 무엇인가. 공자는 '배움'과 '실행' 사이에 '정성[誠]'을 끼워 넣었다. 배우고 실행하되 그것을 '정성되게 하려는 마음'을 가지지 않으면 안 되었기 때문이다. '정성되게 하려는 것'을 『중용』은 '성지자誠之者'라 한다.23) 공자의 언어다.

알에서 깨어난 새끼 새들은 어미 새가 나는 것을 모방[學]하여 나는 법을 익히고[習], 결국 둥지를 떠나 어미 새처럼 비상을 한다. 그들에게 배움과 실행 사이에는 간극이 없다. 새끼 새들은 모두 자연의 이법에 따라 배우고 익히어 그 본성대로 비상을 한다. 그런데도 그 이유를 굳이 말해야 한다면, 그것은 '천지자연의 질서가 그렇다.'는 말밖에 달리 할 말이 없다. '할 말이 없다.'는 것은 그것이 '하늘의 길[天之道]'이기 때문이다.

새들이 배움과 실행의 과정을 거쳐 스스로 나는 것은 천지자연의 질서이고, 이 질서는 저절로 이루어지는 것이니, 알에서 깬 새끼 새들은 배움과 실행을 이으려고 애쓸 필요가 없다. 그래서 『중용』도 이를 가리켜 '힘쓰지 않아도 알맞게 되고[不勉而中]'라고 한 것이다.24) 또 '생각함이 없어도 얻게 되며[不思而得] 자연스럽고 유유

---

23) 앞의 책, 같은 곳. 誠者 天之道 誠之者 人之道.
24) 위의 책, 같은 곳.

하여 도에 알맞다[從容中道].'라고도 한 것이다.[25] 또 '거짓이 없는 이치로 말미암아 생겨난 것[自誠明]'이라고도 한 것이다.[26] '정성되게 하려는 것[誠之者]'이 아니라, '정성된 것[聖者]'에 관한 이야기들이다.

그러나 인간의 세계에서 배움과 실행의 관계는 조류의 세계에서처럼 '하늘의 길'로 설명되지 않는다. 인간의 세계는 조류의 세계에서와 달리 배움과 실행 사이를 이으려고 노력하지 않으면 안 되기 때문이다. 물론 그와 같은 노력이 모두 성취되는 것은 아니지만 말이다. 그러나 인간의 세계에서는 그 둘을 이으려고 노력하지 않으면 안 된다. 그리하여 '정성되게 하려는 것'은 사람의 길이 가지는 특성이다.

'정성되게 하려는 것'은 배움과 실행을 이으려는 노력이다. 그렇게 하지 않으면 비록 '배움'의 의미가 확장되어 있다 하더라도 이 둘의 관계는 실제의 세계에서 이어지지 않을 수도 있다. 그렇게 되면 배움과 실행의 관계는 마치 조선의 선비들처럼 그저 경전만 암송한다든지 명구를 주련으로 걸어 놓고 실행은 하지 않아, 결국 배움이 그 쓸모를 잃는다.

공자는 '배움'이 쓸모없는 것이 되지 않도록 하기 위하여 '학이시습지學而時習之'에서 읽을 수 있듯이 '학學'과 '습習'을 병치시켰고, 거기에 '정성되게 하려는 마음[誠之者]'을 불어넣었던 것이다. 그리고 배움과 실행이 동시에 이루어지는 경우를 상상하며 때로는 스스로 느끼며 어찌 즐겁지 아니한가[不亦悅乎]라고 했던 것이다.

---

25) 앞의 책, 같은 곳.
26) 위의 책, 성과 명. 自誠明 謂之性.

'정성되게 하려는 것'은 배움과 실행을 이으려는 인간 정신이다. 하지만 문제는 이 정신이 아무렇게나 형성되는 것이 아니라는 데 있다. 아닌 게 아니라, 『중용』은 이 정신을 높이는 방법을 제시하는 데 소홀하지 않았다. 널리 배우고[博學之], 깊이 묻고[審問之], 신중하게 생각하고[慎思之], 명료하게 분별하고[明辯之], 독실하게 행해야 한다[篤行之]는 것이었다. 그리하여 '정성되게 하라.'는 공자의 생각은 공허한 욕심이나 소망이 아니라, 매우 구체적인 활동을 통해서 실현할 수 있는 것이었다. 그런데 이렇게 배우고 묻고 생각하고 분별하고 행하는 것을 어느 수준까지 해야 하는지, 공자는 마음을 놓지 못했던 것 같다. 그렇기 때문에 『중용』에서는, 배우고 묻고 생각하고 분별하고 행하되, 그것이 완성되지 않으면 그대로 두지 말라고 가르쳤다.

배우지 않음이 있을지언정 그것을 일단 배우면 능해지지 않고는 그대로 두지 않는다. 묻지 않음이 있을지언정 그것을 물으면 알지 않고는 그대로 두지 않는다. 생각하지 않음이 있을지언정 그것을 생각하면 얻지 않고는 그대로 두지 않는다. 분별하지 않음이 있을지언정 그것을 분별하면 밝게 되지 않고는 그대로 두지 않는다. 행하지 않음이 있을지언정 그것을 행하면 독실하지 않고는 그대로 두지 않는다.[27]

---

27) 앞의 책, 성과 도. 有弗學 學之 弗能弗措也 有弗問 問之 弗知弗措也 有弗思 思之 弗得弗措也 有弗辨 辨之 弗明弗措也 有弗行 行之 弗篤弗措也.

'정성되게 하려는 것[誠之者]'이 무엇인지를 분명하게 진술한 문장이다. 하지 않으면 몰라도 일단 하게 되면 정성되게 하고, 정성되게 하여도 아직 제대로 되지 않으면 그대로 두지 말라는 언명은 앎과 행함의 관계가 절실해야 됨을 역설한 것이었다. 앎과 행함이 분리되지 않으려면, 생각과 말과 행함에 믿음[信], 공경함[敬], 살핌[審], 진실함[眞], 정성[純]이 따라야 한다는 뜻이다. 모두 '성지자誠之者'의 속성들이다.

 인간의 세계에서 배움과 실행 사이의 간극은 지나치게 넓고, 배우되 실행하지 않는 경우 또한 너무나 많다. 공자가 '정성되게 하려는 것'을 중요하게 여긴 것은 이 때문이었다. 공자는 '정성되게 하려는 마음'으로 배움과 실행 사이의 간극을 좁히지 않으면, 군주나 군자가 배우되 실행을 하지 않을 것이고, 그렇게 되면 난세를 그런대로 편안한 세상으로 만들기도 용이하지만은 않을 것이라고 생각했다. 배움과 실행 사이의 이음새를 찾는 것은 공자의 꿈이었고 그의 평생 과업이었으며 유학의 본질이었다.

인을 향한 향수

 지知와 행行, 학學과 습習을 연결하는 '성지자誠之者', 곧 '정성되게 하려는 것'은 『중용』의 중심 테마였다. 『중용』의 가르침은 정성되게 하기 위해서는 널리 배우고, 자세히 물으며, 신중하게 생각하고, 명료하게 분별하며, 두터이 행해야 한다는 것이다. 또한 인간이 부딪치는 모든 일은 정성되게 하지 않은 채 그대로 두어서는 안 된다

[弗措也]는 것이다. 차마 그대로 두지 말라는 것이다. 그런데 '차마 그대로 두지 않는 것'을 『논어』에서는 넓게 '인仁'이라고 했다.

'차마 그대로 두지 않고 정성되게 하려는 마음'으로서 '인仁'은 맹자에게도 전승되었다. 맹자는 '사람들이 어린아이가 우물에 빠지려고 하는 것을 보게 되면, 모두 측은해하는 마음이 생기는데, 이는 사람마다 차마 남에게 잔학하게 굴지 못하는 마음이 있기 때문'이라고 했다.[28] '사람마다 차마 남에게 잔학하게 굴지 못하는 마음'은 '정성되게 하려는 마음', '차마 그대로 두지 않는 마음'이다. 맹자에게 차마 그대로 두지 않는 마음은 '인仁의 단서端緒', 곧 인의 시작이 되었다. '인仁'의 개념으로 공자사상과 맹자사상이 한 줄로 꿰어지는 모습이다.

『논어』에서 공자가 제자들과 나눈 대화의 주제는 '인仁'이다. 그런데 공자의 '인仁'의 개념은 매우 넓었다. 제자 번지樊遲가 어느 날 공자에게 '인仁'에 대하여 물었다. 공자는 그 질문에 주저치 않고 '사람을 사랑하는 것이다[愛人].'라고 했다.[29]

공자에게 '사람을 사랑하는 것은 백성을 편안하게 하는 일[愛人安百姓]'이었다. 요堯 임금과 순舜 임금의 정치도 백성을 편안하게 하는 것이었다. 하지만 이를 실행하는 것은 요 임금이나 순 임금조차 하기 어려웠던 모양이었다. 배움과 실행의 연결이 원래 어려운 것이었으니, 그들이라 해서 이 어려움에서 쉽게 벗어날 수 있었던 것은 아니었을 것이다. 이 이야기는 자로와 공자 사이의 대

---

28) 『맹자』, 공손추장구.
29) 『논어』, 안연.

화에 들어 있다. 공자가 말했다.

> 스스로 수양을 하여 백성을 안락하고 편안하게 해 주어야 한다.
> 스스로 수양을 하여 백성을 안락하고 평안하게 해 주는 것은 요
> 임금도 순 임금도 실현하기 어려워 고심하셨던 일이다.[30]

공자는 '인'을 '사랑'이라고 푼 뒤에 다시 '백성을 편안하게 해 주
는 것'이라고 한 것이다. 둘 다 '인'의 개념임에 틀림없다. 그리고
이 개념들은 모두 '실천적'이라는 데 공통점이 있다. '인'을 실천적
개념으로 이해한 공자의 대화는 공문십철孔門十哲[31] 가운데 한 사
람인 자공子貢과의 대화에서도 계속되었다.

> 자공이 공자에게 물었다. "만약 백성에게 널리 베풀고, 많은 사
> 람을 구제해 줄 수 있다면 어떻겠습니까. 이를 '인'이라 할 수 있
> 겠습니까." 공자가 대답했다. "어찌 '인'이라고만 하겠느냐. 틀림
> 없이 '성聖'이라고도 하겠다. 요순도 그렇게 하지 못함을 걱정했
> 다. 원래 '인'이란 내가 이루고자 할 때 남도 이루게 하며, 자신
> 이 통달하고자 함에 남도 통달하게 하는 것이다. 가까운 데서
> 비유를 취한다면, 이것이 바로 '인'을 이룩하는 방도라 하겠
> 다."[32]

---

30) 앞의 책, 헌문.
31) '공문십철孔門十哲'은 공자의 수제자들 가운데 열 명을 가리킨다. 안연顔淵, 민자건閔子騫, 염
   백우冉伯牛, 중궁仲弓, 재아宰我, 자공子貢, 염유冉有, 계로季路, 자유子游, 그리고 자하子夏다.
32) 「논어」, 옹야.

백성에게 널리 베풀어 그들을 편안하게 해 주는 일이 '인'의 실행이지만, 이는 요 임금과 순 임금도 행하기 어려웠다고 다시 말한 것이다. 배움과 실행을 잇는 것이 그렇게 어려운 일임을 다시 상기시켰다. 그런데도 요 임금과 순 임금은 이를 실현하려고 노력한 결과 성왕의 모범이 되었다고 한다.

'사랑'은 틀림없이 '인'의 큰 테두리를 빠져나갈 수 없는 것이었다. 사랑하지 않는 사람을 '인자仁者'라고 하지 않는다. '사랑'은 '어짊[仁]'의 의미 가운데 가장 넓은 부분을 차지한다. 그런데 '사랑'의 의미도 넓지만, '어짊'의 의미 또한 그것에 못지않으니, 사실 이 두 개념 가운데 어느 것이 더 포괄적인 개념인지를 분별하기는 용이하지 않다.

번지가 다시 '인'에 대하여 물었다. 공자의 대답은 앞에서처럼 '널리 백성을 사랑하는 것'이었다.

> 인자는 어려움을 남보다 앞서 치르고, 보답은 남보다 뒤에 얻어야 참으로 어질다고 할 수 있다.[33]

'인'에 대한 번지의 끈질긴 질문은 여기저기에 인용되어 있다. 『논어』의 「자로편」에서 번지가 다시 '인'에 대하여 물었다. 공자가 대답했다.

---

33) 앞의 책, 같은 곳.

일상생활에서 항상 공손한 태도를 지니고, 일을 맡으면 그것에 신중함과 성의를 다하며, 사람들과 사귐에는 충심을 다해야 한다.[34]

공자는 인의 의미를 '공손함'과 '신중함'과 '성의'와 '충성심'으로 넓혔다. 공자가 인의 의미를 넓혀 말한 또 다른 경우는 자장子張과의 대화에서다.

자장이 공자에게 '인'에 대하여 묻자, 공자가 대답했다. "천하의 어느 곳에서든지 다섯 가지를 실천할 수 있으면 인을 행한다 할 수 있을 것이다." 자장이 그 내용을 묻자, 공자가 이렇게 말했다. "공손함[恭]과 관대함[寬]과 신의[信]와 민첩함[敏]과 은혜로움[惠]이니, 공손하면 업신여기지 않고, 너그러우면 뭇사람들을 얻게 되며, 신의가 있으면 남들이 의지하게 되고, 민첩하면 공을 쌓게 되며, 은혜로우면 사람을 부릴 수 있다."[35]

공자는 인의 의미를 공손[恭], 관대[寬], 신의[信], 민활[敏], 은혜[惠]로 넓혔다. 인의 의미에 대한 공자의 언급은 『논어』의 이곳저곳에 흩어져 있지만, 『논어』의 「이인편里仁篇」은 공자의 인의 생각이 집중되어 있는 곳이다.

'인'의 의미에 대한 공자의 언급은 이렇게 다양하지만, 이들을

---

34) 앞의 책. 자로.
35) 위의 책. 양화.

간추려 인을 깔끔하게 정의하는 것은 용이하지 않다. 공자에게도 그 일이 어려웠을 것이다. 그리하여 인의 개념을 가지고 경우에 따라 이렇게 저렇게 다양한 언급을 했을 것이다. 인의 의미론적 모호성模糊性 때문이다. '인'은 '사랑'이 그렇듯이 엄격히 정의하는 방식을 적용하기 어려운 단어다. 그래서 그것은 글로 배우는 단어가 아니다.

'인'의 의미를 얻어 내는 일은 이렇게 용이하지 않다. 하지만 한 가지 다행스러운 점은 있다. 공자가 언급한 인의 의미가 아무리 다양하다 하더라도, 그것은 한마디로 '정성되게 하려는 것[誠之者]'이라고 줄여 말할 수 있다는 것이다. '인'은 공자의 사상 전체를 하나로 아우를 만큼 중요한 개념이다. 공자 자신도 이 점을 스스로 표명한 바 있다.

> 공자가 자공子貢에게 말했다. "자네는 내가 많이 배우고 또 모두 그것들을 외우고 있으므로 도리를 모두 안다고 생각할 것이 아니겠나?" 자공이 대답했다. "네, 안 그럴 리 있겠습니까?" 공자가 말했다. "안 그렇다. 나는 오로지 '인' 하나만을 가지고 모든 것을 관철할 따름이다[予一以貫之]."[36]

공자 스스로 표명했듯이 '인'은 공자사상을 떠받치고 있는 중심 개념이다. 공자의 '인'은 '배움'의 테두리를 넘어 실천적 속성을 가

---

36) 앞의 책. 위령공.

진 '실행'의 개념으로까지 확장된 개념이었다. '배움'의 의미가 이렇게 확장되지 않았다면, 공자의 '학學'은 개념적 미완성으로 남아 있었을 테고, 그 논리적 체계도 공자가 꿈꾼 '그런대로 편안한 세상'을 만드는 데 도움이 되지도 못했을 것이다.

유학과 사단의 심리학

오산 궐리사 성상전

오산 궐리사闕里祠에 있는 성상전聖像殿이다. 중앙에 공자의 석조 성상이 있다. 이는
공자의 고향 곡부시에서 기증받은 것이다. 석상의 오른쪽으로부터 시계 방향으로
공자의 제자들인 안자, 증자, 자사, 맹자 상이 둘러서 있다. 이들의 배열은 곡부에
있는 대성전의 것과 같다.

후한말의 조기趙岐[1]가 쓴 『맹자장구孟子章句』 서문에 이런 말이
있다.

> 맹자는 요 임금, 순 임금, 탕 임금, 그리고 주공과 공자의 위업
> 이 사라지고, 올바른 길이 막히며, 인의가 게으름에 빠지고, 거
> 짓이 날뛰며, 잡된 것이 본질을 어지럽히는 것을 슬프게 여겼
> 다. 맹자는 공자가 두루 돌아다니며 세상을 염려한 것을 본받아
> 마침내 유학의 도를 가지고 제후들을 찾아다니어 백성을 구하
> 려고 했다.[2]

맹자에 관한 이야기다. 노자에게 장자가 있었다면, 공자에게는
맹자가 있었다. 덕이 사라지고 세상이 도를 잃어 난세가 된 것을
염려한 것은 공자나 맹자 사이에 차이가 없었다. 맹자도 공자처럼
정치사회에 참여하려고 했지만 정치로는 하, 은, 주 3대의 사회적
기풍을 진작시킬 수 없음을 깨달았다. 그런 뒤 공자가 위나라에서
노나라로 돌아가 육경六經을 정리했듯이, 맹자 또한 38세경에 제나

---

1) 조기趙岐는 후한말의 인물로 이름은 가嘉, 자는 빈경邠卿이다. 그는 유가경전儒家經傳에 밝았다.
2) 『맹자장구』. 맹자제사.

라와 양나라로 주유천하를 시작하여 23년 뒤 고향 추鄒나라로 돌아갔고, 공자처럼 요 임금과 순 임금의 도를 공손추公孫丑와 같은 우수한 제자들과 함께 논술하여 모두 3만 자가 넘는 『맹자』를 지어냈다. 뒷사람들은 『맹자』를 『장자』와 『춘추좌전春秋左傳』과 더불어 선진先秦의 3대 문장으로 꼽는다. 『논어』가 오경五經과 육예六藝를 본받은 것이었다면, 『맹자』는 다시 그 『논어』를 본받았다.3) 『맹자』는 영예롭게도 고전의 보석으로 뽑는 '사서四書' 가운데 하나가 되었다.

유학에서 『맹자』의 자리

맹자는 공자가 세상을 떠난 뒤 100여 년이 지나서 태어났다. 그는 추나라 사람이다. 추나라는 공자의 노나라에 가까이 있었는데, 이 두 나라는 그 뒤 합병되어 하나가 되었다. 포의布衣의 신분으로 부잣집의 예절을 돌봐 주는 미천한 사士 출신인 공자와는 달리, 맹자는 명문가의 귀족 출신이었다. 이와 같은 점에서도 이들의 관계는 어쩌면 그렇게도 소크라테스와 플라톤의 관계를 닮았는지 모르겠다. 맹자는 기원전 372년에 태어나 기원전 289년에 세상을 떠났다는 주장이 있으나, 이는 여러 설 가운데 하나에 불과하다.

맹자는 공자의 손자 자사子思의 제자였다는 설이 있다. 그러나

---

3) 앞의 책, 같은 곳.

자사가 기원전 483년에서 기원전 402년 사이의 인물이고, 맹자가 기원전 372년에서 기원전 289년 사이의 인물이라는 점에서 보면 이들의 사제관계설은 확실하지 않다.

『맹자』에서 맹자는 자신의 학문적 계보를 비교적 자세히 언급했다. 그는 공자의 문도가 되지 못했고, 다만 그분을 사숙私淑했을 뿐이었다고 고백했다. 그는 또한 공자로부터 자신에 이르기까지는 그렇게 긴 세월이 지나지 않아 공자의 흔적이 아직 사라지지 않은 터였고, 공자의 생각을 타인에게 전해 듣고 그를 추존推尊하면서 사숙해도 좋을 만큼 공자의 사상적 내용에 흠이 가 있지 않았다고 까지 했다.[4] 여기에서 그가 말하는 '타인'이란 분명히 자사의 제자들을 가리켰을 것이다. 이와 같은 점들에 비추어 보면, 맹자는 자사 계열의 학파에 들어가 체계적인 유학교육을 받았다고 보아도 무방할 것이다.

맹자는 공자의 사상을 우리에게 가장 정확하게 전한 사람으로 정평이 나 있다. 그뿐만 아니라, 그의 업적은 공자사상을 전수하는 데 그 정확성을 넘어 철학적인 차원으로 한 단계 더 발전시켰다는 점도 정설로 되어 있다. 사실 공자 이후 맹자만큼 공자사상에 몰입했던 사람도, 맹자만큼 공자의 사상을 왜곡하지 않으면서 정확하게 체계화하고 구체화한 사람도 없다. 더욱이 맹자는 공자사상을 그대로 전수하려고 노력한 공자의 손자 자사의 학문에도 밀접히 연결되어 있다. 이와 같은 점에서 유학의 학통은 공자에서

---

4) 『맹자』. 이루장구.

증자曾子로, 증자에서 자사로, 그리고 자사에서 맹자로 이어졌다고 해도 좋을 것이다.

맹자가 공자와 증자 그리고 자사의 학통을 이었다는 것은 원시 유학이 이들을 거치면서 왜곡되거나 어긋나거나 끊어지지 않고 이어져 왔다는 뜻도 된다. 증자는 공자에게서 배운 제자였고, 자신의 스승 공자가 수립한 원시유학을 스승의 손자 자사에게 전했으며, 맹자 또한 이들이 물려받은 공자의 사상을 크게 흠집 내지 않고 정확히 전해 받으려고 했을 테니 말이다.

후한말의 조기는 맹자도 공자를 따라 하, 은, 주 3대의 업적을 본받았다는 기록을 남겼다.[5] 그에 따르면, 공자가 그랬듯이 맹자도 주공의 위업이 사라지고 올바른 길이 막히며, 인의仁義가 게으름에 빠지고 거짓이 날뛰며, 잡된 것이 본질을 어지럽히는 것을 슬프게 여겼다 한다. 더욱이 그는, 공자가 제국을 주유하면서 세상을 염려한 것처럼 유학의 도를 가지고 제후들을 찾아다녔을 뿐만 아니라, 백성을 구하려고 했다 한다. 또한 그는 공자가 그랬듯이 군주들을 계도하는 일에 어려움을 느끼고 정치사회에서 물러나, 제자들인 악정극樂正克, 공손추公孫丑, 만장萬章 등과 더불어 『맹자』를 집필했다 한다.[6] 그는 거기에 법도가 될 만한 말을 남기어 후세에 전하고자 했다.

『맹자』는 『예기』 『중용』 『대학』 『논어』를 이어 공자의 생각들을 줄줄이 직조해 냈다. 그것은 인간의 심정心情, 곧 칠정에서 인의人

5) 『맹자장구』, 맹자제사.
6) 위의 책, 같은 곳.

義를 향하는 인간 마음의 정체를 파악해 낸 것이었다. 그뿐만 아니었다. 그것은 인간 마음을 중용의 논리를 따라 체계화한 일종의 심리학 책이었다.

『맹자』에는 공자가 말하지 않은 것을 드러내어 체계화한 부분도 많다. 그래서 공자의 사상을 이해하려면 거꾸로『맹자』를 우선 읽어야 한다는 말도 있다. 그러나 다른 한편으로, 마치 소크라테스의 생각을 그의 제자 플라톤이 상당 부분을 하늘 쪽으로 들어 올려놓았듯이, 맹자 또한 그렇게 공자의 생각을 상당한 정도로 추상화한 것으로 보인다.

선의 존재론

『맹자』의 중심 개념과 주제는 '선善'이다. 맹자의 시대는 중국 역사에서 전국시대라 불리던 어지러운 시기였다. 이 시대는 제자백가들의 이설異說이 갑론을박하는 때였다. 이념이라는 것이 그렇듯이 허구도 많았다. 맹자는 이 시대에 평천하平天下를 꿈꾸며 살았던 한 성인聖人으로, 공자의 생각을 좇았고, 그것을 그의 저서『맹자』의 주제로 삼았다.

공자는 춘추시대의 인물이었고 맹자는 전국시대의 인물이었지만, 맹자가 그의 시대에서 백 년 전 공자가 살았던 시대를 보고 그것을 그의 책에 실어 정리하는 데는 시대 차이가 별로 장애가 되지 않았다. 그는 생생하고 진지한 눈빛으로 공자가 살았던 시대와 공자가 염려했던 세상을 가까이에서 면밀히 관찰하려고 노력했다. 그는 예리한 안목으로 공자의 생생한 실천적 행적과 배움의 의미와 중용의 논리를 가로질러 공자가 구축해 놓은 그 선善의 개념에 도달했고, 이 '선善'을 자신의 책 『맹자』의 중심 개념으로 삼았다.

좀 더 정확하게 표현하면, 『맹자』에서 맹자가 추구한 것은 공자가 추구한 선善이 어떻게 생성되고 발달하는가에 있었다. 선에 관한 맹자의 설을 우리는 '성선설性善說'이라고 부른다. 그는 성선설의 비조가 되었고, 그 성선설은 그의 닉네임이 되었다.

'선善'은 맹자가 일생을 통하여 추구한 주제였다. 그는 공자와 같이 군자가 갖추어야 할 마음은 결국 인의仁義를 바탕으로 한 것이었고, 이들은 개념 자체가 그렇듯이 선한 것이라고 생각했다. 그는 또한 공자와 같이 군자가 그 선善을 소유할 때, 난세가 평정되고 천하가 평화롭게 된다고 생각했다. 공자의 생각에 뿌리를 둔 맹자는 공자의 생각을 제자들과 함께 쓴 『맹자』에 담아냈다.

국토를 넓히고 백성을 많이 모으는 것은 군자가 원하는 일이다. 하지만 그것은 그가 즐거워하는 것에는 들지 않는다. 천하의 중앙에 자리를 잡고 앉아 백성을 안정시켜 주는 일은 군자가 즐거워하는 일이다. 하지만 그것은 그가 본성으로 지니는 것은 아니다. 그가 본성으로 지니는 것은 위대한 것이라 하더라도 그것에 보탬이 되지 않고, 미천하게 산다 하더라도 그의 본성에 해를 끼치지 않는다. 직분이 정해져 있기 때문이다. 군자가 본성[所性]으로 지니는 인의예지仁義禮智는 마음에 뿌리박고 있으며, 그것이 빛으로 발하면 윤택하게 얼굴에 나타나고 등에 넘쳐 흐르며, 인간의 몸으로서 사체를 통해 뻗어 나니 비록 말하지 않더라도 선한 본성을 지니고 있음을 스스로 드러내게 된다[四體不言而喻].[7]

선한 본성이 어떤 것인지를 피력한 문장이다. 군자가 천하를 태평하게 하기 위하여 어떤 일을 하든지 군자는 그의 본성을 벗어나지 않아야 하는데, 그 본성을 맹자는 인의예지仁義禮智라고 한 것이다. 그뿐만 아니라, 군자가 본성으로서 인의예지의 덕을 갖추면 그것은 말로 표현하지 않아도 몸에 배어 빛을 발하고, 팔다리는 시키지 않아도 스스로 그 마음을 알아채어 작동한다는 것이다. 인의예지가 언어를 넘어 빛을 발한다는 것은 군자의 선한 덕이 삶으로 자연스럽게 표출된다는 뜻이다. 마음과 행동이 분리되지 않은, 이른바 지知—행行의 일치에 관한 이야기다. 또한 선善이 어떤 모습인지를 적나라하게 보여 주는 이야기다.

맹자는 덕으로서 인의예지를 인간들이 본래부터 가지고 있는 선善의 모습이라고 생각했다. 그것을 사람들은 맹자의 '사덕四德'이라 한다. 사람들은 여기에 '믿음[信]'을 더하여 '인의예지신仁義禮智信'으로 만들고, 이를 '오상五常' 또는 '오륜五倫'이라고도 한다. 이와 같은 덕들은 선한 것들이고, 이들을 추구하는 것이 인간의 본성이라고 생각했다. 물론 이와 같은 것들 말고도 선善의 범주적 사례를 우리는 얼마든지 들 수 있다. 그러나 그와 같은 것들의 양量은 수數

---

7) 앞의 책, 진심장구, 군자소성장君子所性章.

로 헤아릴 것이 아니다. 그것은 질質의 것이니, 그저 '선한 것'이라
고만 해도 된다.

인의예지에 대한 맹자의 생각은 『맹자』의 「고자장구告子章句」에
서 읽을 수 있다. 거기에 이런 문장이 있다.

> 측은해하는 마음은 인仁이다. 부끄러워하는 마음은 의義다. 공
> 경하는 마음은 예禮다. 시비를 가리는 마음은 지智다.[8]

『맹자』에서 '인의예지仁義禮智'가 출현하는 모습이다. 이를 『맹자』
에서는 다시 이렇게 설명해 놓고 있다.

> 인仁의 핵심은 어버이를 섬기는 것이고, 의義의 핵심은 형을 잘
> 따르는 것이다. 지智의 핵심은 이 두 가지를 알고서 거기에서
> 벗어나지 않는 것이다. 예禮의 핵심은 이 두 가지를 규범으로
> 규정하는 것이고, 악樂의 핵심은 이 두 가지를 즐거워하는 것으
> 로, 즐거워하면 할수록 그 마음이 생기게 된다. 그 마음이 생기
> 면 어찌 그만둘 수 있겠는가. 어찌 그만둘 수 있겠는가 하는 단
> 계에 이르면 모르는 사이에 발이 도약하여 경중거리고 손이 덩
> 실거려 춤을 추게 된다.[9]

인의仁義에 대한 즐거움을 정말 즐겁게 표현했다. 맹자의 '인의

---

8) 앞의 책. 고자장구. 乃若其情章.
9) 위의 책. 이루장구.

예지'는 공자의 '인의仁義'나 '십의十義' 속에 이미 들어가 있었다. 공자의 '선의 세계'에 드는 것들이다. 그러나 '인의예지'는 공자보다도 맹자의 사상에서 더 중요한 자리를 차지한다.

맹자에게 '인의예지'는 선의 세계를 구성하는 핵심 요소들이다. 하지만 이 요소들은 인간의 마음 '밖'에서 '안'으로 들어오는 것이 아니라, 거꾸로 인간의 마음에서 발한다고 보아야 한다.

> 인仁과 의義와 예禮와 지智는 밖에서부터 나를 녹여 오는 것이 아니고[非由外鑠我也], 내가 본래부터 지니고 있는 것이다[我固有之也].[10]

'인의예지'의 근원에 관한 매우 중요한 문장이다. 맹자는 선善을 인간 마음에서 발하는 것, 즉 내재적인 것으로 이해했다. 그것은 외부에서 들어오는 것이 아니고, 내가 본래부터 가지고 있는 것이라는 것이다.

비록 예禮를 가지고 한 말이지만, 맹자와 함께 공자의 학설을 따른 순자荀子는 맹자와는 달리, 예는 선한 것이어서 백성이 배우고 따라야 하는 것인데, 그것은 성인들이 만들어 놓은 것이라고 하였다. 그래서 그것은 백성의 마음 밖에 있는 것으로서 백성의 마음을 녹여 선하게 만드는 것이라는 것이다. 순자의 말을 직접 들어보자.

---

10) 앞의 책. 고자장구. 내약기정장乃若其情章.

맹자는 사람이 배우는 것은 그의 본성이 선하기 때문이라고 했다. 그러나 내 생각은 그렇지 않다. 그것은 사람의 본성을 제대로 알지 못해 본성과 지어낸 것[僞]의 구분을 잘 살피지 못한 때문이다.

무릇 본성이란 하늘로부터 타고난 것이어서 스스로 배워서 얻게 되는 것이 아니며, 노력으로 얻게 되는 것도 아니다. 예의란 성인이 만들어 낸 것이어서, 그것은 사람이 배워서 실행할 수 있는 것이고, 노력하여 이루어 낼 수 있는 것이다.[11]

순자는 인간의 마음은 인위적으로 만들어진 예禮에 맞추지 않으면 악하게 될 수밖에 없다고 한 것이다. 이른바 성악설이다. 게다가 중요한 것은 예는 선의 표상이지만, 그것은 근본적으로 만들어진 것이기 때문에 우리의 마음 밖에 존재한다는 것이다. 그러므로 순자의 성악설은 선의 자리를 마음 밖에 둠으로써 대표적인 선의 외재설外在說이 되었다. 성악설과 선의 외재설은 이와 같은 방식으로 연결된다.

성인들이 선善의 표상으로서 예를 만들어 냈다는 것은 순자의 올바른 관찰이다. 그렇기 때문에 순자의 이 생각은 충분히 인정받아야 한다. 그러나 그의 생각을 한 번 더 면밀히 들여다보면, 다음과 같은 점에 대하여 순자가 어떤 입장을 취할지 궁금하다. 즉, 백성들에게는 각가지 예절이 잉태하고 있는 선이 비록 그들의 마음

---

11) 『순자』. 성악. 凡性者 天之就也 不可學 不可事 禮義者 聖人之所生也 人之所學而能 事而成者也.

밖에 있는 것이 될지도 모르지만, 그 예절을 처음 만든 하, 은, 주의 성인들에게는, 그 예절에 담은 선善이라는 것이 결국 그 성인들의 마음에서 발한 것이 아니겠느냐는 점 말이다. 인류 문화에 존재하는 예와 그 예에 내재되어 있는 선善의 근원은 결국, 하늘에서 내려온 것이 아니라, 그것을 만들어 낸 성인들의 마음에서 발한 것이라는 생각 말이다. 아마도 순자는 이 점을 그냥 스쳐 갔는지도 모른다. 그러나 맹자는 선의 기원에 대하여 순자와는 다르게 생각했다. 맹자의 말이다.

> 자신의 성정[情]에 따른다면, 선善해질 수 있다. 그것이 이른바 선善이다. 만약에 선하지 않게 된다면 그것은 성性의 본래 재질[才性]이 저지른 죄가 아니다. 측은해하는 마음[惻隱之心]은 사람이면 누구나 가지고 있다. 부끄러워하는 마음[羞惡之心]은 사람이면 누구나 가지고 있다. 공경하는 마음[恭敬之心]은 사람이면 누구나 가지고 있다. 시비를 가리는 마음[是非之心]은 사람이면 누구나 가지고 있다.[12]

맹자에게 인의예지의 마음은 사람이면 누구나 가지고 있는 것이다. 그것은 하늘에서 내려와 저 건너 산골짜기에 살다가 메아리쳐 인간의 마음에 들어오는 것이 아니라, 마음에서 스스로 만들어지는 것이다. 물론 인의예지의 덕들이 생성되는 그 과정은 갖가지

---

12) 『맹자』, 고자장구.

생각과 사실들의 조합과 복잡한 선택의 연속일 테지만 말이다.

그러나 선善의 존재론은 이렇게 간단히 끝나지 않는다. 맹자와 순자 사이의 논쟁은 인간의 성性은 선한 것이냐, 아니면 악한 것이냐라는 것이었지만, 이 사이에는 아예 인간의 성性은 선하지도 악하지도 않다는 주장도 끼어든다. 맹자의 제자 공도자公都子가 어느 날 '고자告子는 성에는 선한 것도 없고 선하지 않은 것도 없다[性無善無不善也].'고 말했다고 하면서 스승 맹자의 성선설에 의문을 제기했다. 맹자가 말했다.

> 시에 '하늘이 온 백성을 내고, 일마다 법칙이 있게 하였도다. 백성은 불변하는 마음을 가지어, 이 아름다운 덕[懿德]을 좋아한다.'라고 했다. 공자께서는 '이 시를 지은 사람은 분명히 도道를 알고 있었던 것이다. 그래서 일이 있으면 반드시 거기에 법칙이 있다고 한 것이다. 백성이 불변하는 마음을 가지고 있기 때문에 이 아름다운 덕을 좋아하는 것이다.'라고 했다.[13]

맹자는 선이 불변하는 아름다운 덕으로 항상 인간에 내재한다고 주장한 것이다. 그러나 '성性에는 선한 것도 없고 선하지 않은 것도 없다[性無善無不善也].'는 고자의 주장은 용이하게 해결될 문제는 아니었다. 이 주제를 놓고 스승 맹자와 제자 고자告子 사이에 만만치 않은 논쟁이 벌어졌다.

---

13) 앞의 책, 같은 곳.

고자告子가 말했다. "인간의 성性은 버들[杞柳] 같고 의義는 버들 그릇[桮棬] 같습니다. 사람의 성으로 인仁과 의義를 행하게 하는 것은 마치 버들을 가지고 구부리고 휘어서 인위적으로 버들 그릇을 만드는 것과 같습니다." 맹자가 말했다. "그대는 버들의 성性을 그대로 살려 버들 그릇을 만들 수 없겠나? 그대는 버들에 상해[戕賊]를 가하여 버들 그릇을 만드는 모양일세. 만약에 그대와 같이 버들에 상해를 가하여 버들 그릇을 만든다면 사람에게도 상해를 가하여 인과 의를 행할 것이 틀림없네. 온 천하의 사람들을 모아 인과 의를 행하게 하는 데 화禍를 가져오게 된다는 것이 그대의 말이 담고 있는 의미가 아니고 무엇이겠는가."[14]

맹자는 버들가지에 상해를 가하지 않고 자연스럽게 휘게 하여 그릇을 만들 수 있다는 것이었다. 인간의 본성도 이와 같아 그 본성에 억지로 힘을 가하여 손상을 주지 않으면서 인의仁義의 품성을 이끌어 낼 수 있다는 것이다. 버들가지에 자연적으로 내재된 유연함이 있듯이, 인간에게도 자연적으로 내재된 인의가 있다는 것이다. 그리고 이 인의는 선한 것이니 인간의 본성은 선하다는 것이다. 고자가 다시 말했다.

성性은 방향을 정하지 않고 한 곳에서 소용돌이치고 있는 물[湍

---

14) 앞의 책. 성유기류야. 告子曰 性猶杞柳也 義猶桮棬也 以人性爲仁義 猶以杞柳爲桮棬 孟子曰 子能順杞柳之性而以爲桮棬乎 將戕賊杞柳而後 以爲桮棬也 如將戕賊杞柳而以爲桮棬 則亦將戕賊人 以爲仁義與 率天下之人而禍仁義者 必者之言夫.

水]과 같습니다. 그것을 동쪽으로 트면 동쪽으로 흐르고, 그것을 서쪽으로 트면 서쪽으로 흐릅니다. 사람의 성에 선하고 선하지 않은 것의 구분이 없는 것은 물에 동쪽과 서쪽의 구분이 없는 것과 같습니다.[15)]

고자의 이 말은 인간의 자연적 성정인 칠정은 그 자체 안에 선악의 분별이 없어, 그것을 인위적으로 선의 방향으로 이끌면 선하게 되고 악의 방향으로 이끌면 악하게 될 뿐이라는 것이다. 인위적으로 예절을 만들어 그것을 따르게 하는 것도 이와 같다는 뜻이다. 고자의 명민함이 한껏 드러나 보이는 질문이다. 스승이 답했다.

물에는 정말 동서의 구분도 없고 상하의 구분도 없는가. 사람의 성性이 선한 것은 마치 물이 아래로 내려가는 것과 같네. 사람치고 선하지 않은 사람이 없고, 물치고 아래로 내려가지 않는 물이 없네. 이제 물을 쳐서 위로 뛰어오르게 하면 사람의 이마를 넘어가게 할 수도 있고, 밀어서 보내면 산에라도 올라가게 할 수도 있으나, 그것이 어찌 물의 성이라고 할 수 있겠나. 그것은 외부의 힘으로 그렇게 하는 것일세. 사람에게도 선하지 않은 짓을 하게 할 수 있는데, 그것 역시 물의 경우와 같이 외부의 힘으로 그렇게 하는 것일 뿐일세.[16)]

15) 앞의 책. 성유단수야장. 性猶湍水也 決諸東方則東流 決諸西方則西流 人性之無分於善不善也 猶水之無分於東西也.
16) 위의 책. 같은 곳. 水信無分於東西 無分於上下乎 人性之善也 猶水之就下也 人無有不善 水無

고난도의 이해력을 요구하는 답이다. 물을 밀어서 올려 보내면 산에라도 올라가게 할 수도 있지 않겠느냐고 하는 것은 사람에게 억지로 예를 따르게 한다는 뜻이다. 그런데 그렇게 하는 것이 어찌 선한 행위가 될 수 있겠으며, 그것을 어찌 인간의 본성이라고 하겠느냐는 것이다. 그런 것이 아니라, 인간의 자연적 성정에는, 마치 물이 흘러가는 것과 같이, 선을 따르는 성향이 있다는 것이다.

맹자에게 인의仁義는 인위적으로 만들어진 것이 아니었다. 그것은 다분히 인간의 본성에 내재되어 있는 속성이었다. 이에 반해 제자 고자는 인의가 자연의 속성이 아니라 인간이 인위적으로 만든 개념이고, 나라를 다스리는 사람들 또한 인위적으로 백성이 그런 인의를 따르도록 강요할 수 있다고 주장한 것이다. 하지만 고자의 재기才氣는 스승 맹자의 생각을 흔들기에 역부족이었다. 그러나 스승을 향한 그의 날카로운 필봉筆鋒만큼은 스승의 생각을 그만큼 다듬어 냈다 할 수 있을 것이다.

제자 고자의 예공을 선방하기는 했지만, 스승 맹자가 말하는 선의 근원은 극단적인 면이 없지 않았다. '성은 선하다[性善].'고 완강하게 주장한 맹자의 성선설은 제자들에게 다소 이해의 어려움도 없지 않았을 뿐만 아니라, 결론을 내리는 데 너무 서두른 느낌이 없지도 않아 보인다. 하지만 그의 주장은 완벽했다.

사람마다 차마 남에게 잔학하게 굴지 못하는 마음이 있다. 그

有不下 今夫水 搏而躍之 可使過顙 激而行之 可使在山 是豈水之性哉 其勢則然也 人之可使爲不善 其性亦猶是也.

까닭은 이러하다. 사람들이 어린아이가 우물에 빠지는 것을 보게 되면, 모두 겁이 나고 측은해하는 마음이 생기는데, 그것은 그 어린아이의 부모로부터 칭찬을 들으려고 하기 때문도 아니고, 동네 사람들과 벗들로부터 찬사를 들으려 하기 때문도 아니며, 그 아이가 지르는 소리가 역겨워서 그런 것도 아니다. 이런 것에서부터 살펴본다면, 측은해하는 마음이 없는 사람은 인간이 아니고, 부끄러워하는 마음이 없는 사람은 인간이 아니며, 사양하는 마음이 없는 사람은 인간이 아니고, 시비를 가리는 마음이 없는 사람은 인간이 아니다. 측은해하는 마음은 인仁의 단서端緒이고, 부끄러워하는 마음은 의義의 단서이며, 사양하는 마음은 예禮의 단서이고, 시비를 가리는 마음은 지智의 단서다. 사람의 마음이 이 네 가지 단서들을 가지고 있는 것은 그들이 사체四體를 가진 것과 같다.[17)]

사람이면 팔과 다리, 곧 사체四體를 가지듯이, 인간이면 그 마음에 네 가지 마음, 즉 측은해하는 마음[仁]과 부끄러워하는 마음[義]과 공경하는 마음[禮]과 시비를 가리는 마음[智] 같은 선이 존재한다는 것이다. 그렇지 않은 사람이 있다면 그를 어찌 '인간'의 범주에 넣겠느냐는 것이다. 『맹자』의 '사단四端'에 관한 이야기다.

'사단'은 선을 지향하는 인간의 네 가지 마음의 시작[端緒]을 가

---

17) 앞의 책, 공손추장구. 不忍人之心章 所以謂人皆有不忍人之心者 今人 乍見孺子將入於井 皆有 怵惕惻隱之心 非所以内交於孺子之父母也 非所以要譽於郷黨朋友也 非惡其聲而然也 由是觀之 無惻隱之心 非人也 無羞惡之心 非人也 無辭讓之心 非人也 無是非之心 非人也 惻隱之心 仁之端也 羞惡之心 義之端也 辭讓之心 禮之端也 是非之心 智之端也 人之有是四端也 猶其有四體也.

리킨다. 그런데 맹자에 의하면 이것들은 인간의 원초적 마음속에 이미 잉태되어 있는 것이다. 선의 내재설內在說이다.

헤아려 보건대, 맹자의 선의 내재설과 공자의 생각에 깔려 있는 선의 자리는 서로 다르지 않았다. 그도 그럴 것이 공자의 생각이 증자로 이어지고 증자의 생각이 자사로 연결되며 자사의 생각이 맹자에게 고스란히 전해졌으니, 그렇지 않다고 하기가 어렵지 않겠는가.

공자의 생각과 맹자의 생각 사이에는, 이들을 한 논리로 꿸 수 없을 만큼 방해하는 것이 존재하지 않는다. 우선 『예기』의 다음 문장은 공자의 생각이 맹자의 사단설로 무리 없이 이어질 수 있음을 보여 준다. 더욱이 사단이 추구하는 선이 인간 마음에 내재한다는 생각도 공자와 맹자 사이에 전혀 단절이 없다. 『예기』에 있는 공자의 생각을 다시 음미해야겠다.

> 그렇기 때문에 성인聖人은 일곱 가지 심정心情이 알맞게 표현되고, 열 가지의 도의가 바르게 실현됨으로써 사람들의 신뢰가 두터워지고 서로 예양禮讓을 조종하며 쟁탈이 일어나지 않도록 교도하는 것인데, 그러기 위해서는 예禮라는 것이 없이는 다스릴 수가 없을 것이다. ……욕망과 염오厭惡는 사람 마음의 기본 단서가 되는 것[欲惡者 心之大端也]이다. 사람은 모두 그 심정에 숨기고 있는 것이 많으며, 그것을 알아내기는 어려운 일이다. 사람 행위의 선악은 모두 그 심정에서 일어나는 것[美惡 皆在其心]이지만, 즉시 외부로 나타나지 않으므로 무언가 한 가지 방법에 의해 사람들의 심정을 알아내려고 한다면, 그것은 예를 제쳐 두고 또 무엇이 있겠는가.[18]

'칠정'과 '사단'을 오직 맹자의 용어로만 이해해 온 사람들은 이 인용문을 읽으면서 놀라움을 금치 못했을 것이다. 그 말들을 공자가 일찍 사용했다는 사실 때문일 것이다. 공자가 '칠정'이라는 단어를 사용한 것은 그가 인간의 심정을 얼마나 깊고 예리하게 관찰했는지를 보여 주는 증거다. 그는 '사람의 심정이란 무엇인가[何謂人情]?'라고 자문하고, '그것은 기뻐하고, 성내며, 슬퍼하고, 두려워하며, 사랑하고, 미워하며, 욕심내는 것[喜怒哀懼愛惡欲]으로서 이 일곱 가지는 배우지 않고도 할 수 있는 능력[弗學而能]'이라고 스스로 답했다. 유학에서 '칠정'이 출현하는 중요한 장면이다.[18]

　공자는 '칠정'에 관한 이야기에 더하여 '사람의 도의란 무엇인가[何謂人義]?'라고 다시 자문했다. 그리고 그는 자애[慈], 효[孝], 어짊[良], 공경[弟], 의[義], 순종[聽], 은혜[惠], 유순[順], 인애[仁], 충성[忠] 등 열 가지를 들고 그것들을 사람의 도의, 곧 '인의人義'라고 했다[謂之人義]. 이를 '십의十義'라고도 한다. 이 '십의十義'는 사단으로 만들어진 맹자의 '사덕'과 다르지 아니하니, 공자의 생각이 고스란히 맹자에게 전승되었다는 사실에 이의를 제기하기는 어려울 것이다.

　더욱이 공자는 아름답고 악한 마음까지도 인간의 심정에서 발하는 것[美惡 皆在其心]으로 인식했다는 점이다. 인간이면 누구나 팔다리를 가지고 있듯이, 아름답고 악한 마음까지도 그 심정에서 발한다는 것이다. 그런데 이는 논리적으로 인간이면 누구나 선한 마음을 가진다는 주장을 함의한다. 맹자가 공자의 생각을 자신의 사

---

18) 『예기』 예운.

상적 기틀로 삼은 출발점이 이곳이 아닌가 한다.

선에 관한 맹자의 내재설은 사실 공자의 예론禮論과도 연결된다. 공자에게 예는 심정에서 일어나는 선의 겉모습이었다. 물론 우리는 노자가 공자의 사상을 두고 그것은 예라는 형식에 백성을 묶어 놓는 것이라고 비판했다는 사실도 기억한다. 인위적으로 예를 만들어 그것으로 인간 행위를 속박한다고 나무라는 것은 자연주의자들이 내놓는 그럴듯한 비판이었다.

하지만 공자 쪽에서 보는 시각은 그런 것이 아니었다. 그가 생각하기에 예는 언뜻 보기에 모양이 인위적이고 다분히 형식적인 것처럼 보일지 모르지만, 근본적으로 그것은 성인聖人들의 마음에서 발한 것이고, 백성이 마땅히 따르지 않으면 안 되는 것이었다. 그것은 『중용』의 '불조야弗措也', 즉 '차마 그대로 둘 수는 없는' '정성되게 하지 않으면 안 되는' 마음의 선이었다.

물론, 백성의 편에서 보면, 예는 그들의 마음 밖에 있는 것으로

맹자

인식될 수도 있을 것이다. 하지만 그 근원을 거슬러 오르면 그것은 틀림없이 하, 은, 주 3대를 다스린 성인聖人들의 심정에서 발한 것이고, 예가 거기에서 발한 선의 겉모습임을 어렵지 않게 확인할 수 있을 것이다. 그뿐만 아니다. 그 예는 백성이 진정으로 따른다면, 그것은 자신들의 선한 마음을 표출하는 방식이 되고, 그래서 그들에게 내재하는 선한 마음의 통로가 충분히 뚫릴 수도 있을 것이다. 그래서 『예기』의 편집자는 이런 점을 놓치지 않았던 것이다.

> 그렇기 때문에 성인은 일곱 가지 정[七情]이 알맞게 표현되고 열 가지 인의[十義]가 바르게 실천됨으로써 사람들의 신뢰가 두터워지고 서로 예양禮讓을 존중하며 쟁탈이 일어나지 않도록 교도하는 것인데, 그러기 위해서는 예禮라는 것이 없이는 다스릴 수 없을 것이다.[19]

공자에게 예는 다른 것이 아니라 칠정이 알맞게 표현되고 십의가 바르게 실천되는 것이었다. 그리고 칠정이 알맞게 표현되는 것과 십의는 모두 선한 것이고, 이와 같은 선은 인간 심정에서 일어나는 것[美惡 皆在其心]이니, 그것을 외재적인 것이라고 단정할 수는 없을 것이다. 사실 요순堯舜으로부터 이어 온 예악禮樂과 인의仁義도 그 시작은 이와 같이 인간의 심정에서 발한 것들이었다. 그런데도 사람들이 자주 선을 '하늘이 명한 것[天命]'이라고 한 것은 그

---

19) 『예기』, 예운.

선이 인간이 따라야 할 당위적인 것이라는 점을 일깨우기 위한 방편이었지 않았나 싶다.

아울러 공자는 칠정에는 미오美惡, 즉 아름다운 것과 혐오스러운 것, 또는 선과 악이 뒤범벅이 되어 있고 이들이 알맞게 표현되면 선한 것이 된다고 하였으니, 이는 한마디로, 칠정이 십의로 전환되는 신비로운 과정을 말하고자 한 것임에 틀림없다. 공자사상에 얽혀 있는 선의 내재설이다.

그런데 우리가 공자와는 달리 십의가 인간 심정에서 발한다고 생각하지 않고 하늘에서 내려온 것으로서 칠정을 다스리는 것이라고 한다면, 우리는 곧바로 주자 성리학자가 된다. 또한 맹자의 사덕을 인간이 인위적으로 정한 것이라고 한다면, 우리는 공허한 데서 생각을 시작하여 빈틈없이 추리를 하는 합리주의자가 된다. 그리고 그렇게 되면 우리는 자연히 하늘에서 내려온 것[理]이 인간 심정으로서의 칠정[氣]을 다스린다고[主宰] 하는 하늘의 길을 다시 닦아야 한다. 그런데 이와 같은 입장을 따르게 된다면, 우리는 인간 심정에서 이치가 스스로 발한다고 말할 수 없을 뿐만 아니라, 터무니없이 심정이 발하면 이치가 하늘에서 내려와 그것을 탄다[氣發理乘]고 말해야 하는 지극히 난처한 경우에 봉착하게 된다.

맹자는 어디에 서 있는가. 성급하게 말하면 그는 심정, 곧 칠정에서 이치[理]가 발한다고 주장하는 쪽이다. 그는 후대의 성리학자 주희나 조선 사회에서의 이황과 같은 주리론자主理論者가 아니었다. 맹자의 언어로서 '사단四端'은 근본적으로 인간의 그 원초적 마음인 '칠정' 또는 공자의 '심정'에서 발하는 것이었다. 아닌 게 아니라, 맹자는 저 '있는 그대로의 세계', 곧 느끼는 대로 행동하려 하고 노하여 흥분하며, 슬퍼하고 두려워하며, 분별함이 없이 애정에 빠지고 악행을 저지르고 욕심을 부리는 '칠정'의 세계에서 필요와 욕구를 따르고 때로는 거역하면서, 만족과 선을 찾아가는 그 고결한 마음이 싹트는 과정을 편견 없이 들여다보고 이론화했다. 이른바 '사단四端'이 발하는 그 비밀을 말이다. 그런데 지금 우리는 놀랍게도 이 비밀로부터, 자연의 세계에서 규범의 세계가 싹트는 신비를 아무 두려움 없이 엿보고 있는 것이다.

가치중립적인 자연적 성정에서 선善을 지향하는 마음의 세계를 그려 낸다는 것은 엄격한 언어의 질서에서 보면 논리적 형식을 벗어나는 일이다. 하지만 그런데도 형식논리를 뛰어넘는 이 일은 태고부터 인간이 보다 새로운 세상을 열고자 한 영혼의 갈구와 어떤 연관성이 있어 보인다. 그것은 틀림없이 인간에게 고유한 모종의 정신력일 것이다. 이와 같은 인간의 정신력을 우리는 우리의 경험을 통하여 충분히 인정할 수 있을 것 같다.

아닌 게 아니라, 인간 세상을 걱정하는 글을 우리가 조금만 더 챙겨 읽는다면, 우리는 그 글들 속에서 사단의 마음이 작동하고 있는 모습을 어렵지 않게 발견할 수 있을 것이다. '이러하니 이렇게 저렇게 되어야 한다.'는 당위의 언명 말이다. 이렇게 하여 그 글들은 수없이 공자가 예시한 그 '인의仁義'의 세상을 만들어 내고 있음을 볼 수 있다.

이런 일에 노자를 끌어들이는 일은 부적절한 일인지도 모른다. 무위의 길을 걸은 사람에게 자연의 세계를 넘어서는 이야기는 어울리지 않으니 말이다. 그러나 그의 말을 한번쯤 음미해 보는 것도 의외의 도움이 될지 모르지 않는가. 아닌 게 아니라, 그의 말을 들어 보면 역으로 인간의 자연적 성정에서 모종의 선의 세계가 출현하는 모습을 엿볼 수 있으니 말이다. 노자의 말이다.

> 큰 도[大道], 곧 무위의 도를 버리니, 인仁이니 의義니 하는 것이 나올 수밖에 없고, 헤아리는 능력[知慧]도 생기니 큰 거짓이 생겨날 수밖에 없다. 육친肉親이 화목하지 않으니 효행이니 자애니 하는 것이 생겨날 수밖에 없고, 국가가 혼란하여지니 충신이 나오지 않을 수 없다.[20]

최고의 역설이다. 하지만 역설치고는 이만저만한 진리가 아니다. 사실, 노자의 이 역설에는 우리가 미처 깨닫지 못한 심오한 논리가 숨어 있었다. 노자가 주장하는 바는 이렇다. 우리가 자연의 이법, 곧 선악의 구별이 없는 '큰 길(대도)'을 제대로 따르지 않으면, 인간 생활이 불편해지고 그 불편함을 해결하기 위해서 인간은 가치를 창조하고 그것을 따르도록 강요하게 된다는 뜻이다. 그런데 노자는 이렇게 말함으로써 자연적 사실에서 규범이 스스로 탄생한다는 점을 스스로 인정하게 된 셈이다. 노자의 역설에서 우리는 지금 맹자의 '사단'을 읽고 있는 셈이 되었다.

대도가 흐르지 않는 현실에서는 어차피 '인의'와 '지혜'와 '효행'과 '자애'가 생기지 않을 수 없고, '충신'이 나오지 않을 수 없다는 것을 노자가 자인했다고 볼 수 있다. 아마도 노자의 이 생각은 맹

---

20) 『도덕경』, 14. 大道廢 有仁義 知慧出 有大僞 六親不和 有孝慈 國家昏亂 有忠臣.

자가 칠정에서 사단이 발한다는 그 신비를 우리가 조금이라도 편리하게 이해할 수 있는 실마리로 삼아도 될 뿐만 아니라, 공자의 논리도 에둘러 인정해 주는 품격 높은 현자의 심증心證으로 보아도 별 탈이 없지 않겠나 싶다.

어떻든 선도 악도 아닌 것이 소용돌이치는 칠정에서 네 가지 마음의 선善이 발하여 '인의예지仁義禮智'라는 모습으로 피어난다는 맹자의 생각은 인간 특유의 정신적 특성을 참으로 그럴듯하게 그려 낸 걸작 가운데 걸작이다. 아닌 게 아니라, 맹자의 네 가지 마음의 선은 분명 무질서와 불완전의 세계에서 선한 것을 그리워하는 인간 영혼이 만들어 낸 사랑의 결실일 것이다. 그리고 이 그리움은 칠정의 어디에선가에서 발하는 것이 아니면 안 된다. 칠정의 어딘가에서 어짊과 의로움과 예의와 지혜를 그리워하는 마음이 싹트지 않는다면, 그 그리움이 어디에서 발하겠는가.

사단의 심리학

공자가 세상을 떠난 지 한 세기가 지나서 등장한 맹자, 그가 아니었다면 공자의 사상 가운데 가장 핵심이 되는 부분은 공자의 여러 생각 밑에 가라앉아 영영 그 모습을 분명하게 드러내지 못했을지도 모른다. 맹자, 그가 공자의 생각을 한 차원 더 높게 정리하지 않았다면, 공자의 사상은 다른 사람들에 의해서, 예컨대 그 훨씬 뒤의 주자학이 그렇게 되었듯이, 다소 엉뚱한 모습을 띠게 되었을지도 모른다. 맹자의 학설은 공자사상을 이와 같은 위험으로부터 방어한 원시유학의 보루였다.

유학의 핵심은 '그런대로 편안한 세상'을 만드는 데 있었다. '그런대로 편안한 세상'은 공자가 평생을 통하여 꿈꾼 그 '편안한 세상[平天下]'이었다. 유학은 구체적으로 예를 세워 백성이 그것을 따르도록 했다. 하지만 그것은 원래 인간의 마음에 자리하는 선의 마음을 가다듬은 것과 다르지 않았다. 그러나 우리가 유학을 이해하는 데 가장 어려워했던 것은 인간 마음에 자리하는 그 선의 정체를 확인하는 일이었다. 그것은 왜 인간의 마음 깊숙이, 공자 자신의 말대로 '칠정'에 숨어 있고, 때가 되면 거기에서 발현하여 열 가지 인의人義의 모습을 갖추어 출현하는가 하는 문제 말이다.

공자사상의 심층을 깊숙이 파고든 사람은 공자가 사랑한 안회顔回가 아니었다. 문학적 소양이 가장 탁월했던 자하子夏도 아니었고, 영특한 그의 손자 자사子思에 의해서도 아니었다. 그 사람은 공자 사후 백 년 뒤에 찾아온 한 학객學客, 맹자였다. 그는 공자사상의 심층에 자리하는 공자 '선善'이 세상에 스스로를 드러내는 비밀을 '사단四端'이라는 자신의 용어로 그럴듯하게 포장해 냈다.

아닌 게 아니라, 칠정에 감추어져 있는 선이 '사단'의 작용에 의해서 열 가지 인의人義 또는 인의예지와 같은 사덕四德으로 세상에 드러나게 된다는 것은 맹자의 기발한 아이디어였다. 하지만 그 아이디어는 이미 공자사상에 잉태되어 있는 것이었다.

그렇기 때문에 성인은 일곱 가지 정[七情]을 알맞게 표현하여 열 가지 의[十義]를 실천함[正]으로써 사람들의 신뢰를 얻고, 서로 예양禮讓을 존중하여 쟁탈이 일어나지 않도록 다스려야 한다.[21]

일곱 가지 정이 열 가지 인의가 되는 것은 맹자의 '사단四端'의 작용이지만, 이 작용을 공자는 이미 맹자로부터 1백 년 전에 알아차렸던 것이다. 『예기』에 '칠정이 알맞게 표현되어 십의十義와 같은 예양禮讓으로 나타난다.'고 하는 공자의 말이 기록되어 있으니 말이다. 공자의 말은 이렇게 이어진다.

> 식욕과 성욕, 이 두 가지는 인간의 가장 큰 욕망이고, 죽음과 가난과 고통은 사람이 가장 싫어하는 것이며, 욕망과 염오厭惡는 마음의 시작이 되는 것[心之大端]이다. 사람은 모두 그 심정을 숨기고 있는 일이 많아서 그 정도를 알아내기가 힘들다. 사람의 행위의 선악[美惡]은 이미 그 심정에 존재하는 것이어서 그 모양을 살필 수 없다. 그러니 오직 한 가지에 의해서만 사람의 심정을 알아내려고 한다면 예禮를 두고 또 무엇이 있겠는가.[22]

공자는 인간의 선과 악이 인간의 심정, 곧 칠정에서 발한다고 한 것이다. 또한 이와 같은 인간의 심정은 예로 드러난다고 한 것이다. 그리하여 공자가 인간의 심정을 다듬기 위하여 택한 방편이 곧 예였다는 것은 우리가 이미 이야기한 바와 같다. 그가 그런대로 편안한 세상을 만들려고 한 것도, 오직 예로써 칠정의 마음을 다듬으려고 한 것도, 이와 같은 연유에서였다. 그는 칠정에서 발하는 그 유약하지만 선한 마음의 길을 닦았고, 그것을 그는 '예'로

---

21) 『예기』, 예운.
22) 앞의 책, 같은 곳.

파악했던 것이다. 공자의 이 은밀한 생각을 사람들은 찾아내기 힘들었을 것이다. 심지어 노자와 순자까지도 이와 같은 공자의 뜻을 이해하고 그것을 긍정적으로 보기 이전에 예의 그 형식적이고 인위적인 측면에만 비판적 안목을 집중시켰으니 말이다. 하지만 노자와 순자의 생각과는 달리 맹자는 공자의 생각을 놓치지 않고 잘 따라잡았다. '공자의 비밀이 맹자에게 고스란히 열렸다.' 하면 어떨까 싶다. 어떻든 맹자는 사숙한 스승을 따라 선한 마음은 인간의 심정에 이미 들어 있으니, 그것은 올바른 길을 따라 겉[禮]으로 드러나기 마련이라고 생각했다.

맹자의 '사단'을 심리학자들이 잠시라도 면밀히 들여다본다면, 그들은 틀림없이 그것을 기막힌 현대 심리학의 출발점이라고 할 것이다. 맹자의 '사단'은 선을 지향하는 인간 정신의 역학dynamics을 묘사해 낸 말이기 때문이다. 그것은 또한 공자의 생각을 예리하게 포착하여 다듬은 아이디어다. 보다 완전해지려는 것, 즉 선해지려는 것은 심리학적으로 표현하면, 인간 본성이 가지고 있는 균형 유지를 위한 메커니즘이라고 할 수 있을 것이다. 이와 같은 인간의 심리적 메커니즘은 공자의 사상에 이미 깃들어 있었다. 그렇다면 맹자가 이 메커니즘을 '사단'이라는 단어로 포장하여 우리에게 전한 것이라고 말해도 되지 않겠나 싶다.

맹자의 언어 '사단'이 가리키는 세계를 면밀히 들여다본다면, 거기에서 우리는 인간 내면의 세계에서 일어나는 역학적 현상을 역력히 읽어 낼 수 있을지도 모른다. 특히 공자의 '극기복례克己復禮'만 들여다보아도 그럴 것이다. 그도 그럴 것이 '극기복례'는 '인간 심정에서 발하는 제멋대로의 작용과 선택을 거부하고 인류 문화가 다듬어 놓은 예를 따른다.'는 것을 뜻하는 것이니, 이는 분명히 저 '네 가지 선한 마음의 시작[端緖]'을 전제로 하고 있지 않은가. '사단'을 상정하지 않으면 '극기복례'라는 말도 무의미한 것이 되고 만다는 뜻이다. 그러고 보면 '사단'은 '극기복례'가 이루어지는 선행조건이 되는 셈이다. 맹자의 '사단'과 공자의 '극기복례'가 연결되는 심리학적 체계다.

한 가지 더 놀라운 사실은 혼돈의 칠정에서 질서를 갖춘 인의人義가 나타나는 모습이 『중용』의 중심개념인 '중中'의 작용과도 다르지 않다는 것이다. 그렇다면 이 또한 '사단'과 '중中'의 의미론적 연결이 아닌가 한다.

아닌 게 아니라, 사단에서 선이 발하는 과정을 자세히 분석해 보면 거기에서 우리는 중용의 논리를 배제할 수 없을 것이다. 인간 심정에서 선이 발한다는 것은 결국 우리가 가장 알맞은 것을 택하는 중용의 과정과 다르지 않으니 말이다. 『중용』은 이와 같은 현상을 '오로지 그 알맞은 것[中]을 택하여 그것을 잡는다.'는 윤집 궐중允執厥中의 논리로 설명한다. '윤집궐중'은 『중용』에서 말하는 택선擇善의 논리이지만, 이 논리는 맹자의 '사단'의 작용과 전혀 다르지 않으니, 윤집궐중의 심층에 사단이 작용한다고 말하면 어떨까 한다. 매우 재미있는 발상이다.

공자가 꿈꾼 그런대로 편안한 세상은 예禮로 돌아가는 것이고, 그 예로 돌아가려면 칠정에서 사단이 발하는 중용의 사다리를 타지 않으면 안 된다. 그런데 이 중용의 사다리는 하늘이 놓아 준 것이 아니라, '사단'이 말해 주듯이 인간 심정이 발하여 질서를 찾는 과정에서 스스로 만들어지는 것이라고 보아야 한다. 중용의 논리가 그렇다. 중용의 논리는 '윤집궐중允執厥中'의 뜻이 그렇듯이 알맞은 것을 잡아 이를 지키는 것이고, '택선고집擇善固執'의 뜻이 그렇듯이 선을 택하여 이를 견고하게 잡는 일이니, 이는 확실히 하늘이 만드는 길이 아니라, 사람이 만드는 길이라고 해야 할 것이다.

그러나 우리가 여기에서 간과하지 말아야 하는 것이 한 가지 있다. 그것은 우리가 중용의 논리가 이끄는 대로 가장 알맞은 것[中]을 택하여 그것을 자신의 것으로 삼는다 할지라도, 그 과정은 논리적으로 속이지 않는 마음을 전제로 한다는 것이다. 그도 그럴 것이 가장 '알맞은 것을 택하는 일'은 '마음이 기울지 않아야 하고', 마음이 기울지 않도록 하는 것은 속임이 없어야 하는 것이기 때문이다. 하지만 이 일은 사람의 세계에서는 참으로 어려운 일이다. 사실 알맞은 것을 찾는 데는 많은 유혹이 그 길을 방해한다. 그리하여 맹자는 속임이 없는 지식을 필요로 했고, 속임이 없는 지식은 선악善惡과 정사正邪를 그르침이 없이 판단하는 능력이라고 생각했다. 그것을 그는 '양지良知'라고 불렀다. 후세에 왕수인이 이를 가지고 자신의 철학을 세우기도 했다.

맹자의 '양지'는 중용의 논리를 따르는 마음을 가리킨다. 마음이 기울지 않도록 하는 마음 말이다. 맹자가 말했다.

사람이 배우지 않고서도 할 수 있는 것은 그가 가장 잘하는 것이니, 곧 양능良能이고, 생각하지 않고서도 아는 것은 그가 가장 잘 아는 것이니, 곧 양지良知다. 어린아이도 자기 어버이를 사랑할 줄 모르지 않고, 자라나서는 자기 형을 공경할 줄 모르지 않는다. 어버이를 어버이로 받드는 것이 인仁이다. 나이 많은 사

람을 공경하는 것이 의義다.[23]

맹자는 '양지'를 생각하지 않아도 저절로 선악善惡과 정사正邪를 바르게 판단할 수 있는 마음의 능력이라고 말한다. 인의예지仁義禮智와 같은 인간의 마음이 '양지'에 속한다. '양지'는 '선한 마음[良心]' 또는 '선한 지식[善知識]'을 가리킨다. 더 나아가 맹자는 이 양지에 대하여 이렇게 말한다.

> 군자가 본성으로 지니는 인의예지는 마음에 뿌리를 박고 있으며, 그것이 빛을 발하면 얼굴이 윤택하게 빛난다.[24]

'인의예지'는 '양지'에 속한다. 그런데 이 양지는 마음에 뿌리를 박고 있다고 말한다. '양지'는 인간의 심정에서 발한다는 것이다. 그래서 그것은 스스로를 속이지 못하는 것이고, 선택하기 이진에 이미 스스로 행동하게 되는 것이며, 마음의 본성으로 가지고 태어나는 것으로서 얼굴에 그 빛을 발한다고까지 한 것이다. '인仁', '의義', '예禮', '지智'가 모두 그렇다.

'인仁'의 마음은 사람만이 가지고 있는 독특한 것[仁也者 人也]이다. 그것이 사람의 행위로 구체화되어 나타나 도道가 된다.[25] '인仁'은 사람이 가지는 독특한 마음이며, 행위의 실천원리가 된다. '의

---

23) 『맹자』, 진심장구 상.
24) 위의 책, 같은 곳. 仁義禮智 根於心.
25) 위의 책, 진심장구 하.

義’ 또한 사람에게 독특한 것이고, 이것이 몸으로 구체화되어 덕을 널리 펼친다[義也者 宣也]. ‘예禮’ 또한 사람에게 독특한 것이고, 이것이 몸으로 구체화되어 이력履歷으로 나타난다[禮也者 履也]. ‘지智’ 또한 사람에게 독특한 것이고, 이것이 몸으로 구체화되어 지성적 활동으로 나타난다[智也者 知也]. ‘신信’ 또한 사람에게 독특한 것이고, 이것이 몸으로 구체화되어 실천적 행위로 나타난다[信也者 實也].

맹자는 말하기를, 지식에는 인간이 본성으로 가지고 나는 것이 있고, 체득하는 것이 있고, 빌려다 사용하는 것이 있다고 했다. 요순의 지식은 본성에 해당되고, 탕왕과 무왕의 것은 체득한 것이며, 제齊나라의 환공桓公이나 진秦나라의 목공穆公의 것은 진심으로가 아니고 형식을 갖추기 위해서 방편으로 사용하는 것이라고 했다.26) ‘양지’는 본성으로 가지고 나는 지식에 속한다. 그러니 그것은 거짓 없는 양심으로서『중용』의 첫 문장에 나오는 ‘천명天命’과도 같은 말일 것이다. 그렇다면 이제 우리는 그렇게 알아듣기 어려운 그 ‘천명’이 무엇인지도 알 수 있게 되는 셈이다.『시경』에 자주 나오는 그 ‘하늘[天]’이 인간의 마음이 아닌 어디 다른 곳에 있겠는가. 공자가 자주는 사용하지 않았으되, 그래도 적지 않게 사용한 그 ‘하늘’이 인간을 떠나서 어딘가에 따로 있었겠는가? ‘하늘’도 그렇고 ‘양지’도 그렇고, 그것들은 ‘속이지 않는 마음’을 가리키는 것이니, ‘천명’이 곧 ‘양지’임을 비로소 알게 되는 순간이다.

양지를 획득한 사람에게 우리는 ‘성인聖人’이라는 칭호를 붙일

---

26) 앞의 책, 진심장구 상.『맹자』, 진심장구 하, 요순성자야장堯舜性者也章.

수 있을 것이다. 맹자는 이 반열에 공자를 올려놓았다. 백이伯夷와 유하혜柳下惠도 올려놓았다. 그러면서 "성인은 백대의 스승이다[百世之師也]."라고 했다. 이들은 인류의 스승이 되기에 충분한 사람들이었다. 맹자는 또 말하기를 백이의 행위를 보고 그 말을 들으면, 아무리 탐욕이 심한 사람이라 할지라도 청렴해지고, 유하혜의 사람됨과 그 말을 들으면, 아무리 박한 사람이라도 후하게 되고 비루한 사람이라도 관대해졌다고 했다.[27]

　맹자는 자신이 사숙한 공자의 유학을 철학한 사람이었다. 그는 공자의 여러 생각을 엮어 한 줄로 꿰는 데 공을 세운 철학자였다. 그 한 줄이란 선善으로 물들여진 실천이성이었다. 그리고 그 선의 가닥은 '사단四端'의 이름으로 포착되어 지성의 시각에 들어오게 되었다. 여기저기에 편재遍在되어 있던 공자의 사상은 이렇게 한 세기 뒤의 맹자에 의해서 '사단'의 가닥으로 엮어져 비로소 한 가닥의 주렴珠簾이 되었다.

---

27) 앞의 책. 진심장구 하.

에필로그

공림

공부孔府는 공자의 직계 자손들이 대대로 이어 살던 곳이다. 공림孔林은 '지성림至聖林'이라고도 부른다. 공자 묘소가 있는 곳이다. 공자의 묘 옆에는 아들 공리孔鯉의 무덤이 있고, 좀 떨어진 곳에 자사子思라 불리는 손자 공급孔伋의 묘가 있다. 자사는 『중용』의 저자로 인정받을 만큼 공자의 학맥을 이은 사람이었다.

공자는 난세에 무엇을 가르쳤는가

공자사상 한 줄 꿰기를 마쳤다. 공자사상을 한 줄로 꿰다 보니, 그가 이룩하고자 한 세상이 어떤 세상이었는지를 알게 되었고, 그 세상을 세우는 방법이 무엇이었는지를 찾아 헤매다 보니 어느덧 『맹자』에 이르렀고, 『맹자』에 이르니 맹자孟子에 의해서 말끔하게 다듬어진 공자의 세계가 한 층 더 밝게 눈앞에 펼쳐졌다. 맹자는 감히 역사의 이곳저곳을 뒤져, 흩어져 있던 스승의 사상과 행적을 모아 그것을 한눈에 들어올 수 있도록 아름답게 포장해 냈다.

* * *

하늘의 길이 열리고, 사람들은 그 하늘의 길을 연모했다. 그러는 가운데 어느새 사람의 길도 열렸다. 그러나 사람이 걸어야 할 길을 아직도 하늘의 길이라고 믿는 사람들이 많다. 자신의 길을 제쳐 놓고 갈 수도 없는 저 허공에 나 있는 길을 바라보는 그들의 눈길이 애처롭다. 옛글을 읽으면서 그것을 사람이 쓴 것이라기보다 하늘이 명한 것이라고 생각하면서 외우고 있으니 말이다.

언젠가 『플라토닉 러브』를 쓰면서, 델포이의 아폴론 신전에 새거 있었다는 '너 자신을 알라.'라는 경구가 '절제', 곧 '지적으로 겸손함'을 뜻하는 소크라테스의 '소프로쉬네σωφροσυνή'와 그 뜻이 다르지 않다는 것을 알고 기뻐했었다. 그런데 지금 다시 공자가 '아는 것을 안다고 말하고, 모르는 것을 모른다고 말하는 것, 이것이 아는 것이다[知之爲知之 不知爲不知 是知也].'라고 한 말이 '사람의 길[人之道]'로서 '정성되게 하려는 마음[誠之者]'을 뜻하고, '정성되게 하려는 마음'은 『대학』에서 말하는 '스스로를 속이지 않는 것[毋自欺]'을 뜻한다는 것을 알고 다시 한번 즐거워[悅]했다. 더욱이 그것이 '지적 겸손'을 뜻하는 소크라테스의 저 '소프로쉬네'와도 결코 다른 말이 아니라는 사실을 알고 더욱 놀라지 않을 수 없었다.

아무래도 난세亂世다. 지적 겸손이 사라진 세상이니 말이다. 사람들이 서로 예禮를 거스르고 속이는 것은 이 '지적 겸손'의 결핍이 아니겠는가 싶다. 공자가 다시 여기에 태어난다면, 그는 '아는 것을 안다고 말하고, 모르는 것을 모른다고 말하는 것, 이것이 아는 것이다.'라고 되뇔 것이다. 우리 사회가 아무래도 공자가 걱정한 그 춘추시대와 다를 것이 없으니 말이다.

사람에게 문제가 있는 것은 예나 지금이나 다름이 없고, 그것도 그들이 추구하는 지식에 문제가 있다는 점도 다름이 없다. 이 문제를 공자는 2천5백 년 전에 깨달았고, 그 결과 그는 말년에 육경六經을 정리하여 올바른 지식을 군주와 군자들에게 가르치려고 힘썼다. 인류를 위한 교육과정이었다. 공자는 그것을 가르쳐 군주와 군자는 물론, 백성들의 마음에 '속이지 않는 마음'을 심으려고 했다. 그것을 그는 평생 동안 마음에 그린 '그런대로 편안한 세상'을 만드는 필요조건이라고 생각했다. 참으로 '속이지 않는 마음[思無

邪]'이 아쉽다.

* * *

노자가 현실 세계를 등지고 그에게 특유한 도道를 따라 함곡관으로 들어간 뒤 소식이 없었고, 주희가 이理로 구축한 추상의 사다리를 타고 하늘로 올라간 뒤 세상에 내려오지 못했다면, 공자는 현실 세계, 그 난세의 격류 속으로 들어가 그 격류를 헤쳐 나가면서 그런대로 편안한 세상 만들기에 힘썼다. 세상을 그런대로 편안한 세상으로 만들려면, 하는 수 없이 공자의 길을 따를 수밖에 없지 않겠는가 싶다.

공자가 당시의 사회를 난세라고 부른 이유는 근본적으로 앎과 삶의 불일치가 가져다준 문제였다. 앎이란 무엇이고 이와 관련된 삶이란 또 무엇인가. 앎과 삶의 괴리乖離를 그토록 고뇌하면서 일생 동안 이를 극복하려던 그 공자의 모습이 눈앞에 선하다. 이와 같은 문제를 극복하는 것은 정치로도 가능할지 모른다. 그러나 공자는 정치로는 그런 일을 하기에 적합하지 않다고 판단했다. 그가 궁극적으로 택한 것은 육경六經이라는 인류의 교과서들을 정리하여 그것을 가르치는 일이었다.

하지만 그를 사숙했던 맹자는 좀 달라 보인다. 공자와 달리 정치에 관심을 가졌던 맹자는 『맹자』에 이런 글을 올렸다.

백성은 귀중하고 사직社稷은 그다음이고, 군주는 대단치 않다.
그렇기 때문에 밭갈이하는 백성의 마음에 들게 되면 천자가 되고, 천자의 마음에 들면 제후가 되며, 제후의 마음에 들면 대부가 된다. 제후가 사직의 존립을 위태롭게 하면 폐위시켜야 한다. 그런데 제물이 훌륭하고 풍성하게 마련되고 제사도 때를 놓치지 않고 지내는데, 한발과 수해가 닥치면 사직도 갈아 치워야 한다.[1)]

맹자는 스승보다 적극적으로 '백성은 귀중하고, 사직社稷은 그다음이고, 군주는 대단치 않다.'라고까지 했다. 군주는 '밭갈이하는 백성의 마음에 들어야 한다.'고 했다. 그러면서 '양지良知'에 호소했다. 속이지 않는 마음을 가져야 군주로서 백성을 다스릴 수 있다고 믿었던 것이다. 이 점에서 맹자는 그가 사숙한 스승 공자의 생각에 다시 귀의했다 할 수 있을지도 모른다. 인간 세계가 항상 그렇지만, 오늘날도 그 어느 때보다 속이지 않는 마음, 곧 양지가 그리워진다. 그것이면 공자가 바라던 그런대로 편안한 세상도 세울 수 있지 않을까 한다. '사직'은 백성을 위한 나라인데 그런대로 편안한 세상을 만들기 위하여 사직까지 허물 필요가 있겠는가 싶다.

* * *

공자의 속이지 않는 지식, 맹자의 '양지'는 어디에 있는가. 문득 고려 말에 역성혁명을 일으킨 한 유학자의 사상을 그린 사극 〈정

---

1) 『맹자』, 진심장구 하.

도전〉의 한 토막이 갑자기 뇌리에 떠오른다. 작가들의 문학적 표현은 사실의 주위를 기웃거리는 편이 많지만, 그들의 날카로운 붓끝은 때때로 학자들의 건조한 사실 기록보다 전하고자 하는 내용을 훨씬 효과적으로 전할 때가 많다. 사극 〈정도전〉의 끝 부분에 다음과 같은 장면이 있다.

정몽주는 감옥에 갇혀 있는 정도전을 불러내어 그와 '마지막 술잔'을 나누었다. 정도전은 자신을 찾아온 정몽주를 보고 스스로의 운명을 예감했다. "이것이 우리의 마지막 술자리인가 보네."라고 운을 뗀 정도전에게 정몽주는 "방금 자네를 참형에 처하라는 어명이 있었네."라고 말했다. 그런데도 아랑곳하지 않고 담담히 동지들의 운명을 묻는 정도전에게 정몽주는 "왜 살려 달라고 청하지 않는가."라고 물었다. 정도전의 대답은 이랬다. "이 술잔으로 족하네. 고맙네, 포은."이었다. 친구를 잃는 슬픔에 겨운 정몽주는 "내가 귀향을 가던 자네에게 『맹자』를 권하지 않았다면, 오늘 이런 비극이 일어나지 않았을지도 모르는데 말일세."라며 탄식했다. 이말에 대한 정도전의 대답은 이러했다. "그렇다 해도 달라지지는 않았을 것이네. 내 스승은 맹자가 아니라 다른 사람들이었으니까. 그들이 누군지 알겠나? 참으로 나약해 보이지만 끈질기고 강인한 존재, 백성일세. 나는 믿네. 이번이 아니면 그다음에, 그다음이 아니면 또 그다음, 언젠가는 진정한 백성의 나라가 세워질 것이라고 말일세." 정도전이 자신의 '스승'이라고 말한 이들은 그가 유배지에서 만난 양민들, 사람대접을 받지 못하고 고통 속에 사는, 그 헐벗고 나약한 백성이었다.

드라마의 한 토막이지만, 그리고 문학적 기교를 부린 대본이지만, 그 속에는 분명 사람의 길로서 백성의 길이 나 있다. 그리고 그 속에 사람의 길로서 '속이지 않는 지식'을 상징하는 '양지'라는 가상의 인물도 만들어 넣었다. 정도전은 유배지에서 만난 백성의 심정에서 사람의 길을 얻었다. 그가 혁명의 대업을 꿈꾼 것은 스스로를 속이면서 하늘의 길을 걷는다고 자처하는 무리를 떠나 사람의 길로 들어섰기 때문이 아니었나 싶다.

* * *

공자사상에는 밤하늘의 성군星群들처럼 수많은 개념이 손을 잡고 있었다. 그리고 그 개념들이 모여 공자사상의 네트워크를 형성하고 있었다.

공자의 사상은 우선 '네 것과 내 것이 없고 서로 존중하고 돕는 크게 하나 된 세상'이라는 뜻을 갖는 '대동大同의 세상'을 그리워하면서 싹텄을 것이다. 그러나 그것은 실현 불가능한 이상사회였다. 그 대신 그가 선택한 사회는 '그런대로 편안한 세상', 곧 '소강小康의 세상'이었다. 소강의 세상은 '예禮'를 기본으로 삼는 것이었다. '예'는 스스로를 속이지 않고 정성되려 하는 것, '무자기毋自欺'와 '성지자誠之者'의 사람됨을 요청했고, '선한 것'을 택하는 '택선擇善'의 덕을 필요로 했다.

『중용』은 선을 택하여 이를 사람의 길로 삼는 원리를 제시한 책이었다. 이 책에는 난세에 가르쳐야 할 '무자기', 즉 스스로를 속이지 않는 양심의 길이 열려 있다. '택선이고집擇善而固執'과 '윤집궐중允執厥中'은 '중용의 논리'였고, 이 논리를 따르려면 '박학지博學之'하고, '심문지審問之'하며, '신사지愼思之'하고, '명변지明辯之'하며, '독행지篤行之'하는 덕을 갖추어야 했다. 중용의 논리는 이와 같이 하늘이 정해 주는 것이 아니고, 사람이 스스로를 속이지 않고 닦아 나가는 길이었다. 이른바 '사람의 길'이다. 이 길에 들기 위해서는 큰 가르침과 배움[大學]에 들어가야 했다.

큰 가르침과 배움에 관한 경전 『대학』은 궁극적으로 '최고선[至善]'을 위한 것이었다. 난세에 가르쳐야 할 무자기의 양심 말이다. 선한 존재가 되어야 '택선'을 하고 그것을 놓지 않을 것이니, 그것은 지금과 같은 난세에서는 더더구나 추구해야 할 것이었다. '지선至善'의 경지에 이르기 위해서는 우선 '올바른 덕', 곧 '명덕明德'을 밝혀야 했고, 그 덕으로 백성과 이웃을 사랑하는 태도, 즉 '친민親民'을 할 수 있게 되어야 했다. '명덕'과 '친민'의 계발은 결국 큰 가르침과 배움의 최고 목적으로서 지선의 경지에 오르는 계단이었다. '지선'의 경지에 오르기 위해서는 구체적 학습과정을 거쳐야만 했다. 이른바 8조목條目의 과정이었다. 격물格物, 치지致知, 성의誠意, 정심正心, 수신修身, 제가齊家, 치국治國, 평천하平天下였다. 아름다운 인간발달의 과정이었다. '사람의 길'이 이렇게 체계적이고 이렇게 아름답게 나 있는 것을 보고 놀랐다. 그런데 이들 목표에는 다시 놀라운 사실이 숨어 있었다. 그것은 배움과 실행, 곧 '학學'과 '습習'이 한몸이 되어 있었다는 사실이다. '학學'에 속임이 있었다는 뜻이다. 공자에게 '실행'이 없는 '배움'은 정말 무의미한 것이었다. 그가 '학이시습지學而時習之 불역열호不亦悅乎'라고 하면서 즐거워 한 이유를 알 만했다. 속이지 않는 양심을 갖게 되었으니 즐겁지 않을 수 없었을 것이다.

밤하늘의 성군들처럼 수많은 개념은 모두 공자사상을 엮어 내는 중심개념들이었다. 이들을 한 줄에 꿰면 그대로 공자사상이 되었다. 그런데 이와 같은 생각이 들었다. 이 개념들을 일관하는 금사金絲는 역시 공자사상에 들어 있는 실천이성이었다고 말이다. 공자사상의 그 어려운 구곡九曲을 이리저리 꿰뚫는 금사, 그것은 다른 것이 아니라 실천이성이라는 사실을 확인하면서 참으로 큰 즐거움을 얻었다.

* * *

'공자천주孔子穿珠', 목암선경睦庵善卿이 지어냈다는 공자의 고뇌가 담긴 이 이야기는 얼마 전 고인이 된 소설가 최인호에 의해서 그 나머지 이야기가 서정적으로 채색되어 우리에게 전해졌다. 『소설 공자』라는 이름으로다. 소설가의 필치여서 그런지 그 글 한 토막은 왠지 우리의 마음을 먹먹하게 만들었다. 그 이야기는 공자가 말년에 제자 자하子夏와 함께 육경을 편찬하여 인류의 교과서로 남겨 놓은 일과 스승과 함께 지낸 옛일을 회상하는 제자 자하의 스승에 대한 그리움을 소설체로 묘사해 낸 것이다.

공자의 막내 제자 자하는 아들을 잃고 슬피 울어 장님이 되었다. 그는 말년에 서하西河 강가에 살면서 스승과 함께 편집한 육경을 가지고 제자들을 가르쳤다. 그는 앞을 볼 수 없음에도 저녁때에는 늘 강가에 앉아 노을에 젖어 흐르는 강물을 내려다보았다. 그럴 때 그의 손에는 늘 하나의 커다란 구슬이 쥐어져 있었다. 그것은 분명 아홉 굽이의 구멍이 뚫린 참으로 귀한 구슬이었다. 사람들은 그 구슬에 대하여 여러 가지 질문을 했다. 자하는 이렇게 대답했다. "이것은 스승으로부터 물려받은 구슬입니다." 그는 스승에게서 물려받은 그 진귀한 구슬을 놓지 않고 언제나 만지작거리고 있었다. 스승에 대한 그리움을 놓을 수 없었던 것이다. 그 구슬이 어떻게 해서 자하에게 건너갔는지는 알 수 없으나, 그것은 분명 스승 공자가 사랑하는 막내 제자 자하에게 정표로 전한 것이었을 것이다.

그런데 사람들은 자하에게 공자가 그 구슬에 꿰였다던 금실은 왜 보이지 않느냐고 물었다. 자하는 말하기를 그 실은 공자가 주유열국을 마치고 노나라로 돌아오면서 뽑았다고 했다. 그리고 그때 자하는 스승에게 왜 그 실을 뽑느냐고 물었다는 것이다. 스승 공자는 고향으로 돌아가면 다시 새로운 금실[金絲]로 그것을 꿰려고 한다고 말했다는 것이다. 그래서 사람들은 자하에게 공자가 그 뒤 새로운 금실로 그 구슬을 꿰었느냐고 물었다. 그리고 그것이 지금은 보이지 않으니 웬 일이냐고 물었고, 자하는 이렇게 대답했다는 것이다. "그 새로운 실이 안 보입니까. 앞을 못 보는 내 눈에도 보이는데……."

문학에 정통한 자하가 서하 강가에 앉아 스승이 그리워질 때면 그가 물려준 구슬을 만지작거리고 스승에 대한 한 가닥 잔영을 회상해 내고 있었듯이, 그렇게 지금 우리도 인류의 스승이 전한 그 경전들을 만지작거리면서 그 위대한 영혼과 교감해 봄이 어떨지 모르겠다. 그리하여 육신의 눈이 먼 채로 강가에 앉아 석양을 맞으며 스승이 준 구슬을 손안에서 굴리면서 그리워한 자하처럼 우리도 그렇게 앎과 삶의 괴리를 고뇌하면서 일생 동안 구슬의 구곡을 다시 누비어 꿰면 어떨까 한다. 우리 각자가 가지는 그 생각의 굽이굽이를 말이다.

자하는 다시 사람들에게 이렇게 말했다 한다. "스승의 첫 번째 구슬 꿰기는 정치를 통해서 소강小康의 세상, 곧 그런대로 편안한 세상을 만들어 보겠다는 뜻이었습니다. 그러나 곧 실패하여 그 실을 뽑았습니다. 그것은 정치를 하지 않겠다는 뜻이었습니다. 그런데 다시 새롭게 구슬을 꿴 것은 나머지 인생을 육경을 편찬하여 백성을 가르치는 교과서로 삼음으로써 그가 목적으로 하던 그런대로 편안한 세상을 교육의 힘으로 세우려고 한 것이었습니다."

공자는 68세에 고향에 돌아와서 73세로 세상을 마칠 때까지 5년 동안 제자 자하를 데리고 인류의 교과서가 될 육경을 편찬하는 데 마지막 힘을 쏟았다. 자하도 스승이 그 구슬에 두 번째 금실을 꿰는 동안 옆에서 도왔다.

'공자천주孔子穿珠'는 공자가 아홉 굽이의 구슬 구멍을 금사金絲로 꿰었다는 전설에 지나지 않는다. 하지만 이 책에서는 그 '공자천주'에 새로운 의미를 더했다. 그것은 공자가 정치로는 바꿀 수 없을 만큼 피폐된 사회를 백성이 편안하게 살 수 있도록 하기 위하여 선의 개념들로 엮어진 육경을 실천이성이라는 금사로 꿰어 가르쳤다는 뜻으로 말이다. 아홉 굽이의 구슬 구멍을 꿰는 일을 육경의 굽이굽이를 꿰는 일로 의미 전환을 시켰다는 뜻이다.

* * *

공자의 인의人義의 세계, 곧 자애[慈]와 효도[孝], 어짊[良], 공경

[弟], 정의[義], 순종[聽], 은혜[惠], 유순[順], 인애[仁], 충성[忠]으로 형성되는 세계는 공자가 평생을 그려 온 세상이었다. 이와 같은 세상은 고대 중국의 요순시대부터 추구한 세상이었고, 그와 같은 세상에서 백성은 그런대로 편안한 세상을 누리려고 했다. 그 세상은 '예의 세계'로 그 구체적 모습을 드러내게 되었다. '예'는 멀리 하, 은, 주 3대의 성인聖人들이 다듬어 놓은 세상살이의 범례였다.

공자의 인의의 세계는 정치가 아니라 교육의 길을 통해서 실현될 수 있는 세상이었다. 공자의 말을 잠시 회상해야겠다.

> 어느 나라에 들어가면 그 나라의 교육을 알 수 있다. 그곳의 사람됨이 온유하고 돈후敦厚한 것은 『시경』의 교육효과다. 마음이 소통되고 먼 옛일을 아는 것은 『서경』의 교육효과다. 마음이 넓고 선량한 것은 『악경』의 교육효과다. 마음이 깨끗하고 고요하며 가지런한 것은 『역경』의 교육효과다. 공손하고 겸손하며 점잖고 중후한 것은 『예경』의 교육효과다. 말에 조리가 있고 사리를 따라 분별력을 갖추고 있음은 『춘추』의 교육효과다.[2]

공자는 사람됨이 온유하고 돈후하고 마음이 소통되며, 먼 옛일을 알아 걱정하고 마음이 넓고 선량하며, 깨끗하고 고요하고 가지런하고 공손하며, 겸손하고 점잖고 중후하고 말에 조리가 있고 사리를 따라 분별력을 갖춘 백성이 사는 세상은 교육에 의한 결과인

---

2) 『예기』. 경해.

데, 이와 같은 세상은 비록 대동의 세상은 못 된다 하더라도 그런 대로 편안한 세상은 충분히 될 수 있다고 생각한 것이다.

공자는 이와 같이 그런대로 편안한 세상은 성인들이 이루어 낸 교육의 효과라고 믿었다. 맹자도 공자를 따라 같은 생각을 했다. 그리하여 '성인聖人은 백대의 스승이다.'라고 했다. 그와 같은 스승들은 백성의 마음을 청렴하게 만들고, 지조를 세우고, 후하고 너그럽게 한다고 믿었다. 맹자의 말을 다시 상기하고 싶다.

백이伯夷와 유하혜柳下惠가 그와 같은 성인들이다. 백이의 행적을 들으면 탐욕이 심한 사람도 청렴해지고, 겁 많은 사람도 지조를 세우게 된다. 유하혜의 행적을 들으면 박한 사람도 후해지고, 비루한 사람도 너그러워진다. 백대 전에 한 행동을 백대 후에 듣는 사람들이 예외 없이 감동하게 되니, 성인의 행적이 아니고서야 어찌 그렇게 되겠는가.3)

공자와 맹자는 정치로 이루지 못하는 것을 교육을 통해서 이루려고 했다. 그들은 그렇게 할 수 있는 가능성을 인간이 가지고 있는 '사단四端'과 같은 마음의 역동에서 찾았다. 특히 맹자는 이와 같은 생각으로 공자의 사상을 더욱 돋우어 냈으니, 이들의 관계를 어찌 우연이라고만 할 수 있겠는가.

---

3) 『맹자』. 진심장구 하.

측은해하는 마음은 사람이면 누구나 가지고 있다. 부끄러워하는 마음은 사람이면 모두 가지고 있다. 공경하는 마음은 사람이면 모두 가지고 있다. 시비를 가리는 마음은 사람이면 모두 가지고 있다. ……인과 의와 예와 지는 '밖'에서부터 나를 녹여 오는 것이 아니고, 내가 본래부터 지니고 있는 것이다.[4]

인의예지의 단서端緒가 되는 이와 같은 마음을 우리가 가지고 있다면, 우리는 공자를 따라, 그리고 맹자를 따라, 그런대로 편안한 세상을 충분히 만들 수 있을 것이다. 그런대로 편안한 세상을 만들 수 있는 가능성을 공자는 인간의 심정에 본래부터 내재되어 있다고 믿었고, 맹자는 그것을 재치 있게 '사단四端'이라는 아이디어로 포착해 냈다. 그리고 보니 그런대로 편안한 세상을 만들고 거기에서 살 수 있다는 희망을 갖는 것은, 인간 심정 깊숙한 곳에서 발하는 그 사단의 정신 역동, 곧 칠정의 소용돌이에서 한 줄기 선善의 가닥을 잡아 내는 택선이고집擇善而固執의 그 아름다운 덕[懿德]을 인간이 원래 좋아하기 때문이 아니겠나 싶다.

---

4) 앞의 책, 고자장구 상.

부록
1. 성리학자 이황 이야기
2. 실학자 정약용 이야기

1. 성리학자 이황 이야기

퇴계 이황(1501~1570)

이황李滉의 호는 퇴계退溪다. 그 밖에 도옹陶翁, 퇴도退陶, 청량산
인淸凉山人으로도 알려졌다. 모두 그의 고향을 배경으로 지은 것들
이다. 자字는 경호景浩이고, 관향은 진성眞城, 지금의 진보眞寶다. 시
조는 고려 충신 이석李碩이다.

이황은 1501년 연산군 7년 11월 25일 경상북도 안동시 도산면
온혜리에 있는 노송정 종택에서 태어났다. '노송정老松亭'은 할아버

이황의 생가, 노송정

지 이계양의 호다. 이 고택은 1454년에 할아버지가 지었다. 아버지는 진사 이식李埴이고, 어머니는 의성 김金씨와 춘천 박朴씨 두 분이다. 김씨는 2남 1녀를 두고 일찍 별세했고, 두 번째 부인 박씨가 서린, 의, 해, 중, 황 등 5형제를 낳았다. 어머니 박씨는 공자가 대문으로 들어오는 꿈을 꾸고 이황을 낳았다 한다. 지금 그가 태어난 고택의 대문에 '성림문聖臨門'이라는 현판이 걸려 있다. 이황의 제자 가운데 한 사람인 학봉 김성일金誠一이 '성인聖人이 들어온[臨] 문'이란 뜻으로 지었다 한다. 성인이란 공자를 가리킨다.

이황의 부친은 서당을 지어 교육을 해 보려고 했으나 뜻을 펴지 못한 채 이황이 태어난 지 7개월 만에 40세의 나이로 타계했다. 이황은 홀어머니 아래서 자라게 되었다. 형제들이 모두 나이가 어려 가족의 생계를 어머니가 농사와 누에치기로 이었다. 그의 어머니는 자녀 교육에 한순간도 소홀히 하지 않았다고 한다.

이황은 33세까지 유교경전을 공부하는 데 열중했다. 그는 여섯 살이 되어 이웃에 사는 노인에게 『천자문』을 배웠고, 12세에 병으

성림문

로 휴직하고 집에 와 있던 안동부사를 지낸 숙부 이우李堣에게서
『논어』를 배웠다. 지금 그 자리에 청량정사가 있다. 이 집은 이우
가 이황뿐만 아니라, 이황과 그의 형 이해李瀣와 조효연曹孝淵을 가
르치던 곳이다. 『오산당중건기吾山堂重建記』에 의하면, 청량정사淸凉
精舍는 이황이 공부하던 곳으로 1832년(순조 32)에 창건되었다. 이
정사를 '오산당吾山堂'이라 부르기도 했다. '오산吾山'은 주희의 시
'내 집 앞길 밝고 밝게 내려 비치니[明明直照吾家]'에서 따온 것이라
한다. '오가吾家'가 우리 집이니 '오산吾山'은 '우리 산'이다. 그러나
이는 주희가 한 것을 본뜬 것이다.

　이황은 도산서당을 짓기 전 이곳에서 성리학을 공부하며 후학
을 양성하였고, 국문시가인 〈도산십이곡〉을 지었다. 그는 청량산
을 좋아하여 이 산을 자기의 산, 곧 '오산吾山'이라고 부를 정도였으
니, 그가 이 산을 오르내리면서 주자학의 깊은 골짜기를 끊이지
않고 오르내렸다고 생각했을 것이다. 그는 '산에 오르는 것은 책을

청량정사

읽는 것과 같다[山如讀].'고 했다.

이황은 16세에 사촌동생과 친구를 데리고 천등산 봉정사에 들어가 독학을 했다. 17세에 숙부가 별세한 뒤 스승 없이 혼자 공부를 했다. 그 때문에 이황은 글자를 한 자도 놓치지 않고 자기 힘으로 뜻을 파악하는 데 힘썼다. 성현의 글이라도 의심을 가지고 파고들어 재해석하는 등 스스로 학문을 탐구하는 방법을 연마했다. 19세에 『성리대전性理大典』을 읽은 이황은 이렇게 말했다고 한다. "모르는 사이에 기쁨이 솟아나고 눈이 열렸다. 모르는 것도 읽고 또 읽으니 점차 그 의미를 알 수 있게 되었다. 성리학에 들어가는 길을 찾았다."

20세에 이황은 용수사에서 먹고 자는 것도 잊고 『주역周易』에 몰두했다. 그러나 이 일로 그는 건강을 해치게 되었고, 평생 동안 몸이 마르고 쇠약해지는 병에 시달리게 되었다. 21세에 허찬許瓚의 딸과 결혼하고, 23세에 잠시 성균관에 유학했으며, 27세부터 33세까지 향시 등 여러 시험에 응시하여 합격했고, 수 개월간 다시 성균관에서 공부를 했다.

이황은 34세에 대과에 급제하여 승문원권지부정자承文院權知副正字로 벼슬을 시작하여 43세 때까지 대체로 순탄한 관료생활을 보냈다. 그러면서 이황은 끊임없이 학문 연마에 정진했다. 43세에 종3품인 성균관成均館 대사성大司成에 이른 뒤 이황은 벼슬을 그만두고 고향에 돌아갈 뜻을 품고 이를 실천에 옮겼다. 그 후 52세 때까지 이황은 귀향과 소환을 반복했다. 그러는 동안 외척의 권력 투쟁이 격심했던 혼란한 사회 분위기를 경험했다. 45세 때 을묘사화가 일어나 많은 선비가 희생당했고, 그 자신도 한때 파직을 당했으나 복직되었다. 그가 가장 오래 재직했던 곳은 홍문관이었다. 이곳에서 그는 경적經籍, 즉 옛날 성현들이 유교사상과 교리를 써놓은 책을 관장하고 글을 지어 임금의 질문에 답하는 역할을 맡았다. 그는 외직으로 단양군수 9개월과 풍기군수로 1년 2개월 동안

소수서원

소수서원 현판

있었으나 끝내는 벼슬을 그만두었다.

이황이 풍기군수로 있을 때 주세붕周世鵬이 세운 백운동서원을
조정에 요청하여 사액서원으로 만들었다. 소수서원紹修書院으로 최
초로 사액을 받은 서원이 되었다. '소수紹修'란 '旣廢之學 紹而修之
기폐지학 소어수지', '이미 끊어진 학문을 다시 이어 닦으라.'는 뜻이
다. 1549년 명종 4년의 일이었다. 명종이 대제학 신광한申光漢을
시켜 지은 이름이다. 명종이 친필로 서원의 이름을 쓰고, 사서오
경四書五經과 성리대전性理大典 등 서적과 노비들을 보냈다고 한다.

소수서원에 들어가기 전 오른편 죽계천 건너편을 보면, 물가에
바위가 있고, 그 바위에 '白雲洞백운동'과 '敬경' 자가 새겨져 있다.
'敬'은 주세붕의 글씨이고, '白雲洞'은 퇴계의 글씨다. 퇴계는 '거경
居敬'을 자신의 실천적 원리로 삼았다.

소수서원은 우리나라에 최초로 주자학을 가져온 안향安珦
(1243~1306)의 위패를 모신 곳이다. 안향은 1289년(충렬왕 15)에 왕과
공주를 호종하여 원나라에 들어갔다가 이듬해 3월에 귀국했다. 조
선후기의 각종 기록에는 이때 원의 연경燕京에서 『주자전서朱子全

書」를 필사하여 가지고 왔고, 주자의 초상화도 가지고 돌아와 주자학朱子學을 고려에 전했다고 전한다. 이로 인해 조선의 주자학자들은 안향을 동방의 주자라고 부른다.

안향은 교육의 진흥을 위해 섬학전贍學錢을 설치하고, 국학國學의 대성전大成殿을 낙성하였으며, 박사 김문정金文鼎을 중국에 보내 공자의 초상화와 제기祭器, 악기樂器, 육경六經, 제자諸子, 사서史書, 주자서 등을 구입하여 유학 진흥에 큰 공을 남겼다. 본관은 순흥, 자는 사온士蘊이며, 호는 회헌晦軒이다. '회헌晦軒'이라는 호는 송나라의 주희를 흠모하여 그의 호인 회암晦庵을 본떠 지은 것이다.

안향이 타계한 뒤 1318년 고려 충숙왕은 원나라 화가에게 그의 초상을 그리게 했다. 현재 국보 제111호로 지정되어 있는 그의 영정은 이것을 모사했던 것인데 조선 명종 때 그것을 다시 고쳐 그린 것이다. 이듬해에 문묘에 배향되었다. 조선 중종 때 풍기군수 주세붕은 백운동에 그의 사묘祠廟를 세우고 서원을 세웠다. 지금의 '소수서원紹修書院'이다.

이황은 46세에 고향으로 돌아와 호를 '퇴계退溪'라 했다. 어지러운 정치적 상황에서는 벼슬에 나가는 일보다 고향에 물러나 학문 연구와 교육을 통해 인간의 올바른 삶의 질서를 밝히는 것이 자신의 역할이라고 생각했던 것이다. 그의 어머니 박씨도 그의 나약한 심신을 어려서부터 잘 알고 있었기 때문에 그에게 높은 벼슬을 하지 말라고 당부했었고, 그 역시 이를 늘 기억했다고 전한다.

이황의 사생활에는 불행한 일이 많았다. 27세에 부인을 잃고, 30세에 권씨와 재혼했는데, 46세에 정신이 바르지 못했던 권씨마저 잃었다. 더욱이 단양군수로 있었던 48세에는 둘째 아들도 잃었다. 50세 때에는 친형 이해李瀣를 사화의 격동 속에서 잃었다.

이황은 1561년(명종 16)에 고향의 한적한 시냇가에 도산서당陶山書堂을 짓고, 모여드는 문인들을 가르치면서 성리학의 연구와 저술에 몰두했다. 이 서당은 도산서원 내에서 가장 오래된 건물로 이황이 직접 설계하였다고 전해진다. 이때 유생들의 기숙사 역할을 한 농운정사隴雲精舍와 하고직사下庫直舍도 함께 지어졌다.

이황이 타계한 뒤 1572년 선생의 위패는 상덕사에 봉안되었고, 2년 뒤 지방 유림의 뜻으로 사당을 지어 위패를 봉안했고, 전교당과 동재와 서재를 지었다.

1575년(선조 8)에 한석봉이 쓴 '도산서원陶山書院'의 편액을 임금으로부터 하사받았다. 이로써 도산서원은 사액賜額서원으로서 영남유학의 총 본산이 되었다. 도산서원이 완공된 것은 퇴계선생 사후

도산서당

도산서원 현판

6년 뒤인 1576년이었다.

이황이 벼슬에서 물러난 뒤에도 조정에서는 성균관 대사성, 홍문관과 예문관 대제학, 공조판서, 예조판서, 의정부 우찬성, 판중추부사 등 계속하여 높은 관직을 제수했으나 거듭 사직 상소를 올렸으며, 마지못해 잠시 조정에 나갔다가 곧 귀향하기를 반복했다. 끊임없이 사퇴하려는 이황의 뜻과 놓아 주지 않으려는 임금의 뜻이 항상 교차하여 문서상의 임명과 사퇴가 계속된 것이 이황 노년기의 특징이었다. 이렇게 된 까닭은 건강이 좋지 않은 탓이었기도 했지만, 무엇보다도 어머니의 뜻대로 자신의 소망이 벼슬에 있지 않고 학문에 있었기 때문이었다. 그는 사람을 다스리기 위한 공부, 곧 위인지학爲人之學보다 자신을 다스리는 수양의 학문, 즉 위기지학爲己之學에 힘썼는지도 모른다. 이황은 스스로 말했다. "군자는 깊은 골짜기의 난초처럼 남이 모르게 향기를 풍기는 자로서 항상 겸손하고 실천궁행을 해야 한다."

이황의 중요한 저술은 주로 노년으로 접어드는 50대 이후의 것들이다. 그의 저술 가운데 『천명도설天命圖說』과 『천명도설후서天命

圖說後敍』, 기대승奇大升과의 13년에 걸친 『사단칠정논변四端七情論辨』,
『주자서절요朱子書節要』, 『자성록自省錄』, 『전습록논변傳習錄錄辨』, 『무
진육조소戊辰六條疏』, 『성학십도聖學十圖』 등은 한국 성리학의 역사에
서 중요한 비중을 차지한다.

이황은 70세 되던 1570년(선조 3) 12월 8일 세상을 떠났다. 이에
앞서 그는 11월 초에 병환으로 도산서당의 강의를 그만두고 제자
들을 돌려보냈다. 이 소식을 듣고 제자들이 찾아와 간병을 했다.
12월 3일 자제들에게 다른 사람들로부터 빌려 온 서적들을 돌려보
내게 했고, 12월 4일 조카에게 명하여 유서를 쓰게 했다. 유서에는
조정에서 내려 주는 예장을 사양할 것, 비석을 세우지 말고 조그
마한 돌의 전면에다 '퇴도만은진성이공지묘退陶晚隱眞城李公之墓'라고
만 새기고 그 후면에는 간단하게 고향과 조상의 내력, 뜻함, 행적
을 쓰도록 당부했다. 12월 5일 시신을 염할 준비를 하도록 하고,

이황의 묘소

12월 7일 제자 이덕홍李德弘에게 서적을 맡게 한 뒤 그 이튿날 세상을 떠났다. 그러나 후손들은 묘비를 세웠다. 조상의 뜻을 어겼다. 하지만 그 묘비는 정면을 비켜 세웠다. 후손들은 그의 유언을 조금이나마 기억하고 있었다.

성리학자로서 이황의 생애는 조선 중기 조광조趙光祖를 중심으로 하는 사림士林들의 개혁정치가 나은 후유증 속에서 엮어진 셈이다. 성리학을 배경으로 하는 사람들은 그들이 추구하는 이념과 정치 현실 사이에서 발생하는 모순을 극복하려고 노력했다. 사실 이황의 나이 19세에 기묘사화己卯士禍가 일어났다. 이 사화 속에서 조광조 일파가 완전히 제거되면서 사림들의 이상주의는 추락되고 말았다. 당시의 성리학자들에게는 선택의 여지가 없었다. 그들에게 선택의 길이 있다면 그것은 성리학적 이론을 더욱 정치定置하여 그 바탕을 튼튼히 하고 토착화하는 것이었다. 이황은 이런 현실에서 성장한 조선 성리학의 선두 주자였다. 이황의 목표는 단순하면서도 절실한 것이었다. 그것은 주자학을 근본으로 삼아 모든 이단의 학설을 혁파하는 한편, 성리학을 보편화하는 것이었다.

이황의 성리학설에 의문을 제기하고 그와 13년 동안 서신으로 이기논쟁을 벌이면서 이황의 학문적 굴곡을 다듬은 기대승이 아이러니하게도 이황의 묘갈명을 맡았다.

아, 슬프다! 선생의 훌륭한 덕과 큰 업적이 우리 동방에 으뜸임은 당세 사람들이 다 알고 있다. 후세의 학자들도 선생이 말씀하시고 저술한 것을 관찰한다면, 장차 반드시 감발感發되고 묵계默契되는 바가 클 것이다. 그동안 저술하신 것은 더욱 그 은미한 뜻을 두고두고 새겨 보아야 할 것이다. 오활迂闊하고 어리석기 짝이 없는 나는 선생의 격려를 받아 많은 것을 알게 되었으니, 부모와 천지의 은혜보다도 더한데, 선생이 별세하시니 태산이 무너진 듯 대들보가 꺾인 듯 돌아가 의지할 곳이 없게 되었다. 남기신 경계의 말씀을 엎드려 생각하니, 감히 어길 수 없으나, 여기에 게시하여 후세에 알리는 것을 또한 안 할 수 없으니, 그 대략을 기록하고 이에 대한 말씀을 붙인다.

선생은 어려서부터 단정하고 질서가 있었으며, 장성하여서는 이를 더욱 키우고 가르치셨다. 중년 이후로는 부귀공명을 단념하고 오로지 학문탐구에 힘써서 미묘한 진리를 훤히 꿰뚫고 이를 축적하고 널리 펴 사람들이 측량할 수가 없었는데, 선생은 겸허하고 공손하시어 마치 아무것도 없는 듯이 하셨다. 날마다 공부를 새롭게 하고 위로 천리를 통달하여 그치지 않았다.

나아감과 행함의 의리에서는 때를 보고 의리를 헤아려 자신의 마음에 편안한 바를 추구하고, 또한 끝내 굽힌 바가 없었다. 그 논저는 반복하고 무궁하며 광명하고 위대하여 한결같고 순수하게 정도를 따랐으니, 공孔, 맹孟, 정程, 주朱의 말씀으로 헤아려 봄에 부합되지 않는 것이 없다. 선생 역시 천지에 세워도 어그러지지 아니하고, 귀신에게 물어봐도 의심할 바가 없으니, 아, 훌륭하시도다!

이황과 함께 조선의 성리학에서 쌍벽을 이루었던 율곡은 이황을 가리켜 이렇게 말했다. "선생은 유종儒宗으로서 조광조의 뒤로는 서로 비견할 사람이 없다. 그 재주와 기국器局은 혹 정암 조광조에 못 미칠지 모르나, 의리를 탐구하여 정밀하고 자세한[精微] 것까지 드러내는 데 있어서는 정암이 미치지 못할 것이다." 한말의 유학자 장지연張志淵은 "공맹정주孔孟程朱의 도를 우리 동방에 밝힌 사람은 오직 선생 한 분뿐이다."라고 했다. 문일평文一平은 "불교사상에서 대표자가 원효라면, 유교사상에서는 이황일 것이다."라고 했다. 아닌 게 아니라, 이황은 한국 성리학의 대명사일지도 모른다.

그러나 여기에서 우리는 이황과 같은 해에 태어나 성리학을 넘어 도학의 경지까지 이른 조식曺植도 기억해야 한다. 또한 기대승奇大升을 잊어서는 안 될 것이다. 특히 기대승은 이황과 마찬가지로 성리학의 세계에서 태어난 인물이다. 그는 이황처럼 성리학의 이상을 실현하려고 평생을 바친 사람이었다. 우선 그의 가계가 그러했다. 대사헌이었던 그의 고조부 기건奇虔은 단종이 폐위되자 관직을 버리고 두문불출한 절의파 가운데 한 사람이었다. 세조가 그를 다섯 번 찾았으나 끝내 절개를 버리지 않았다 한다. 기대승의 숙부 기준奇遵은 기묘사화에서 조광조와 함께 죽임을 당한 사림파의 한 사람이었다. 그의 부친 기진奇進은 아우가 죽자 벼슬을 사양한 채 하향하여 학문에만 힘썼다.

기대승은 32세에 과거에 합격했다. 식년 문과의 을과 수석이었다. 그는 승문원 부정자副正字를 시작으로 병조좌랑과 이조정랑을 거쳐, 성균관 대사성, 대사간, 병조참의에 이르렀다. 그의 관직이 순탄할 리 없었다. 신진 사림의 영수로 지목되어 훈구파로부터 쫓겨나기도 했다. 선비정신으로 가득 찬 그의 강직한 성품으로 인해 관료들과 충돌이 잦았으며 해직을 당하기도 했다. 그는 경연에서 기강 쇄신과 민생 보호를 역설했다. 선조는 기대승이 세상을 떠나자 그의 경연 내용을 수집하여『논사록論思錄』을 냈다.

그러나 여기에 기대승을 불러들이는 특별한 이유가 또 있다. 그것은 이황의 성리학이 어떤 것이었는지를 기대승을 통해서 좀 더 명료하게 드러내 보기 위함이다. 기대승이 당시 58세가 된 지금의 국립대학 총장격인 성균관 대사성이었던 이황을 만나 사단칠정四端七情에 관한 토론을 벌인 것은 기대승의 나이 32세, 과거에 막 합격한 뒤였다. 우리에게 잘 알려진 이야기다. 1558년(명종 13) 10월의 일이었다. 기대승과 만난 이황은 그해 겨울 12월에 그에게 네 마디의 짤막한 첫 편지를 썼다. 지난번 만나 그대의 말을 듣고 난 뒤 여러모로 생각한 끝에 잘못이 있어 자신의 생각을 다소 고쳤다는 내용이었다. 이 편지를 시작으로 이들이 교환한 편지는 이황이 서거한 1570년 12월까지 13년 동안 한 해도 거르지 않았다. 이들의 토론은 조선 성리학의 이론을 다듬는 계기가 되었다.

사단칠정론四端七情論은 경기도 고양 사람 정지운鄭之雲의『천명도설天命圖說』에서 시작되었다. 정지운은 '사단四端은 이理에서 발하고, 칠정七情은 기氣에서 발한다[四端發於理 七情發於氣].'고 했다. 정지운은 이 설을 가지고 이황을 찾아가 살펴 줄 것을 요청했다. 이황은 이를 이렇게 수정했다. '사단은 이理의 발이고, 칠정은 기氣의 발이다[四端理之發 七情氣之發].' 주희를 따른 것이었다. 이황에게 이理와 기氣는 그 근원이 달랐다.

이황은 이理와 기氣를 분리함으로써 형이상학적 이원론자二元論者가 되었다. 더욱이 이理를 기氣에 앞세웠으니 그는 또한 주리론자主理論者였다. 그는 단순한 이원론은 넘어 이理의 우위론까지 내세웠던 것이다.

이황에게 이理는 사물이 존재하는 원인, 곧 소이연자所以然者이고 그런 까닭에 사물의 위에 있는 형이상形而上의 존재이며, 그 자체로 선한 것이었다. 여기에 비하여 기氣는 사물의 세계에 있는 형이하학적形而下學的 존재이고, 그기에 감각적, 경험적 대상이었다. 그러므로 이황에게 선하지 않은 현상[不善]은 기氣가 이理를 가림으로 말미암아 그 이理가 드러나지 못하는 상태다. 풀어 말하면, 선하지 못한 것은 기氣 자체의 성질이 아니라, 기氣로 말미암아 이理가 그 본래의 특성[當然之性]을 발휘하지 못한다는 뜻이다. 이황 성리학의 기본 바탕이다.

그러나 기대승은 이황의 이 성리학설을 받아들이기 어려웠다. 1558년 10월 기대승이 이황을 만나 정지운의 천명도설에 대하여 토론을 벌인 뒤, 이황이 기대승에게 보낸 첫 서한 내용은 이러했다.

'그대가 논한 사단칠정四端七情의 설을 잘 알아들었습니다. 저는 이에 대해 전부터 스스로 한 말이 온당하지 못함을 근심했습니다만, 그대의 논박을 듣고 나서 더욱 내 생각이 잘못되었음을 알았습니다. 그래서 그것을 다음과 같이 고쳤습니다. 사단의 발현은 순수한 이理인 까닭에 언제나 선하고, 칠정의 발현은 기氣와 겸하기 때문에 선악善惡이 있다고 말입니다. 이렇게 하면 괜찮을지 모르겠습니다.'[1]

---

1) 이황 「論四端七情書」. 『退溪哲學의 研究』(윤사순, 1980)에 수록.

이에 대하여 기대승이 답했다.

'사단의 발현은 순수한 이理인 까닭에 언제나 선善하고, 칠정의
발현은 기氣와 겸하기 때문에 선악善惡이 있다고 고치셨다면,
비록 지난번의 설보다는 조금 나은 것 같지만, 제 의견으로는
아직 만족하다 말하기 어렵습니다.'

기대승은 그다음 편지에서 다시 이렇게 말했다.

'사단은 이理가 발현한 것이고 칠정은 기氣가 발현한 것이라고
말한 데에는 그럴 만한 사정이 있을 것입니다. ……그러나 주자
의 말씀에 천지의 성性을 논할 때에는 오로지 이理만을 가리켜
말하고, 기질의 성性을 논할 때에는 이理와 기氣를 섞어서 말해
야 한다는 대목이 있습니다. 이에 비추어 본다면 사단은 이理의
발현이라고 하는 말은 이理만을 가리켜 말한 것이지만, 칠정은
기氣의 발현이라고 하는 말은 사실 이理와 기氣가 섞이어서 발

기대승의 묘소

한다고 해야 되지 않겠습니까?'

결국 '사단은 이理가 주主가 되고, 칠정은 기氣가 주主가 된다.'라는 명제는 세세하지 못하다는 것이 기대승의 주장이었다.

이황의 이기설에 관한 기대승의 회의는 이황의 주리론에서 비롯했다. 기대승은 주희의 이기이원론理氣二元論이 사단을 이理에, 칠정을 기氣에 나누어 붙인 것을 잘못이라고 생각했다. 그에 의하면, 사단칠정론四端七情論은 이理와 기氣를 이원론적으로 나누어 설명할 것이 아니었다. 기대승에게 사단은 칠정 속의 일부 순선純善한 것을 말하는 것이고, 칠정은 선악이 혼재되어 있는 전부를 말하는 것이었다.

이황이 사단과 칠정을 그 연원이 같지 않은 이원론으로 이해한 것에 비해, 기대승은 사단이 칠정 속에 포함된 것으로 이해했다. 기대승은 이원론의 약점을 날카롭게 꿰뚫었던 것이다. 그래서 이황도 훨씬 뒤 기대승에게 보낸 편지에서 자신의 설을 비록 완곡하게나마 수정했던 것이다. '사단은 이理가 발하되 기氣가 그것에 따르며, 칠정은 기氣가 발하되 이理가 그것에 올라탄다[四端理發而氣隨之 七情氣發而理乘之].'는 식으로 말이다. 이른바 이기호발설理氣互發設의 출현이다. 그러나 이 설은 이해하기가 더욱 난해하게 되었을 뿐만 아니라, 주리론의 테두리를 벗어나지 못한 것이다. 아쉽지만 영남학파의 학맥學脈은 이렇게 굳어졌고, 그 결과 본디 유학과 거리가 먼 주자 성리학의 한 독특한 유형으로 남아 있게 되었다.

어떻든 기대승은 다시 이황에게 편지를 썼다.

기대승을 배향한 광주의 월봉서원

'무릇 사람의 정情은 하나입니다. 그리고 정情이라고 하는 것은 진실로 이기理氣를 겸하고 있을 뿐만 아니라, 선악善惡을 포함하고 있습니다. 맹자는 오묘하게 이기理氣가 합쳐진 것 속에서 오로지 이理에서 발현하는 선한 것만 가려내어 밀했으니, 곧 사단四端입니다. 또한 자사子思는 이기理氣가 묘하게 합쳐진 것을 말했으니, 곧 칠정입니다. ……그래서 제가 지난번에 칠정 바깥에 따로 사단이 있는 것이 아니라고 말했던 것입니다. ……결론적으로 사단은 이理가 주主고 칠정은 기氣가 주主가 된다는 말씀은 대체적으로 그럴듯해 보이지만, 세세한 곡절은 그렇지 않다는 것입니다.'

이황의 이기론에 대한 기대승의 날카로운 비판이었다.

이황은 주리론자였다. 그리고 이理와 기氣를 나눴다. 그는 이 점에서 철저히 주희를 따랐다. 그는 『주자어류』에서 주희가 '사단은 이理의 발發이고, 칠정은 기氣의 발發이다[四端是理之發 七情是氣之發].'라고 한 말을 자신이 추구하는 성리학의 기본 원리로 삼았다. 그러면 서 "옛사람이 말하지 않았습니까. '감히 자신을 믿지 말고 스승을 믿 으라고.' 주희는 내가 스승으로 삼는 분입니다."라고 기대승에게 쓴 편지에서 말했다.[2] 이황은 이理가 지배하는 우주론과 인성론을 따 랐다. 이理는 그의 형이상학이었지만, 무오사화, 갑자사화, 중종반 정, 기묘사화, 을사사화의 회오리바람 속에 태어난 이황으로서는 이 형이상학을 어쩔 수 없이 선택하지 않으면 안 되었을지도 모 른다.

이황은 주리론으로써 세상을 보았다. 그것은 그의 교육론으로 이어져 있다. 이황의 지상의 과제는 지행병진설知行竝進說이었다. 여기서 '지知'는 '이理'였고, 이 이理는 세상을 보는 렌즈였다. 이황 은 이 렌즈로 지행일치설知行一致說을 주장한 왕수인의 설을 읽고 이렇게 평했다.

아름다운 색을 보는 것과 악취를 맡는 것을 '지知'에 속한다고 하고, 아름다운 색을 좋아하고 악취를 싫어하는 것을 '행行'에 속한다고 말하면, 사람들은 색을 보고 냄새를 맡을 때 이미 저 절로 좋아하고 싫어하지, 보고 난 뒤에 좋아하는 마음이 생기는 것이 아니며, 맡고 난 뒤에 싫어하는 마음이 따로 생기는 것이 아니다. 이것으로 '지知'와 '행行'이 합일의 관계에 있다는 증거로 삼는다면 그럴듯하다.

---

2) 앞의 책, 같은 곳.

그러나 양명陽明의 생각이란 사람들이 선善을 보고 좋아함이 과연 아름다운 색을 보고 좋아함과 참으로 같을 수 있다는 것인가? 사람들이 불선不善을 보고 싫어함이 과연 악취를 맡고 싫어함과 실제로 같을 수 있다는 것인가?

공자는 말하기를, '나는 색을 좋아하듯이 덕을 좋아하는 사람을 보지 못하였다.'라 했고, 또 '나는 불인不仁을 싫어하는 사람을 보지 못하였다.'고 했다.

대개 형기形氣에서 발하는 사람의 마음이란 배우지 않고서도 절로 알고, 힘쓰지 않고서도 절로 할 수 있다. 이 경우는 좋아하고 싫어하는 소재의 표리表裏가 하나와 같다. 그러므로 아름다운 색을 보자마자 곧 그 좋음을 알고 마음으로도 정말 좋아한다. 악취를 맡자마자 곧 그 악惡을 알고 마음으로도 그것을 싫어한다. 비록 행行이 지知와 함께한다 하여도 무방할 정도다.

그러나 의리문제義理問題에 이르면 그렇지 않다. 배우지 않으면 알지 못하고 힘쓰지 않으면 하지 못한다. ……그러므로 선善을 보고서도 선善인 줄 모르는 사람이 있고, 선善인 줄 알면서도 마음으로 좋아하지 않는 사람이 있다.

……양명陽明은 저 형기形氣의 작위作爲를 이끌어 의리의 지행설知行說을 밝히려 했으니 매우 옳지 못하다. 그러므로 의리義理의 지행知行은 합하여 말한다면 참으로 서로를 필요로 하고 같이 진행되므로 그 가운데 어느 것도 없어서는 안 되며, 나누어 말한다면 지知가 행行이라 말할 수 없다.[3]

아닌 게 아니라, 이황은 형기形氣에 관련된 '지知'와 의리義理에 관련된 '지知'를 나누었다. 그러나 그가 주리론적 관점에서 택한 '지知'는 '이理'의 세계에 드는 의리의 '지知'였다. 그는 왕수인의 형기形氣의 작위를 '이理'의 세계 밖으로 내몰았다. '지知'를 오로지 의리義理에 한정하는 이황의 세상 보기는 그의 『성학십도聖學十圖』에도 반영되어 있다. 제왕의 길을 밝힌 『성학십도』는 이황이 17세의 어린 선조에게 올린 글이다.

> 판중추부사判中樞府事 신臣 이황은 삼가 재배하고 아룁니다. 신臣이 가만히 생각해 보니, 도道는 형상이 없고 하늘은 말이 없습니다. ……또한 도는 넓고 넓으니 어디서부터 착수해야 하며, 옛 교훈은 천만 가지나 되니 어디서부터 따라 들어가야 할지 모르겠습니다. 그러나 성학聖學에는 실마리가 있고, 심법心法에는 지극한 요령이 있습니다. 이것을 드러내어 도圖를 만들고, 이것을 지적하여 설說을 감히 만들어 '도道에 들어가는 문'을 열고, '덕을 쌓는 기틀'을 마련하고자 합니다.[4]

이황은 성인과 같은 인격을 갖추고 백성을 편안하게 할 수 있는 사람의 덕을 기르는 학을 성학聖學이라 하였다. 그리고 이 학문을 통하여 도道에 들어가야 하는데 이 '도에 드는 문'을 그린 것이 '성학십도'라 했다. 도에 드는 열 개의 문이다. 태극도太極圖, 서명도西銘圖, 소학도小學圖, 대학도大學圖, 백록동규도白鹿洞規圖, 심통성정도心

---

3) 이황(1958), 『退溪全書』, 923.
4) 이황 『(聖學十圖)』, 「退溪哲學의 研究」(윤사순, 1980)에 수록].

統性情圖, 인설도仁說圖, 심학도心學圖, 경제잠도敬齋箴圖, 숙흥야매잠도 夙興夜寐箴圖다. 태극도에서는 인극人極, 곧 사람다울 수 있는 최고의 표준을 세우고 이를 따름으로써 하늘의 도에 합일해야 한다는 것이다. 서명도에서는 인仁의 뜻을 체득하여 천지 만물과 하나가 되어야 한다는 것이다. 소학도에서는 효도와 공경의 덕을 설했다. 대학도에서는 모든 이치를 갖추고 만사에 부응하는 명덕을 설했다. 백록동규도에서는 학學, 문問, 사思, 명변明辯을 통해 이치를 깨닫고 궁구하며 이치를 실천하는 덕을 설했다. 심통성정도에서 덕은 인의예지仁義禮智의 본바탕인 성선의 덕이라 했다. 인설도에서는 인仁의 덕, 곧 생명을 사랑하는 덕을 설했다. 심학도에서는 인의지심仁義之心과 사양지심辭讓之心의 덕을 들었다. 경제잠도에서는 경敬을 지키는 덕을 설했다. 숙흥야매잠도에서는 일어나서 잠들기까지 공부하는 방법과 성학을 추구하는 보편적 방법을 설했다.

이들 열 가지 그림圖에는 여러 가지 도道가 그려져 있고, 세왕은 경敬의 마음으로 이 도를 따라야 하는 것이었다. 하도河圖와 낙서洛書 그리고 홍범구주洪範九疇를 연상시킨다. 십도十圖는 모두 경敬의 삶을 주로 한 것이다. '경敬'은 마음의 움직임을 주재主宰하는 심법心法을 가리킨다. 그러하니 십도는 일종의 마음공부에 관한 것들이다. 물론 경敬의 삶은 주희를 따라 말하면 거경궁리居敬窮理의 삶이다. 이理를 추구하여 사는 삶을 말한다.

『성학십도』에 드러내 놓은 덕은 과연 이황답게 모두 이理의 겉모습들이다. 그러니 이 책은 제왕은 물론 교육받은 사람들이 따라야 할 도덕적 규범들이기도 하다. 그런데 우리는 다시 돌아가 잠시 물어야 하지 않겠는가? '이 규범들은 모두 사단四端의 작용에서 피어나는 것들이고, 그래서 선한 것들인데 이들이 모두 어디에서 온다고 해야 하는가?'라고 말이다. 아직도 칠정을 다스리러 이理가 하늘에서 내려온다고 해야 하는가? 이황의 이야기 속에서 올려다 보이는 고봉高峰 기대승을 향한 그리움이다.

2. 실학자 정약용 이야기

다산 정약용(1762~1836)

정약용丁若鏞은 1762년(영조 38) 6월 16일에 경기도 광주 초부면 마현리에서 정재원丁載遠의 아들로 태어났다. 4남 2녀 중 막내였다. 그는 28세에 문과에 급제하여 검열, 병조참지, 형조참의 등의 벼슬을 했다. 마현리는 남한강과 북한강이 하나로 만나는 두물머리다. 그래서 오늘날 사람들은 이곳을 '양수리兩水里'라고 부른다. 본관은 나주다. 그의 관명은 약용若鏞이고, 아명은 귀농歸農이다. 자는 미용美鏞 또는 송보松甫이고, 호는 사암俟菴, 다산茶山, 별초別樵, 자하도인紫霞道人 등이며, 당호堂號는 여유당與猶堂이고, 시호는 문도공文度公이다. 영세명은 요안Jean이다. 아버지는 남인으로 진주목

예봉산에서 내려다본 마재

사를 지낸 정재원丁載遠이다. 어머니는 명문가 출신인 해남 윤씨로 남인의 명사 윤선도尹善道의 후손이며, 조선시대의 유명한 서화가 윤두서尹斗緖의 손녀다.

마현리의 다른 이름인 마재는 어떤 곳인가. 정약용이 태어나서 살다가 영면한 곳이며, 그의 일생에 전개되는 수많은 사건이 일어난 사연 많은 곳이다. 이곳은 뒤로는 운길산雲吉山에 기대고 앞으로는 북한강과 남한강이 만나 넓은 호반을 만드는 열수洌水에 안긴다. 풍수를 아는 사람이면 누구나 탐낼 만한 곳이고, 역사를 아는 사람이면 누구나 예사로 지나치지 않을 곳이다. '소내'라 불리기도 하고 '유산酉山'이라 불리기도 하며, '두호斗湖'라 불리기도 한 마재는, 정약용의 첫째 형 정약현의 처남 이벽李蘗이 서학西學의 책자들을 숨기어 드나들던 곳이고, 정약용의 자형 이승훈李承薰이 찾아다니던 곳이며, 정약용의 조카사위이고 백서사건으로 유명한 황사영黃嗣永이 처가가 좋아 오가던 곳이다. 이곳은 또한 정약용의 둘째 형 정약전丁若銓이 흑산도로 유배 가 생을 마치게 되고, 형수 문화 유씨, 자형 이승훈, 셋째 형 정약종丁若鍾, 조카 정철상과 정정혜, 조카사위 황사영이 신앙의 씨를 뿌리다 장렬히 순교한 아픈 역사의 현장이며, 정약용이 식솔들을 남겨놓고 신유박해 때 귀양길에 오른 곳이기도 하다. 그리고 이곳은 무엇보다 실학의 탄생지다.

두물머리 풍수는 이렇게 역사를 거스르는 거센 기운을 발하여 새로운 것을 만들어 낼 때를 잉태한 뒤, 그 인물들을 기다렸기나 한 듯, 알맞은 시기에 알맞은 인물들을 만나 그 기운의 효력을 한껏 발했던 곳이다. 풍수는 이렇게 이곳을 우리가 실학의 산실 여유당與猶堂 마루 끝에 잠시나마 앉아 이런 생각 저런 생각에 잠겨볼 만한 곳으로 만들었음을 자랑삼아 이야기한다.

정약용은 그가 살던 집의 당호를 '여유당與猶堂'이라 지었다. 그가 당호를 이렇게 지은 것을 보면 그가 얼마나 당시를 조심스럽게 살았는지를 알 수 있다. 그는 당호를 '여유당'이라 지어 걸고 그 사유를 이렇게 일렀다.

『노자老子』에 '여與'라 했으니 이는 '겨울의 냇물을 건너는 듯하다.'는 뜻이고, 또 '유猶'라 했으니 이는 '사방을 두려워하라.'는 말이다. 안타깝도다. 이 두 마디의 말이 내 성격의 약점을 치유해 줄 치료제가 아니겠는가. 무릇 겨울에 내를 건너는 사람은

여유당

차가움이 파고 들어와 뼈를 깎는 듯할 것이니 정말 부득이한 경우가 아니면 건너지를 않을 것이며, 사방이 두려운 사람은 자기를 감시하는 눈길이 몸에 닿을 것이니 참으로 부득이한 경우가 아니면 그릇된 일을 하지 않을 것이다. 마음속에서 일어나고 뜻속에서 자라나는 것이 매우 부득이하지 않으면 그만두어야 하며, 비록 매우 부득이하더라도 남이 알지 못하게 해야 할 뿐만 아니라, 아예 그런 일을 하지 않도록 마음먹어야 한다. 참으로 이렇게 하면 세상에 무슨 일이 일어나겠는가. 내가 이러한 의미를 해득해 낸 지 6~7년이나 된다. 그리고 이 글자로 당堂의 이름을 짓고 싶었지만 몇 번이고 다시 생각해 보고 그만두어 버렸다. 초천苕川으로 돌아옴에 이르러 비로소 이를 써서 붙여 놓고 아울러 이름 붙인 이유를 기록해서 아이들이 보도록 했다.

정약용이 태어난 해에 그의 아버지 진주공晉主公은 시골로 돌아가 농사를 짓기로 결심했다. 그리하여 새로 태어난 아들의 이름을 귀농歸農이라 했다. 귀농은 4세에 천자문을 배우기 시작했고, 7세에 오언한시五言漢詩를 지었다. '작은 산이 큰 산을 가렸으니 멀고 가까움이 다르기 때문이네[小山蔽大山 遠近地不同].'라고 지은 것이다. 정약용은 나이 9세에 어머니를 여의었다. 10세에 관직에서 물러난 아버지 앞에서 경전과 사서史書를 읽었다. 그는 재주가 있고 부지런하여 학문의 성취 속도가 매우 빨랐다. 그의 관명이 약용若鏞으로 지어진 것도 이 무렵이었다.

15세에 정약용은 승지 벼슬을 한 홍화보洪和輔의 딸과 결혼했다. 그리고 아버지가 벼슬을 하게 되어 한양으로 올라가게 되었다. 그는 이가환李家煥, 권철신權哲身, 채제공蔡濟恭, 이승훈李承薰 등과 사귀었으며, 특히 이덕문, 박제가와도 교유하여 그들로부터 실학사상의 영향을 받았다. 16세에 실학의 선구자 이익李瀷의 저서를 접하고 실학에 관심을 갖게 되었다.

18세의 정약용은 아버지의 임지 진주에서 고향으로 돌아와 시를 읊어 고향을 노래했다.

서둘러 고향 마을 도착하니
문 앞에 봄 강물이 흐르네.
기쁜 듯 약초 밭둑에 서니
예처럼 고깃배가 보이네.

꽃 만발한 숲 사이 초당은 고요하고
소나무 가지 드리운 들길이 그윽하네.
남쪽 천리 밖에서 노닐었지만
어디 간들 이 좋은 언덕 얻을 것인가.

정약용은 1783년(정조 7) 22세에 소과에 합격하여 진사가 되었고 예문관藝文館의 직을 맡았다. 그는 23세에 이벽, 이승훈 등에게서 서양의 근대적인 천문학, 수학, 지리에 관한 서적을 얻어 보기도 했다. 31세에 홍문관 수찬修撰이 되었고, 수원성 축조 설계를 하면서 기중기, 활차, 고륜孤輪 등을 고안했다. 정조가 정약용을 가리켜 '그대밖에 없다. 문장에서도 그대를 능가할 자가 없고, 100년 만의 재상 재목도 그대밖에 없다.'고 찬사를 했다 한다.

33세에 경기도 암행어사가 되었고, 이어 승지참의가 되었다. 그러나 1795년 청나라 신부 주문모가 체포되자 이 사건에 연루되어 34세에 충청도 홍주의 금정찰방金井擦訪으로 좌천되었다. 그 후 다시 규장각에 들어갔으나 반대파의 모함으로 1797년 36세에 황해도 곡산부사谷山府使라는 외직으로 밀려났다. 1798년 다시 내직으로 들어와 형조참의刑曹參議가 되었지만 1800년에 정약용을 총애하던 정조가 사망하고 순조가 즉위한 뒤 신서파信西派로 지목되어 박해를 받다가 1801년 경상도 장기로 유배되었고, 곧 전라도 강진으로 옮겨졌다. 18년의 유배생활이 시작된 것이다. 강진에서 그는 처음 4년을 동문 주막집에 '네 가지 마땅히 해야 할 집'이라는 '사의재四宜齋'라는 이름을 걸어놓고 살았다. '의宜'는 '옳고 마땅히 할 것'을 뜻한다. 정약용이 생각한 '사의四宜'는 '생각은 맑게 하되 맑지 않으면 더욱 맑도록 하고, 용모는 단정히 하되 단정치 못하면 더욱 단정히 하고, 말은 요점만 말하되 말이 많으면 더욱 말을 줄이고, 행동은 조심스레 하되 조심스럽지 못하면 더욱 조심히 하라.'라는 뜻을 갖는다.

사의재에서 지낸 뒤 정약용은 2년을 고성사 보은산방에서, 그 다음 2년을 제자 이학래의 집에서, 그리고 나머지 10년을 다산초당茶山草堂에서 보냈다. 그리고 그는 그곳에서 방대한 저술 활동을 하여 실학을 바탕으로 하는 자기의 사상을 엮어 냈다.

정약용은 18년의 기나긴 유배생활을 끝내고 1818년 가을에 백발이 성성한 초로初老가 되어 고향 집으로 돌아왔다. 그런데 고향 사람들은 유배를 당한 죄인이라는 이유로 그의 문 앞을 지나면서도 들르지 않았다. 그가 모든 저작을 짊어지고 돌아온 지 3년이 되었어도 어느 누구도 함께 그 책들을 읽고 논하고자 하지 않았다. 정약용은 민족의 장래를 위해 방대한 저서를 계속 써 내려갔다. 유배지의 미완성으로 남아 있던 『목민심서』는 물론, 『흠흠신서』, 『아언각비』 등의 저작을 여유당에서 내놓았다. 75세가 되던 2월 22일에 그는 생을 마쳤다. 60년 전 연지곤지 찍고 꽃가마 타고 온 열다섯 새색시를 맞던 바로 그날이었다 한다.

추사 김정희의 글씨를 집자한 다산초당 현판

정약용이 서거한 지 74년 뒤, 국운이 다해 가던 1910년 7월 고종은 정이품 정헌대부正憲大夫, 규장각제학奎章閣提學을 정약용에게 추증追贈하고, 문도공文度公이라는 시호를 내렸다. 박학다식하니 '문文'이라 했고, 마음이 뜻을 제압할 수 있으니 '도度'라 한 것이었다.

정약용의 고향 마재는 북한강과 남한강이 합수하고 다시 경안천이 흘러 들어오는 지점으로, 풍광이 아름다운 수향水鄉이다. 마재에 그의 가계가 처음 자리 잡기 시작한 것은 정약용의 5대조인 정시윤 때부터였다. 정시윤은 그의 가문이 속한 남인이 정치 세력을 잃게 되자 벼슬을 버리고 서울을 떠났다. 그는 한강을 따라 동쪽으로 거슬러 올라와 강가의 마재 땅에 터를 잡았다. 그리고 이곳에 초가 몇 칸을 세워 맑은 물가에 세운 집이란 뜻의 임청정臨淸亭을 지었으며, 임청정의 동쪽과 서쪽에 세 아들이 살게 하고, 북쪽에 서자가 살게 하였는데, 뒷날 '여유당'이라는 당호를 단 것은 이 북쪽의 집이다.

정약용 묘소

정약용은 강직한 성품의 소유자였다. 그는 조식曺植처럼 항상 성성자惺惺子를 달고 다니지는 않았지만, 늘 자신의 삶을 성찰하면서 살았던 것으로 보인다. 마재의 '여유당'이란 당호도 그러하지만, 정약용이 1801년 11월 23일 강진에 유배를 와서 4년 동안 기거했던 곳의 당호를 '사의재'라 한 것도 자신을 성찰하면서 살기 위한 것이었다. '생각, 용모, 언어, 동작을 올바로 하는 이가 거처하는 집'이란 뜻이다. 그는 사의四宜를 철저히 지켰다. 정약용은 여기에서 그 유명한 『경세유표』를 썼다.

또 있다. 정약용이 회갑을 맞이하여 자신의 삶을 돌아보며 경계한 '자찬묘지명'이 그의 경건한 삶을 보탬 없이 말해 주고 있다.

네가 너의 착함을 기록했음이
여러 장이 되는구나.
너의 감추어진 사실을 기록했기에

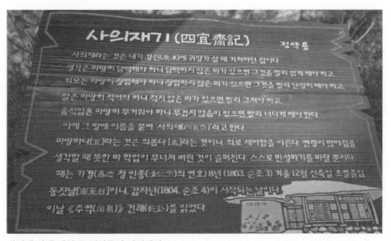

사의재 앞에 세워 둔 정약용의 사의재기

더 이상의 죄악은 없겠도다.

네가 말하기를

나는 사서四書 육경六經을 안다고 했으나

그 행한 것을 생각해 보면

어찌 부끄럽지 않으랴.

너야 널리널리 명예를 날리고 싶겠지만

찬양이야 할 게 어디 있겠느냐.

몸소 행하여 증명시켜 주어야만

널리 퍼지고 이름이 나게 되리라.

너의 분운함을 거두어들이고

너의 창광猖狂을 거두어들여서

힘써 밝게 하늘을 섬긴다면

마침내 경사慶事가 있으리라.

『소설 목민심서』의 저자 황인경은 그 머리말에 정약용을 가리켜 이렇게 썼다.

풍부한 자료를 남긴 그의 궤적을 추적하면서 나는 한 가지 곤욕스런 사실에 부딪혔다. 그것은 바로 그에게 있어서는 다른 사람들에게서 찾아볼 수 있는 수많은 스캔들이 없었다는 점이다. 위인일수록 약점도 많은 법인데 정약용은 수도승처럼 고고했고 초연했다. 오로지 학문에만 열중했던 것이다. 하지만 소설을 쓰는 나의 입장에선 실망의 소용돌이였다. 소설의 소재거리가 없는 마치 사막과 같은 메마른 인생살이였다.

　18세기의 실학사상을 집대성하고 발전시킨 사상가로 가장 대표적인 인물은 정약용이다. 그는 민중을 역사 발전의 주체로 간주했고, 백성에 뿌리를 두는 인본주의에 기초를 두었으며, 실사구시實事求是와 경세치용經世致用에 바탕을 둔 실학을 통하여 제도개혁과 의식개혁에 힘썼다.

　정약용은 철학, 지리, 역사, 법률, 정치, 문학, 군사 등 광범한 영역에 걸쳐 5백여 권에 달하는 방대한 책을 썼다. 그의 주요한 철학 저서로는『대학강의大學講義』,『중용강의보中庸講義補』,『맹자요의孟子要義』,『논어고금주論語古今註』,『주역사전周易四箋』,『역학서언易學緖言』 등이다. 정약용이 남긴 문집『여유당전서與猶堂全書』에는 2천여 편의 시가도 들어 있다. 이 전서는 1936년 정약용 서거 100주년을 기념하여 간행된 것으로 154권 76책으로 구성되었다. 정치와 경제에 대한 개혁구상을 밝힌『목민심서牧民心書』,『흠흠신서欽欽新書』,『경세유표經世遺表』는 그의 실학사상이 담긴 유명한 저서들이다.

　정약용은 유형원柳馨遠과 이익李瀷의 학문과 사상을 계승하여 조선 후기에 실학을 꽃피웠다. 그는 항상 하늘의 길을 자랑하는 성리학의 공리공담을 배격하고 봉건제도의 각종 폐해를 개혁하는 진보적인 사회개혁안을 제시했다. 이익의『성호사설』, 유형원의『반계수록』과 함께 정약용의『목민심서』와『경세유표』는 사회개혁을 제창하는 대표적 저서들이다. 이들의 사회개혁론은 당장에 실현될 수 있는 주장은 아니었다. 하지만 그들의 주장은 당시 사회제도의 모순과 부당함을 깨우쳐 주었다는 점에서 큰 의의를 갖는다.

실학의 궤범 『반계수록』의 산실인 유형원의 반계서당

　이상사회를 그리는 정약용의 사회개혁론은 박제가의 『북학의北學議』, 박지원의 『열하일기』 등에 담긴 사상, 곧 청의 문물을 수용하자는 북학北學에 자연히 합류할 수밖에 없었을 것이다. 정약용의 사회개혁사상은 그의 인간관과 역사관을 바탕으로 한다. 그는 인간을 위와 아래로 구분하는 당시의 성리학에 강한 의문을 던졌다. 그에게 조선 성리학은 신분질서를 합리화한 봉건사상에 불과했다. 그는 또한 공자처럼 하, 은, 주 3대의 고대사회를 이상화하면서 군주제에 반대하고 백성을 위한 정치를 제창했다. 그는 고대사회가 이상으로 삼던 정치가 실종되고 국가와 법이 통치자의 수단이 되었다고 했다. 그의 사회개혁사상은 『원목原牧』과 『탕론湯論』 두 편에 집중적으로 드러나 있다.

　『원목』에서 정약용은 군주제도를 부정하고 그것을 민협의회로 대체할 것을 주장하였는데, 이는 기존의 실학자들에게는 없었던 독창적인 견해였다. 그는 또한 수령[牧]의 변천과정을 보여 줌으로써 관권신성官權神聖 또는 관주민노官主民奴 사상의 혁파를 주장하면서 다음과 같이 말했다.

수령이 백성을 위해 있는 것인가, 백성이 수령을 위해 태어난 것인가. 백성이 곡식과 옷감을 내어 수령을 섬기고, 백성이 가마와 말과 말 먹이와 하인을 내어 수령에게 보내며, 백성이 고혈과 뇌수를 짜내어 수령을 살찌우니, 백성이 수령을 위해서 태어난 것인가. 그렇지 않다! 그렇지 않다! 수령이 백성을 위해 있는 것이다.

정약용은 왕권신수설에 반대하는 한편 백성이 주인이 되어야 한다는 원칙을 확인했다. 그는 사회제도가 백성의 자유의지와 직접적인 이익에 기초하여 아래로부터 위로 수립되어야 한다고 생각했다.

『탕론』에서 정약용은 중국 봉건사회의 혁명을 예로 들어 민권사상의 정당성을 논증했다. 그는 은殷의 탕왕과 주周의 무왕이 신하로서 군주를 정벌한 사실이 군주전제 시대에는 반역행위라고 할 수 있지만, 민주정치의 시대에는 도리어 백성을 위한 행위라고 말했다. 그가 보기에 도덕적 규범은 정치와 국가제도에 따라 변하는 것이지 고정 불변한 것이 아니었다. 천자는 하늘이 내린 존재가 아니라 백성에 의해 추대된 존재이기 때문에 백성이 그의 행동에 찬성하지 않으면 천자를 다시 뽑을 권리가 있다고까지 했다. 이는 당시의 상황에서는 근본적으로 실현 불가능한 것임에 틀림없었다. 그러나 그는 인간은 모두 평등해야 된다는 백성의 요구를 그의 사상에 반영함으로써 왕권에 심각한 타격을 입히는 파격적인 사상을 과감히 전개했다.

조선 후기 성리학의 교조적 경향에 대한 비판은 학문적, 시대적 요구였다. 실학자들은 성리학자들이 주희를 말할 때, 주희의 학문을 배우는 것이 아니라, 오로지 주희에 기대고, 주희에 기댈 뿐 아니라 주희를 부회附會한다고 비판했다. 정약용은 그의 『논어고금주』에서 사서에 관한 주희의 주석서, 곧 주자집주朱子集註로 일색이 된 조선의 성리학을 질타했다. 주희만의 사서 해석이 통용되고 그 밖의 주석은 사문난적으로 단죄되었던 때였다. 정약용은 주희를 대학자로 인정했지만 절대시하지는 않았다. 『논어고금주』에서 정약용은 사서에 관한 주희의 주석을 넘어 그 오류를 고증학에 의존하여 바로잡았다. 그는 조선 성리학의 관념론적 경향을 극복하고 실증적 관점에서 사서를 읽었다.[5]

성리학자의 관념론은 이理와 기氣로 실재하는 것을 나누고 '이理'를 우위에 두는 데 반하여, 실학자들은 이기일원론理氣一元論을 제창했다. 실학은 자연히 성리학에 대한 성찰로 이어졌다. 이황과 이율곡의 출현으로 절정에 올라 있던 조선의 성리학은 조선을 뛰어난 성리학 국가로 만들었다. 그러나 그것은 일종의 관념론적 사장학詞章學으로 기울었으며, 그것마저 본연의 가치를 상실하고 과거시험 준비를 위한 도구 학문으로 전락했다. 이와 관련하여 실학자 정약용은 그의 『목민심서』에서 이렇게 썼다. "옛날의 학교에서는 예禮를 가르치고 악樂을 익혔는데 지금은 예악이 무너져서 학교의 가르침은 책 읽기에 그치고 있다. ……과거시험을 위한 학문은

---

5) 정약용(2010). 『論語古今註』. (이지형 역).

사람의 심술心術을 파괴한다."[6] 조선 성리학에 대한 정약용의 비판이다. 그뿐만이 아니었다. 정약용은 성리학 자체가 근본적 문제점을 가지고 있다고 했다. 그것은 현실과 거리가 먼 정신문화 추구와 그 우월성의 강조로 인한 경제와 사회 문제의 천시와 무관심이라고 했다.

성리학에 대한 정약용의 생각에는 보다 근본적이 것이 있었다. 인간 본성에 관한 그의 성기호설性嗜好說이다.

> 성性이 선악善惡을 띠는 것은 하나의 기호嗜好, 즉 경향성일 뿐 성性 자체가 인의예지仁義禮智의 작용을 하는 것은 아니다.

성리학이 말하는 것과 달리, 인의예지는 본래부터 인간의 본성에 붙박이로 끼워져 있는 것이 아니라는 뜻이다. 인의예지는 칠정이 발하고 선을 향한 조화[和]의 소용돌이에서 만들어지는 것이라는 이야기일 것이다. 사람을 사랑함으로써 비로소 '인仁'의 관념이 생겨나니, 사람을 사랑하기 전에 미리 '인'이 와서 기다린다고 볼 수 없다는 뜻이다. 또한 자기 자신을 선하게 한 뒤에 의義가 이루어지며, 자기 자신을 선하게 하기 전에는 의가 성립되지 않는다는 뜻이다. 그리하여 정약용은 다시 말한다. '어찌하여 인의예지라는 4개의 씨가 도핵桃核이나 행핵杏核처럼 인간의 마음에 자연적으로 박혀 있겠는가.'라고 말이다. 실학자들은 성리학이 아니라, 오히려

---

6) 정약용(2011). 『牧民心書』. 禮典六條.

원시유학을 표방했다. 그들의 학문은 가까운 것에서 먼 곳[自邇行遠]으로, 아래에서 높은 곳[下學上達]으로 향하는 방법론을 지향했다. '실사구시實事求是'가 이에 적합한 용어일 것이다.

실사구시實事求是는 실학이 추구한 학문 탐구 방법이다. 그런데 실사구시란 언제 생겨난 용어이며, 어떤 의미를 갖는가. 안사고顏師古에 따르면, '실사구시'는 사실을 얻기에 힘쓰면 반드시 참된 것과 올바른 것을 구하게 된다는 뜻이다[務得事實每求眞是也]. '실사구시'는 청나라의 고증학파考證學派가 추구했던 진리관과 학문적 탐구 방법이 담겨 있던 표어였다. 고증학파는 진리 추구를 하는 데 문헌과 사실에 근거를 두어 고증함으로써 사상과 이론의 정확성과 객관성을 확립하고자 했다. 공리空理와 공론空論의 배척은 고증학파의 학문적 특징이었다.

실사구시의 학풍은 기원전 전한前漢에서 시작되었다. '실사구시'는 반고班固의 『한서漢書』에 처음 나오는 어구다. 거기에 이렇게 쓰여 있다.

한漢나라 경제景帝의 아들 헌왕獻王이 옛것을 좋아하고[修學好古] 실제로부터 참된 것을 구했다[實事求是].[7]

헌왕은 학문을 하는 데 근거가 애매하고 모호한 학설을 배척했다. 그가 탐구한 내용은 수신제가치국修身齊家治國의 도道와 예악禮樂

---

7) 『한서』. 53권. 23장.

및 형정刑政과 같은 실제적인 문제였다. 그래서 그는 '실사구시한다.'는 찬사를 받았다고 전한다. 반고는 이와 같은 헌왕의 학문적 태도에 대하여『한서』에 이렇게 썼다.

하간의 헌왕 덕德은 효경 황제 2년에 왕위에 올랐다. 그는 학문을 닦고 고전을 연구하기를 좋아했으며, 사실에서 얻기를 힘쓰고 참된 것과 옳은 것을 구했다[實事求是]. 백성으로부터 좋은 책을 얻으면 반드시 그것을 잘 베껴서 사본은 돌려 주고 정본은 남겨 두었다. 거기에다 그들을 초대하여 돈과 비단을 주었다. 이에 도덕과 학술이 높은 사람들이 사방에서 천리를 멀다 하지 아니하고 따랐다. 선조로부터 물려받은 옛 책이 있으면 이를 가지고 왕에게 나아가 바치는 사람이 많았다. 이로써 책을 많이 갖추었으니 한漢나라 조정이 갖춘 책의 수와 같게 되었다. 이때 회남의 왕 안安 역시 책을 모으기를 좋아했는데 거기에 불러들인 책들의 내용은 거의 모두 근거가 없는 것들이었다. (그러나) 헌왕이 얻은 책은 대개 고문古文으로서 분서焚書 이전의 선진 옛 책이었다. 그 책들은『주관周官』8)과『상서尚書』9)와『예경禮經』과 『예기禮記』였으며,『맹자』와『노자』에 속하는 것으로 대개 경서經書와 그 해설서와 설경說經과 기타 글에 관한 것으로서 공자의 70제자들이 쓴 것이었다. 배워야 할 학문은 육예六藝였고, 모씨毛氏의『시경詩經』과 좌씨[左丘明]의『춘추春秋』에 박사를 두었다.

---

8) 주관周官은 주례周禮의 본 이름이다.
9) 상서尚書는 서경書經의 다른 이름이다.

예禮와 악樂을 닦고, 일상생활에서 유학의 학술에 따라 살며, 순간마다 반드시 유자儒者의 가르침에 의존했다. 산동지방의 모든 유자들이 따르니 그들과 함께 즐거이 지냈다. 무제武帝 때에 헌왕은 조정에 아악을 바쳤고, 삼옹三雍을 궁궐 안에 짓기를 아뢰었으니 삼옹이란 벽옹辟雍[10]과 명당明堂[11]과 영대靈臺[12]를 일컫는다. 그리고 30여 가지 질문을 받고 그 대칙을 아뢰되, 이를 도덕과 학술에서 이끌어 내고, 사실에서 가장 합당한 것을 얻으니 문장은 간결하고 뜻하는 바가 명료했다.[13]

헌왕의 실사구시 학풍은 전한 시대로부터 훨씬 뒤 명나라 말기와 청나라 초기에 이르러 그 체계를 갖추었다. 청대의 학술은 고증학考證學을 특징으로 했다. 고염무顧炎武는 고증학의 학문적 지표를 뚜렷하게 세웠다. 그는 경經을 읽을 때 문장을 고증하라 했다. 경서와 역사에 근거히여 뜻과 사상을 수립하고 실천원리를 밝히라 했다. 행동을 통하여 세상을 구하라고도 했다.

정약용은 그의 경학經學 연구에서 고증학의 연구 방법에 의존했다. 정약용의 대표적 저술 가운데 하나가 『매씨서평梅氏書平』이다. 『매씨서평』은 『상서尙書』, 곧 『서경書經』 가운데 많은 부분이 동진의 매색梅賾에 의해서 잘못 편집되었음을 밝힌 것이다. 매색의 『서경』이 위작임을 밝힌 것은 정약용의 업적이지만, 이는 고증학에 의존

---

10) 벽옹은 오늘날의 대학을 일컫는다.
11) 명당은 천자가 조회를 받는 정전政殿이다.
12) 영대는 기상을 살피는 망루다.
13) 앞의 책, 같은 곳.

한 그의 학문적 탐구 방법 덕분이기도 했다. 자구字句 하나하나를 고증하는 데 매달린 그의 학문 탐구 방법은 문헌 고증의 전범典範이면서 실학을 지향하는 실사구시의 전형적 방법론이었다.[14]

　김정희金正喜와 정약용은 실사구시의 학풍을 구현한 한국의 대표적 학자들이다. 김정희는 실사구시에 관하여 이렇게 말했다.

실제로 있는 것에서 올바른 이치를 찾는다[實事求是]는 말은 학문을 하는 우리가 따라야 할 가장 중요한 일이다. 만약 학문을 하면서 실제로 있지도 않은 것으로 일을 삼음으로써 텅 비고 엉성한 잔꾀로써 방편을 삼고, 올바른 이치를 찾지 않으며, 먼저 얻어들은 말만을 주된 것으로 삼는다면, 그것은 성현의 도리에 어긋나고 배치되지 않는 것이 없게 될 것이다. …… 생각건대 학문을 하는 데 따라야 할 도리로 요 임금, 순 임금, 우왕, 탕왕, 문왕, 주공이 이미 세운 바를 따른다면, 실제로 있는 것에서 올바른 이치를 찾아야 할 것이요, 공허한 이론을 따라 그릇된 곳으로 돌아가서는 안 된다. 학자들이 한漢나라 유학자들이 정밀하게 훈고에 열중했던 것을 존중한다면 이것은 참으로 옳다. 성현의 도리는 비유컨대 큰 집과 같아서 주인이 거처하는 곳은 방 안이 된다. 방 안은 문간을 거치지 않으면 들어갈 수 없으니, 훈고訓詁라는 것은 집 안에 들어가는 문일 뿐이다. 일생을 문밖에서 바삐 오가더라도 마루로 올라가 방으로 들어가기를 구하지

---

14) 정약용(2002). 『매씨서평梅氏書平』 (이지형 역).

않는다면, 이것은 노복에 불과하다. 그러므로 학문을 하는 데 반드시 정밀하게 훈고에 열중해야 한다는 것은 단지 그 방 안에 잘못 들어가지 않기 위함일 뿐, 훈고로 학문을 완성하는 것은 아니다.[15]

성리학의 선구자들이 귀담아 들어야 할 말처럼 들린다. 해남 두륜산은 김정희와 정약용이 자주 만났던 곳이다. 이곳에서 그들이 나눈 담론은 무엇이었을까. 지금 두륜산은 우리에게 아무것도 전해 주는 것이 없다. 그러나 짐작하건대 이들이 만나서 나눈 이야기라면 그것은 분명 높디높아 오를 수 없는 하늘의 길은 아니었을 것이다.

---

15) 김익환(1934), 『阮堂先生集』. 實事求是此語乃學問崔要之道若不實以事而但以空疎之術爲便不求其是而但以先入之言爲主其于聖賢之道未有不背而馳者矣 … 竊謂學問之道旣以堯舜禹湯文武周公爲歸則當以實事求是其不可以虛論遁于非也學者尊漢儒請求訓詁此誠是也但聖賢之道譬若甲第大宅主者所居恒在堂室堂室非門道不能入也訓詁者門道也一生奔走于門逕之間不求升堂入室是奴僕矣故爲學必請求訓詁者爲其不誤于當室非謂訓詁畢乃事也.

참고문헌

기대승(1979). 高峯全集(영인본). 성균관대학교대동문화연구원.

김경탁 주해(1971). 周易. 서울: 명문당.

김달진 주해(1999). 莊子. 서울: 문학동네.

김영두 편역(2003). 퇴계와 고봉, 편지를 쓰다. 서울: 소나무.

김익환(1934). 阮堂先生集. 만향재.

김학주 주해(1970). 大學 · 中庸. 서울: 명문당.

김학주 주해(1971). 詩經. 서울: 명문당.

김학주(1978). 孔子의 生涯와 思想. 서울: 태양출판사.

김학주 주해(2001). 荀子. 서울: 을유문화사.

남만성 주해(1970). 道德經. 서울: 을유문화사.

박세당(2007). 思辨錄. 파주: 한국학술정보.

반고. 漢書.

차주환 주해(1970). 孟子. 서울: 명문당.

차상원 주해(1971). 書經. 서울: 명문당.

사마천(2001). 史記講讀(진기환 역). 서울: 명문당.

사마천(2003). 공자세가 · 중니제자열전(김기주, 황지원, 이기훈 역). 서울: 예문서원.

송시열(2010). 正本 朱子語類小分 1∼4(충북대학교우암연구소 편). 고양: 심산.

왕부지(1975). 讀四書大全說 上, 上海: 中華書局

왕부지(2005). 왕부지 大學을 논하다(왕부지사상연구회 역). 서울: 소나무.

왕부지(2013). 讀論語大全說(이영호 역). 성균관대학교출판부.

왕부지(2014). 왕부지 中庸을 논하다(왕부지사상연구회 역). 서울: 소나무.

왕숙(2009). 孔子家語(임동석 주해). 서울: 동서문화사.

윤사순(1980). 論四端七情書, 退溪哲學의 硏究. 서울: 고려대학교출판부.

이상옥 주해(1985). 禮記 上. 中. 下. 서울: 명문당.

이황(1958). 退溪全書. 성균관대학교대동문화연구원.

이황(1983). 李退溪全集 上. 下. 퇴계학연구원.

장기근 주해(1970). 論語. 서울: 명문당.

정약용(2002). 梅氏書平(이지형 역). 서울: 문학과지성사.

정약용(2010). 論語古今註 1(이지형 역). 사암.

정약용(2011). 牧民心書(장개충 역). 서울: 학영사.

정약용(2013). 中庸自箴, 中庸講義補, 定本 與猶堂全書 6(다산학술문화재단 편역). 사암.

조긍호(1998). 유학심리학. 서울: 나남출판.

조긍호(2008). 선진유학사상의 심리학적 함의. 서강대학교출판부.

좌구명(2013). 春秋左傳(정세후 주해). 서울: 을유문화사.

주희(1977). 性理大全. 保景文化社.

주희(1977). 朱子大全. 保景文化社.

주희(1977). 朱子語類. 保景文化社.

주희(2002). 讀大學法, 大學 · 中庸講讀(김기평 주해). 서울: 아세아문화사.

Legge, J. (1960). Confucian Analects, The Great Learning, The Doctrine of the Mean, *The Chinese Classics vol. I* (Chinese-English). Hong Kong: Hong Kong University Press.

Legge, J. (1960). The Works of Mencius, *The Chinese Classics vol. II* (Chinese-English). Hong Kong: Hong Kong University Press.

Legge, J. (1960). The Shoo King or The Book of Historical Documents, *The*

Chinese Classics vol. III (Chinese-English). Hong Kong: Hong Kong University Press.

Legge, J. (1960). The She King or The Book of Poetry, *The Chinese Classics vol. IV* (Chinese-English). Hong Kong: Hong Kong University Press.

Legge, J. (1960). The Ch'un Ts'ew, with Tso Chuen, *The Chinese Classics vol. V* (Chinese-English). Hong Kong: Hong Kong University Press.

찾아보기

인 명

저자 소개

조무남(Joh Moo-nam)
강원대학교 명예교수
런던대학교 교육과학원 교육철학과 졸업(철학박사)

〈주요 저서 및 논문〉
플라토닉 러브: 불멸을 향한 그 영혼의 비밀
교육으로 가는 철학의 길: 마음은 어디서 와서 어디로 가는가
교육과 사상의 발달(2009 대한민국학술원선정 우수학술도서)
영국교사교육제도(2008 대한민국학술원선정 우수학술도서)
교육학론(2005 대한민국학술원선정 우수학술도서)
Liberal Education & the Logic of Moral Language
앎과 삶 그리고 덕
「Knowing, doing and the moral mind」(박사학위 논문, 런던대학교 도서관 소장)

공자 교육사상,
그런대로 편안한 세상 만들기

2016년 3월 5일 1판 1쇄 인쇄
2016년 3월 15일 1판 1쇄 발행

지은이 • 조무남
펴낸이 • 김진환
펴낸곳 • (주) **학지사**

04031 서울특별시 마포구 양화로 15길 20 마인드월드빌딩
대표전화 • 02)330-5114   팩스 • 02)324-2345
등록번호 • 제313-2006-000265호

홈페이지 • http://www.hakjisa.co.kr
페이스북 • http://www.facebook.com/hakjisa

ISBN 978-89-997-0883-1 03370

정가 15,000원

인터넷 학술논문 원문 서비스 **뉴논문** www.newnonmun.com

이 도서의 국립중앙도서관 출판시도서목록(CIP)은 서지정보유통지
원시스템 홈페이지(http://seoji.nl.go.kr)와 국가자료공동목록시스템
(http://www.nl.go.kr/kolisnet)에서 이용하실 수 있습니다.
(CIP제어번호: 2016000586)